Supply Chain Controlling

Hartmut Werner

Supply Chain Controlling

Grundlagen, Performance-Messung und Handlungsempfehlungen

2., überarbeitete und erweiterte Auflage

Hartmut Werner
Wiesbaden Business School (Hochschule RheinMain)
Wiesbaden, Deutschland

ISBN 978-3-658-36404-5   ISBN 978-3-658-36405-2 (eBook)
https://doi.org/10.1007/978-3-658-36405-2

Die Deutsche Nationalbibliothek verzeichnet diese Publikation in der Deutschen Nationalbibliografie; detaillierte bibliografische Daten sind im Internet über http://dnb.d-nb.de abrufbar.

Springer Gabler
© Springer Fachmedien Wiesbaden GmbH, ein Teil von Springer Nature 2014, 2022
Das Werk einschließlich aller seiner Teile ist urheberrechtlich geschützt. Jede Verwertung, die nicht ausdrücklich vom Urheberrechtsgesetz zugelassen ist, bedarf der vorherigen Zustimmung des Verlags. Das gilt insbesondere für Vervielfältigungen, Bearbeitungen, Übersetzungen, Mikroverfilmungen und die Einspeicherung und Verarbeitung in elektronischen Systemen.
Die Wiedergabe von allgemein beschreibenden Bezeichnungen, Marken, Unternehmensnamen etc. in diesem Werk bedeutet nicht, dass diese frei durch jedermann benutzt werden dürfen. Die Berechtigung zur Benutzung unterliegt, auch ohne gesonderten Hinweis hierzu, den Regeln des Markenrechts. Die Rechte des jeweiligen Zeicheninhabers sind zu beachten.
Der Verlag, die Autoren und die Herausgeber gehen davon aus, dass die Angaben und Informationen in diesem Werk zum Zeitpunkt der Veröffentlichung vollständig und korrekt sind. Weder der Verlag noch die Autoren oder die Herausgeber übernehmen, ausdrücklich oder implizit, Gewähr für den Inhalt des Werkes, etwaige Fehler oder Äußerungen. Der Verlag bleibt im Hinblick auf geografische Zuordnungen und Gebietsbezeichnungen in veröffentlichten Karten und Institutionsadressen neutral.

Lektorat/Planung: Susanne Kramer
Springer Gabler ist ein Imprint der eingetragenen Gesellschaft Springer Fachmedien Wiesbaden GmbH und ist ein Teil von Springer Nature.
Die Anschrift der Gesellschaft ist: Abraham-Lincoln-Str. 46, 65189 Wiesbaden, Germany

Vorwort zur 2. Auflage

„*Keep on rockin' in the free world.*"
(Neil Young)

Der griechische Philosoph Heraklit wusste es schon vor guten 2500 Jahren: „Alles ist im Fluss". Dieser Leitsatz gilt heute umso mehr. Das Supply Chain Management ist ein noch recht junger Management-Ansatz, der sich in den letzten Jahren fest etabliert hat. Kleine wie große Unternehmen haben verstanden, dass in den Schnittstellen große Verbesserungspotenziale schlummern. Sie forcieren derzeit ihre Bemühungen, diese Gelder auch tatsächlich zu heben.

Aber auch das Controlling befindet sich in einem Wandel. Wie das Supply Chain Management besitzt es eine wichtige Schnittstellenfunktion. Der Controller war früher ein Scorekeeper, der Routinetätigkeiten durchführte (auch gerne einmal als „Erbsenzähler" verspottet). Heute wird der Controller eher als Business Partner gesehen: Er hinterfragt die Dinge kritisch, ist Ansprechpartner für das Management und steht ihm beratend zur Seite. In zunehmendem Maße beschäftigt sich der Controller entweder selbst mit digitalen Lösungen oder er überträgt diese Aufgaben an seine Kollegen aus der Fachabteilung (Data Scientist).

Auf Grund der Dynamik im Supply Chain Management und Controlling gleichermaßen, ist es notwendig geworden, das vorliegende Werk in eine Neuauflage zu bringen. Das komplette Buch wurde grundlegend überarbeitet und aktualisiert. Zusätzlich sind die sehr aktuellen Untersuchungsbereiche Digitales Supply Chain Controlling und Resilientes Supply Chain Controlling aufgenommen worden.

Zum guten Gelingen dieses Buches haben einige Menschen unschätzbare Dienste geleistet. Sehr herzlich bedanke ich mich bei den Studierenden der Wiesbaden Business School (Studiengänge „Bachelor of Arts in Business Administration", „Master of Arts in Controlling and Finance"). Im Rahmen von Vorlesungen und Seminaren führten wir Online oder in Präsenz viele Gespräche, denen ich wertvolle Anregungen entnehmen konnte. Wie auch bei zurückliegenden Veröffentlichungen, bedanke ich mich seitens des Springer Gabler-Verlags sehr herzlich bei Frau Susanne Kramer für die jederzeit angenehme Zusammenarbeit.

Mein besonderer Dank gilt meiner Familie: Meiner Frau Brigitte und unseren über alles geliebten Söhnen Constantin, Frederik und Adrian. Sie haben sich zu jungen Männern gemausert, die in absehbarer Zeit ihre „Schulkarriere" beenden und einen neuen Lebensabschnitt beginnen werden. Bei meiner gesamten Familie bedanke ich mich für ihre vorbehaltlose Unterstützung. Besonders freut mich, dass es mir gelungen ist, unsere drei Söhne fußballtechnisch an die schwarz-weiß-grüne Borussia heranzuführen. So schwört nicht nur ihr Papa Stein und Bein auf die Elf vom Niederrhein …!

Für eine Diskussion rund um das Supply Chain Controlling stehe ich gern zur Verfügung.

Hartmut.Werner@hs-rm.de

Wiesbaden, Deutschland   Hartmut Werner

Inhaltsverzeichnis

1	**Vorgehensweise**	1
2	**Grundlagen des Supply Chain Controllings**	3
	2.1 Begriff und Einordnung	3
	2.2 Ziele und Aufgaben	8
	2.3 Erfolgsgrößen	11
	2.4 Leistungs-Strategie-Mix	12
3	**Digitales Supply Chain Controlling**	17
	3.1 Bausteine des digitalen Supply Chain Controllings	18
	3.1.1 Daten	18
	3.1.2 Technologien	19
	3.1.3 Prozesse	28
	3.1.4 Analysemethoden	30
	3.1.5 Kompetenzen	31
	3.2 Bedeutung der Kognitiven Supply Chain	33
4	**Resilientes Supply Chain Controlling**	37
	4.1 Zerbrechlichkeit von Supply Chains	37
	4.2 Arten von Supply-Chain-Störungen	38
	4.3 Resilienz in der Supply Chain	39
	4.4 Merkmale resilienter Supply Chains	40
	4.5 Resilientes Supply Chain Controlling	42

5 Kennzahlenmanagement in der Supply Chain ... 45
5.1 Einführung eines Supply-Chain-Kennzahlensystems ... 47
5.2 Arten von Kennzahlen ... 51
  5.2.1 Absolute und relative Kennzahlen ... 52
  5.2.2 Erfolgs-, Liquiditäts- und Wertsteigerungskennzahlen ... 52
  5.2.3 Strategische und operative Kennzahlen ... 58
  5.2.4 Leistungs- und Kostenkennzahlen ... 58
5.3 Kennzahlentypologie der Supply Chain ... 59
  5.3.1 Input: Kennzahlen der Beschaffung ... 61
  5.3.2 Throughput: Kennzahlen der Lagerung, der Kommissionierung und der Produktion ... 65
  5.3.3 Output: Kennzahlen der Distribution ... 78
  5.3.4 Payment: Kennzahlen der Finanzprozesse ... 83
  5.3.5 Kennzahlentypologie im Überblick ... 90
5.4 Ausgewählte Visualisierungsformen des Kennzahlenmanagements ... 92
  5.4.1 Werttreiberbaum (Value Driver Tree) ... 92
  5.4.2 Kennzahlenradar ... 103
5.5 Grenzen des Kennzahlenmanagements einer Supply Chain ... 106

6 Supply Chain Performance und Supply Chain Scorecard ... 109
6.1 Allgemeine Charakterisierung ... 109
6.2 Alternative Supply Chain Scorecards in der Diskussion ... 116
  6.2.1 Ansatz nach *Brewer/Speh* ... 117
  6.2.2 Ansatz nach *Stölzle/Heusler/Karrer* ... 119
  6.2.3 Ansatz nach *Weber/Bacher/Groll* ... 120
  6.2.4 Ansatz nach *Richert* ... 122
  6.2.5 Ansatz nach *Werner* ... 123
6.3 Perspektiven der Supply Chain Scorecard ... 124
  6.3.1 Finanzperspektive ... 124
  6.3.2 Kundenperspektive ... 126
  6.3.3 Prozessperspektive ... 128
  6.3.4 Lieferantenperspektive ... 131
  6.3.5 Integrationsperspektive ... 133
  6.3.6 Supply Chain Scorecard im Überblick ... 136
6.4 Von der Scorecard zur Strategy Map ... 139
  6.4.1 Allgemeine Implikationen der Strategy Map ... 140
  6.4.2 Strategy Map der Supply Chain ... 142
  6.4.3 Kombination von Scorecard und Strategy Map ... 146
6.5 Kritische Würdigung ... 149

Inhaltsverzeichnis

7 Supply Chain Cost Tracking und Hard-(Soft)-Analyse 151
   7.1 Supply Chain Cost Tracking 151
      7.1.1 Cost Tracking von Materialpreisen 152
      7.1.2 Cost Tracking von Frachtkosten 154
      7.1.3 Cost Tracking von Beständen 156
   7.2 Hard-(Soft)-Analyse 158
      7.2.1 Charakterisierung 158
      7.2.2 Beispiel für das Supply Chain Management 159
      7.2.3 Kritische Würdigung 162

8 Working Capital Management in der Supply Chain 163
   8.1 Charakterisierung 163
   8.2 Besondere Bedeutung des Cash-to-Cash-Cycle 165
   8.3 Beispiel für das Supply Chain Management 166
   8.4 Kritische Würdigung 167

9 Strategisches Kostenmanagement in der Supply Chain 169
   9.1 Target Costing 169
      9.1.1 Supply Chain Controlling der frühen Phasen 170
      9.1.2 Weitere Target-Costing-Verfahren im Überblick 172
      9.1.3 Beispiel für das Supply Chain Management 173
      9.1.4 Kritische Würdigung 178
   9.2 Prozesskostenrechnung 180
      9.2.1 Gemeinkostenreduzierung mit Hilfe von Prozesskosten ... 180
      9.2.2 Beispiel für das Supply Chain Management 182
      9.2.3 Kritische Würdigung 186
   9.3 Lifecycle Costing und Total Cost of Ownership 187
      9.3.1 Lifecycle Costing 187
      9.3.2 Total-Cost-of-Ownership 189

10 Economic Value Added (EVA) 195
   10.1 Messung von Wertsteigerungen über EVA 195
   10.2 Beispiel für das Supply Chain Management 197
   10.3 Kritische Würdigung 198

11 Handlungsempfehlungen 201

12 Verständnisfragen 205

Glossar 209

Literatur 217

Stichwortverzeichnis 223

Abkürzungs- und Akronymverzeichnis

3 PL	Third Party Logistics Provider
Abb.	Abbildung
ABC	Activity Based Costing
Act	Actual
APS	Advanced Planning and Scheduling
BA	Business Analytics
B2A	Business-to-Administration
B2B	Business-to-Business
B2C	Business-to-Customer
BI	Business Intelligence
BPI	Business Performance Indicator
Bud	Budget
c*	Gesamtkapitalkostensatz
CRM	Customer Relationship Management
DOH	Days on Hand
DPO	Days Payables Outstanding
DSO	Days Sales Outstanding
EBIT	Earnings before Interest and Taxes
EC	Electronic Cash
EDI	Electronic Data Interchange
ERP	Enterprise Resource Planning
EVA	Economic Value Added
F&E	Forschung und Entwicklung
FTS	Fahrerlose-Transport-Systeme
G&V	Gewinn- und Verlustrechnung

GLT	Großladungsträger
GPS	Global Positioning System
HOPE	Harmonized, Optimal, Parsimonious and Economical
HRL	Hochregallager
IoT	Internet of Things
IT	Informationstechnologie
JiS	Just-in-Sequence
KEP	Kurier-, Express- und Paketdienst
KI	Künstliche Intelligenz
KLT	Kleinladungsträger
KOZ	Kommissionierungszone
KPI	Key Performance Indicator
LCD	Liquid Crystal Display
LKW	Lastkraftwagen
lmi	Leistungsmengeninduziert
lmn	Leistungsmengenneutral
MA	Mitarbeiter
MJ	Mannjahre
MPA	Materialpreisabweichung
NASA	National Aeronautics and Space Administration
NOPAT	Net Operating Profit after Tax
NOPBT	Net Operating Profit before Tax
OEM	Original Equipment Manufacturer
Olk	Outlook
o. O.	Ohne Ort
P-3-Analyse	Position-3-Analysis
PPI	Process Performance Indicator
PPM	Parts-per-Million
PZK	Prozesskosten
R&D	Research and Development
RAP	Rechnungsabgrenzungsposten
RCO	Real-Cost-of-Ownership
RFID	Radio Frequency Identification
ROA	Return on Assets
ROCE	Return on Capital Employed
ROE	Return on Equity
ROI	Return on Investment
ROTC	Return on Total Capital
ROS	Return on Sales

RPA	Robotic Process Automation
RV	Rahmenvertrag
SC	Supply Chain
SCC	Supply Chain Controlling
SCM	Supply Chain Management
SCOR	Supply Chain Operations Reference Model
SCRM	Supply Chain Relationship Management
T€	Tausend Euro
TBO	Total-Benefit-of-Ownership
TCO	Total-Cost-of-Ownership
TPO	Total-Profit-of-Ownership
TV	Television
VM	Vormontage
VMI	Vendor Managed Inventory
VS	Versand
VTW	Vertriebswege
VUCA	Volatile, uncertain, complex, ambiguous
WACC	Weighted Average Cost of Capital
WE	Wareneingang
WEK	Wareneingangskontrolle
YE	Year End
YTD	Year to Date
ZL	Zwischenlager

Abbildungsverzeichnis

Abb. 2.1 Order-to-Payment-S in der Supply Chain........................4
Abb. 2.2 Leistungs-Strategie-Mix der Supply Chain.....................13

Abb. 4.1 Arten von Supply-Chain-Störungen...........................38
Abb. 4.2 Formen der Resilienz in der Supply Chain....................39
Abb. 4.3 Merkmale resilienter Supply Chains..........................40
Abb. 4.4 Elemente des resilienten Supply Chain Controllings.............43

Abb. 5.1 Traditionelles Kennzahlensystem versus Performance-Measurement-System..........................47
Abb. 5.2 Schritte zur Einführung eines Supply-Chain-Kennzahlensystems...48
Abb. 5.3 Checkliste für ein Kennzahlensystem der Supply Chain..........50
Abb. 5.4 Typologie relativer Kennzahlen..............................52
Abb. 5.5 Beispiel zur Berechnung des Return on Investment (Zahlen in T€, ausgenommen Prozentwerte)..................55
Abb. 5.6 Verbesserung des ROI durch Bestandssenkung (Zahlen in T€, ausgenommen Prozentwerte)..........................56
Abb. 5.7 Strategische und operative Kennzahlen.......................58
Abb. 5.8 Leistungs- und Kostenkennzahlen...........................59
Abb. 5.9 Struktur der Kennzahlentypologie einer Supply Chain..........61
Abb. 5.10 Indikatoren der Kennzahlentypologie einer Supply Chain........91
Abb. 5.11 Werttreiberbaum über den Economic Value Added..............94
Abb. 5.12 Werttreiberbaum über den Return on Capital Employed.........99
Abb. 5.13 Kennzahlenradar einer Supply Chain........................105

Abb. 6.1	Erfolgskorridor des Performance Measurements	110
Abb. 6.2	Dimensionen der Unternehmensleistung	111
Abb. 6.3	Performance Management in Supply Chains	114
Abb. 6.4	Supply Chain Scorecard nach Brewer/Speh	117
Abb. 6.5	Supply Chain Scorecard nach Stölzle/Heusler/Karrer	119
Abb. 6.6	Supply Chain Scorecard nach Weber/Bacher/Groll	120
Abb. 6.7	Supply Chain Scorecard nach Richert	122
Abb. 6.8	Strategische Ziele und KPI der Finanzperspektive	125
Abb. 6.9	Strategische Ziele und KPI der Kundenperspektive	127
Abb. 6.10	Strategische Ziele und KPI der Prozessperspektive	130
Abb. 6.11	Strategische Ziele und KPI der Lieferantenperspektive	133
Abb. 6.12	Strategische Ziele und KPI der Integrationsperspektive	134
Abb. 6.13	Supply Chain Scorecard nach Werner	136
Abb. 6.14	Strategische Ziele und Kennzahlen der Supply Chain Scorecard	138
Abb. 6.15	Kausalkette einer Supply Chain Scorecard	139
Abb. 6.16	Strategy Map in der Supply Chain	143
Abb. 6.17	Kombination von Scorecard und Strategy Map in der Supply Chain	147
Abb. 7.1	Cost Tracking von Materialpreisen	153
Abb. 7.2	Cost Tracking von Frachtkosten	155
Abb. 7.3	Cost Tracking von Beständen	157
Abb. 7.4	Hard-(Soft)-Analyse	160
Abb. 9.1	Festlegung der Gesamtzielkosten	171
Abb. 9.2	Zielkostenkontrolldiagramm	179
Abb. 9.3	Prozesskostenrechnung (Beispiel)	183
Abb. 9.4	Beispiel Lifecycle Costing (alle Zahlen in T€, YTD = Year to Date)	185
Abb. 9.5	Beispiel Total Cost of Ownership (Lieferant A kommt aus Deutschland, Lieferant B kommt aus China; in €)	192
Abb. 10.1	Basisformel des Economic Value Added	196
Abb. 10.2	Berechnung des Net Operating Profit After Tax (alle Zahlen betreffen den Abschluss im Geschäftsjahr 2021 in T€)	198
Abb. 10.3	Berechnung des Capital (alle Zahlen betreffen den Abschluss im Geschäftsjahr 2021 in T€)	198
Abb. 10.4	Beispiel Berechnung des Economic Value Added (alle Zahlen betreffen den Abschluss im Geschäftsjahr 2021 in T€)	198

Vorgehensweise 1

Das Supply Chain Management ist seit geraumer Zeit allgegenwärtig. Immer mehr Organisationen versuchen, die zum Teil immensen Kostensenkungspotenziale zu heben, welche in den internen Schnittstellen und den Netzwerken kooperierender Partner schlummern. Dieses Buch nimmt sich der Frage an, wie durch die Ausgestaltung eines zeitgemäßen Supply Chain Controllings diese Verbesserungsmöglichkeiten konkret auszuschöpfen sind. Das **Lernziel** besteht darin, das Wesen und die Bedeutung des Supply Chain Controllings aufzuzeigen.

Der **Supply Chain Controller** ist die rechte Hand des Supply Chain Managers. Er muss in der Lage sein, die Führung kontinuierlich mit Informationen zu versorgen. Aber auch Ad-hoc-Anfragen dürfen den Supply Chain Controller nicht abschrecken, um bei kurzfristig aufkommenden Problemen eine rasche Entscheidungshilfe leisten zu können (beispielsweise die Auslagerung von Supply-Chain-Aktivitäten auf Dienstleister oder das Einschleusen neuer Partner in die Lieferkette).

Um diese Herausforderungen meistern zu können, bündelt der Supply Chain Controller geeignete Hilfsmittel in seinem **Werkzeugkasten**. Dabei sollte er darauf achten, die unterschiedlichen Attribute des Wettbewerbs gleichermaßen zu bedienen: Ein modernes Supply Chain Controlling ist möglichst ausgewogen zu konzipieren. Der Einsatz kostenorientierter Instrumente darin ist naheliegend. Doch ein reines Kostencontrolling stößt in komplexen und dynamischen Wertschöpfungsketten rasch an seine Grenzen. Vielmehr sind auch solche Hilfsmittel einzusetzen, welche zusätzlich die Schlüsselgrößen Zeit, Qualität, Agilität, Service Information, Innovation und Nachhaltigkeit abdecken.

Der **Aufbau** dieses Buches orientiert sich an den oben beschriebenen Anforderungen an das Supply Chain Controlling. Zunächst werden die Grundlagen des

© Springer Fachmedien Wiesbaden GmbH, ein Teil von Springer Nature 2022
H. Werner, *Supply Chain Controlling*,
https://doi.org/10.1007/978-3-658-36405-2_1

Supply Chain Managements im Allgemeinen und des Supply Chain Controllings im Speziellen aufgezeigt. Anschließend wird der Einfluss der Digitalisierung auf die Ausgestaltung eines zeitgemäßen Supply Chain Controllings beschrieben. Spätestens mit dem Aufkommen der Corona-Pandemie ist die Verletzlichkeit von Wertschöpfungsketten aufgedeckt worden. Das Supply Chain Management pendelt sich deshalb aktuell zwischen Resilienz und Effizienz ein. Dieses Phänomen wird in einem eigenen Hauptkapitel untersucht. Weiterhin ist eine Kennzahlentypologie der Supply Chain zu erarbeiten. Darin finden sich viele Indikatoren, die zur Bewertung der Erfolgswirksamkeit interner und externer Organisationsabläufe dienen. Anschließend werden diese Kennzahlen in moderne Performance-Measurement-Konzepte integriert. Beispielsweise sind in solchen Systemen finanzielle und nicht-finanzielle Supply-Chain-Ziele über spezielle Netzwerk-Scorecards abzubilden und zu messen. Anschließend sind Ausgestaltungsmöglichkeiten für ein Cost Tracking von Supply-Chain-Aktivitäten aufzuzeigen (Cost Tracking von Materialpreisen, Frachtkosten, Beständen). Zusätzlich wird die Bedeutung des Working Capital Managements und des Strategischen Kostenmanagements (Target Costing, Prozesskostenanalysen, Lifecycle Costing, Total-Cost-of-Ownership) für ein Supply Chain Controlling beschrieben. Schließlich enden die Überlegungen in der Bewertung dauerhafter Wertsteigerungen innerhalb moderner Unternehmensnetzwerke, wozu der Economic Value Added herangezogen wird.

Grundlagen des Supply Chain Controllings

2.1 Begriff und Einordnung

Das Supply Chain Controlling ist eine wichtige Säule des Supply Chain Managements. Ein **Supply Chain Management (Lieferkettenmanagement)** erstreckt sich von der Source of Supply bis zum Point of Consumption. Es umfasst Material-, Informations- und Geldflüsse entlang der kompletten Wertschöpfungskette (Versorgung, Entsorgung, Recycling) und berücksichtigt auf seiner Sozialebene zusätzlich die Beziehungen der Akteure untereinander (vgl. Werner 2020, S. 7).

Der Verlauf einer Supply Chain kann über das „**Order-to-Payment-S**" beschrieben werden (vgl. Werner 2020, S. 10). Abb. 2.1 verdeutlicht das Grundprinzip des Konzepts. Innerhalb der Verkettung sind drei Bereiche zu unterscheiden. Sowohl die interne als auch die externe (integrierte) Supply Chain gehen in das Order-to-Payment-S ein:

- **Bereich 1**: Der erste Bereich verläuft von rechts nach links (flussaufwärts). Ein Kunde erteilt einen Auftrag (Order) an den Hersteller. Ein Supply Chain Management folgt dem Pull-Gedanken. Über Liefer- und Feinabrufe steuern die Disponenten diesen Auftrag, um daraus die zu fertigenden Bauzahlen abzuleiten. Der Disponent stellt seine Informationen den Einkäufern zur Verfügung, damit diese den Warennachschub gewährleisten.
- **Bereich 2**: Anschließend wird der physische Materialfluss (von links nach rechts) angestoßen. Flussabwärts steht die Erfüllung des Kundenauftrags im Mittelpunkt. Die gelieferten Teile werden in dieser beispielhaft betrachteten Supply Chain zunächst im Wareneingang angenommen. Nach ihrer Lagerung und Kommissionierung erfolgt die spätere Montage. Eine vorgelagerte Stelle

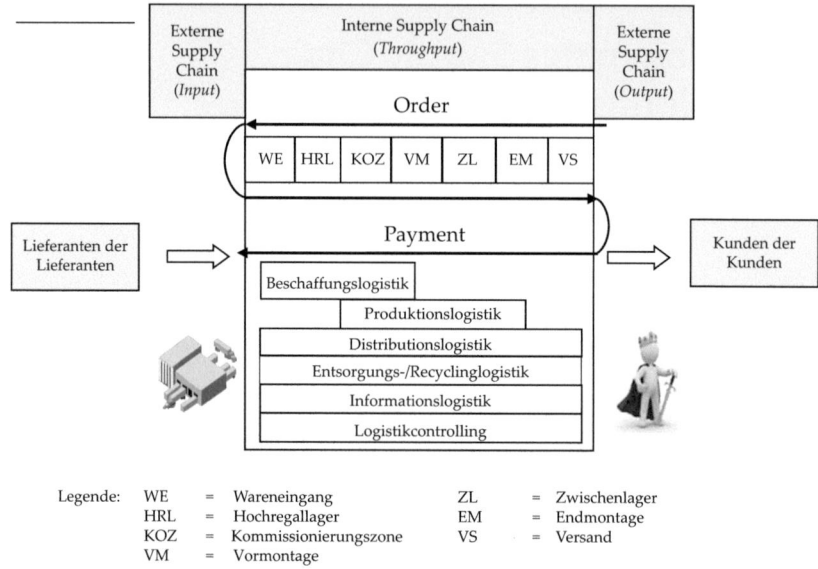

Abb. 2.1 Order-to-Payment-S in der Supply Chain

versorgt ihre jeweils nachgelagerte. Die Wertschöpfung steigt schrittweise, bis die Fertigwaren den Kunden zugestellt werden.
- **Bereich 3**: Zur Vermeidung von Opportunitätskosten wird der Auftrag bis zu seiner Bezahlung verfolgt (Payment). Diesbezüglich hat der Vertrieb möglichst kurze Zahlungsfristen mit seinen Kunden zu vereinbaren. Entsorgung oder Recycling verlaufen ebenfalls in dieser Richtung.

Es wird deutlich, dass ein **Supply Chain Management** vorhandene Logistikstrukturen nutzt (insbesondere die Beschaffungs-, die Produktions- und die Distributionslogistik). Ein Supply Chain Management erweitert diese primär physischen logistischen Materialflüsse um gleichgewichtete Zahlungs- und Informationsströme. Außerdem ist das Supply Chain Management insbesondere in der Schnittstelle verortet, es umspannt komplette Netzwerke: Darin werden auch die Lieferanten der Lieferanten und die Kunden der Kunden in die komplette Wertschöpfungsbetrachtung einbezogen. Die traditionelle Logistik hingegen endet in ihren Kernfunktionen bereits an den unmittelbar eingehenden (Systemlieferanten) und ausgehenden (direkten Abnehmern) Schnittstellen eines Unternehmens.

2.1 Begriff und Einordnung

Im Rahmen der **Strukturierung von Supply Chains** finden sich zwei grundsätzliche Typen: Es sind einerseits hierarchisch pyramidale und andererseits polyzentrische Lieferketten zu unterscheiden. Diese beiden Ausgestaltungsformen (so genannte „Phänotypen") von Wertschöpfungspartnerschaften werden im Folgenden näher vorgestellt (vgl. Wildemann 2008, S. 204):

- Innerhalb der **hierarchisch pyramidalen Supply Chain** steht ein strategisch relevantes Unternehmen im Mittelpunkt. Sämtliche Wertschöpfungspartner richten ihre Aktivitäten nach dieser dominierenden Organisation aus („Hub Firm"). Die Beherrschung des Netzwerks erfolgt beispielsweise durch die Größe, die Finanzausstattung oder das Wissenspotenzial des führenden Unternehmens. Aber auch der direkte Zugang dieser fokalen Organisation auf Beschaffungs- und Absatzmärkte kann die Strukturierung des Verbunds nachhaltig beeinflussen. Hierarchisch pyramidale Supply Chains orientieren sich an der Marktmacht ihres „Leuchtturms". Die Zentralorganisation bindet ihre Partner über langfristige Kontrakte an sich.

- Im Gegensatz zur eindeutigen Strukturierung hierarchisch pyramidaler Supply Chains, liegen bei **polyzentrischen Supply Chains** homogene wechselseitige Abhängigkeiten vor (häufig in Form von Mehrfachmitgliedschaften). In diesem Netzwerk sind sowohl die Entscheidungskompetenzen als auch die Koordinationsaufgaben über die eingebundenen Partner verteilt (vgl. Wildemann 2008, S. 204). Innerhalb dieses heterarchischen Netzwerks werden die Führung und die Dominanz regelmäßig durch Verhandlungen neu geregelt. Teilweise koordinieren einzelne Akteure eigenverantwortlich bestimmte Bereiche, da sie beispielsweise über besondere Kenntnisse auf diesem Gebiet verfügen („Spezialisierungsfunktion").

Zwischen den Partnern einer Supply Chain verwischen in der Regel klassische **Koordinationsmechanismen**: Es fehlt innerhalb dieser Lieferkette eine übergeordnete und leitende Instanz. Daher sind in Supply Chains Weisungen, Programme oder Pläne von ihrem Wirkungsgrad her schwächer ausgeprägt, als dies in einzelwirtschaftlichen Unternehmen der Fall ist. Außerdem muss stets ein Konsens herrschen, um eine möglichst langfristige Netzwerkkooperation aufzubauen.

Die Akteure einer Supply Chain sind in ein heterogenes Interessentenbündel integriert. Lieferanten, Hersteller, Händler, Distributoren, Dienstleister und Kunden befinden sich gleichermaßen in diesem Netzwerk. Doch innerhalb von Wertschöpfungsketten sind **Spannungsverhältnisse** zwischen den Akteuren auszuloten: Auf der einen Seite erhoffen sich die Partner aus ihrer Partizipation an dem Verbund eine gesteigerte Wettbewerbsfähigkeit. Andererseits streben die rechtlich selbstständigen Organisationen nach Autonomie. Der Bezugsrahmen eines Supply Chain Managements muss diesen latenten Balanceakt miteinander konkurrierender Ziele ausloten.

Auf Grund der oben angesprochenen Interessenkonflikte innerhalb der Supply Chain verhalten sich unterschiedliche Zielvorgaben häufig wenig harmonisch zueinander („Reduzierung der Kosten", „Verbesserung der Qualität", „Forcierung von Schnelligkeit und Agilität", „Steigerung der Kundenzufriedenheit"). Im Kern richten sich Supply-Chain-Aktivitäten auf das **Strategische Oktogon** aus:

- **Kosten**: Die Reduzierung von Supply-Chain-Kosten führt zur Verbesserung der Prozesseffizienz. Maßnahmen zur Steigerung der Effizienz in den Supply-Chain-Prozessen besitzen einen direkten EBIT-Bezug. Beispiele dafür sind die Reduzierung von Frachtkosten, eine Steigerung der Mitarbeiterproduktivität oder die Absenkung von Materialkosten.
- **Qualität**: In modernen Wertschöpfungsketten schützen Maßnahmen zur Qualitätssicherung vor Stock-outs. Indikatoren zur Bewertung von Supply-Chain-Qualität sind zum Beispiel Lieferservicegrad und Retouren. Eine Lieferkette sollte narrensicher sein („Poka-Yoke-Prinzip"). Die Akteure werden moderne Identifikationstechniken einsetzen, die eine Rückverfolgung von Chargen gewährleisten (zum Beispiel RFID).
- **Zeit**: In High-Speed-Supply-Chains zählt die Reaktionsfähigkeit. Sie richten sich zunehmend digital aus. In ihnen werden Entwicklungs- und Produktionsprozesse besonders rasch abgewickelt. Ein präzises Order-Fulfillment führt zur Steigerung der Kundenzufriedenheit.
- **Agilität**: Wandlungsfähige Supply-Chain-Akteure besitzen die Fähigkeit, ungeplante Kundenbedarfe befriedigen zu können. Außerdem sind agile Unternehmen in der Lage, die Sonderwünsche ihrer Kunden rasch befriedigen zu können.
- **Service**: Wenn in Lieferketten der Faktor Service zählt, sind die Akteure fähig, ihren Kunden besondere Leistungen anzubieten, die über das „Normalmaß" hinausgehen (z. B. Same Day Delivery). Diese Organisationen erbringen für ihre Kunden Entwicklungstätigkeiten, finanzieren Bestände vor oder wickeln das Bestandsmanagement eigenverantwortlich ab.
- **Information**: Der schnelle und fehlerfreie Informationsaustausch ist einer der Grundpfeiler des erfolgreichen Supply Chain Managements. Der Einsatz moderner Kommunikationstools an den Schnittstellen ermöglicht einen Datenaustausch in Echtzeit.
- **Innovation**: In innovativen Supply Chains bieten die Akteure Killerprodukte an, die der Kunde unbedingt haben möchte. Auf Grund der hohen Investitionen

2.1 Begriff und Einordnung

in die erforderliche Technik, agieren innovative Supply-Chain-Akteure häufig in Strategischen Allianzen.

- **Nachhaltigkeit**: Kunden wie Gesetzgebung fordern immer stärker nachhaltige Lieferketten ein. Erfolgreiche Organisationen betreiben kein Greenwashing. Sie verankern Nachhaltigkeit als ehrlichen und bedeutsamen Baustein in ihre Unternehmensvision.

Eine bloße Übertragung der **klassischen Controlling-Ausrichtung** wird diesen dynamischen und komplexen Ansprüchen an die Ausgestaltung moderner Supply Chains kaum gerecht. Hinzu kommt, dass ein tradiertes Controlling primär intern ausgerichtet ist und Netzwerkabläufe kaum erfasst. Daher bietet sich folgende **Begriffsklärung** für ein Supply Chain Controlling an:

▶ Ein **Supply Chain Controlling (SCC)** sichert über seine Führungsunterstützungsfunktion die Informationsversorgung des (Supply Chain) Managements. Seine konzeptionelle Ausgestaltung erfolgt über die systematische und zweckgerichtete Einleitung von Planungs-, Steuerungs- und Kontrollaktivitäten mit dem Ziel fortwährender Prozessverbesserung über die gesamte Supply Chain.

Das Supply Chain Controlling orientiert sich an der Verbesserung der Unternehmenseffektivität und der Unternehmenseffizienz gleichermaßen. Dazu werden im Rahmen der Leistungsbewertung **(Supply-Chain-Performance)** finanzielle Zielvorgaben überprüft (Kostenminimierung, Gewinnsteigerung, Liquiditätserhöhung). Außerdem sind in ein modernes Supply Chain Controlling gleichzeitig nicht-finanzielle Ergebnisvorgaben einzubeziehen (Zufriedenheit, Schnelligkeit, Agilität).

Ein kritischer Erfolgsfaktor des Supply Chain Controllings ist die **Prozessoptimierung**. Da zum Teil größere Informationsmengen innerhalb des Partnergefechts zu verarbeiten sind, müssen standardisierte Abläufe über geeignete Systeme abgewickelt werden. Diesbezüglich stellt die Einbindung externer Akteure eine besondere Herausforderung dar. In den kollaborativen Supply Chains werden Echtzeitprozesse abgewickelt (Real-Time-Supply-Chains). Diese zeichnen sich durch eine eigenständige Datengewinnung, Datenverarbeitung und Datenaktualisierung aus. Ein prägendes Merkmal dieser kollaborativen Wertschöpfungsketten ist die Übertragung von Verantwortung auf vorgelagerte Supply-Chain-Partner (zum Beispiel Vendor Managed Inventory).

2.2 Ziele und Aufgaben

Ein prägendes Ziel des Supply Chain Controllings ist die Unterstützung der (Supply Chain) Führung. Zur zielgerichteten Entscheidungsfindung sind Waren-, Informations- und Finanzflüsse innerhalb der Lieferketten möglichst **transparent** abzubilden. Somit wird es möglich, nicht wertschöpfende Tätigkeiten zu identifizieren und gegebenenfalls zu eliminieren. Derartige Rationalisierungspotenziale finden sich beispielsweise in einer Absenkung von Prozesskosten und Transaktionskosten, dem verbesserten Kapitaleinsatz oder der optimierten Einbindung externer Partner in die Unternehmensabläufe. Ein transparentes Supply Chain Controlling ermöglicht zudem die Identifikation von Risiken.

Eng verwoben damit ist die **Messung der Erfolgswirksamkeit** von Supply-Chain-Vorhaben. In diesem Kontext sticht der Einsatz geeigneter Kennzahlensysteme und Performance-Measurement-Konzepte heraus. Diese müssen sich strategisch ausrichten, gleichzeitig aber auch die Operationalisierung von Supply-Chain-Zielen gestatten. Dadurch sollen etwaige Abweichungen zu gesetzten Zielvorgaben innerhalb der Supply Chain frühzeitig aufgedeckt werden. Ansonsten dürfte im Falle einer drohenden Zielunterschreitung ein rasches Eingreifen kaum möglich sein.

Mit der **Identifikation von Ineffizienzen** innerhalb einer Supply Chain sollen Kostensenkungspotenziale ausgeschöpft werden. Unwirtschaftliche Prozesse werden mit Lean Management bekämpft. Die ineffizienten Abläufe richten sich in den Wertschöpfungsketten vor allem nach den Merkmalen Überproduktion, Wartezeit, Prozessdefizit und Produktmängel aus:

- **Überproduktion**: Eine Supply-Chain-Überproduktion liegt vor, wenn mehr Waren hergestellt werden, als die Kunden aktuell nachfragen. Dadurch kommt es zu einer unverhältnismäßigen Aufblähung von Beständen. Das Ergebnis sind überhöhte Lagerkosten für Miete, Energie, Versicherung, Personal oder Abschreibungen. Diese Größen werden in der G&V gebucht, sie belasten den EBIT direkt. Zusätzlich steigen auf Grund von Überproduktion die Opportunitätskosten (entgangene Gewinne): Das Kapital ist im Bestand gebunden und kann nicht gewinnbringend angelegt werden.
- **Wartezeit**: Unverhältnismäßig lange Wartezeiten sind teuer und hochgradig ineffizient. Sie führen zur Verlängerung der Durchlaufzeiten in der Produktion. Auf Grund derartiger Verzögerungen in den Supply-Chain-Prozessen kann es zu Lieferverzögerungen kommen, worunter die Kundenzufriedenheit leidet.

2.2 Ziele und Aufgaben

- **Prozessdefizit**: Probleme in der Prozessabwicklung verursachen hohe Transaktionskosten. Die Folge sind steigende Informations- und Kommunikationskosten für Abstimmungen mit Lieferanten, Dienstleistern und Kunden. Zudem steigen die Prozesskosten, weil die Einleitung personalintensiver, administrativer Tätigkeiten notwendig ist. Zusätzlich verlängert sich die Zeit für das Order-Fulfillment, wodurch es zu Beschwerden seitens der Kunden kommen kann. Schließlich begründen Prozessdefizite in der Supply Chain die Einleitung von Maßnahmen zur Komplexitätsverringerung.
- **Produktmängel**: Auf Grund von Produktmängeln müssen teure Aktivitäten zur Qualitätssicherung eingeleitet werden. Ebenso erhöhen sich die Ausschuss- und Nacharbeitsraten in der Supply Chain. Auch die Anzahl von Produktionsfehlern steigt. Ihre Bereinigung verursacht Total-Cost-of-Ownership, um beispielsweise Kundenreklamationen zu klären.

Ein weiteres Ziel des Supply Chain Controllings ist seine **Wertorientierung**. Bestehende Werte müssen optimal genutzt und neue Werte beständig geschaffen werden. Zur Wertsteigerung leistet in zunehmendem Maße die möglichst schnelle und nachhaltige Steigerung des Lieferservicegrads einen wichtigen Beitrag. Die Gretchenfrage lautet: Wann ist der Grenzertrag zur Verbesserung der Kundenzufriedenheit erreicht? Besonders problematisch ist naturgemäß der Wertausgleich innerhalb der Supply Chain. Auf Grund latenter Spannungsverhältnisse und Interessenkonflikte einzelwirtschaftlicher Akteure wird eine Organisation zunächst ihre eigenen Werte sichern. Erst an zweiter Stelle rangiert die Steigerung des Gesamtwerts einer kompletten Lieferkette.

Ein weiteres Ziel des Supply Chain Controllings ist die **Beherrschung von Komplexität**. Ohne die Nutzung geeigneter Informations- und Kommunikationssysteme droht der Supply Chain Controller im Datenmeer zu versinken. Besonders hoch sind die Anforderungen an Echtzeitabwicklungen. Enterprise-Resource-Planning-Applikationen (ERP) richten sich nach dem Prinzip der Sukzessivplanung aus. Sie werden teilweise durch Simultanplanungs-Systeme ergänzt oder ersetzt. Dazu wird der Einsatz von Advanced-Planning-and-Scheduling-Applikationen genutzt.

Das **Aufgabenspektrum** des Supply Chain Controllers ist vielschichtig. Wie im klassischen Controlling sind im Supply Chain Controlling die Kostenerfassung, die Kostenverrechnung und die Leistungsbewertung sicher zu stellen. Die Steuerung von Abläufen innerhalb einer Einzelorganisation ist relativ einfach. Schwieriger ist das Controlling vermaschter Netzwerke: Wenn Material-, Informations- und Finanzströme über die Grenzen der eigenen Organisation zu erfassen sind. Erst seit geraumer Zeit widmet sich das *Beziehungscontrolling* dieser Herausforderung:

Darunter ist die systematische und zielgerichtete Steuerung von Beziehungen kooperierender Partner zu verstehen, bei denen gerade „weiche" Faktoren eine besondere Rolle spielen. Zusätzlich hat der Supply Chain Controller ein adäquates **Berichtswesen** aufzubauen und zu pflegen, das besonders relevante Key Performance Indicators beinhaltet, wie: Bestände, Frachtkosten, Servicegrad, Materialpreis, Forecast Accuracy, Order Fulfillment Rate oder Durchlaufzeit. Die Informationen innerhalb dieses Reporting-Systems sollten möglichst aktuell vorliegen:

- Daher ist der Einsatz von **Rolling Forecasts** zu empfehlen: Der rollierende Forecast zeichnet sich durch einen gleichbleibenden, überjährigen zeitlichen Horizont aus. In der Regel erstreckt sich der Planungshorizont über fünf bis acht Quartale. Im Vergleich zum tradierten Budget ist der Rolling Forecast wesentlich aktueller und kostengünstiger: Es kann immer der letzte Informationsstand abgerufen werden, und durch die wenig detaillierte Planung sind Ressourcen einzusparen.
- Ein **traditioneller Forecast** wird hingegen unterjährig erstellt, er endet mit dem Geschäftsjahr (Year End Forecast). Seine Planungsfrist verkürzt sich monatsweise mit jedem neuen Actual.

Das rechtzeitige Erkennen von **Supply-Chain-Risiken** ist eine weitere Aufgabe des Supply Chain Controllers. Falsche Absatzprognosen, Versorgungsengpässe oder Lieferverzögerungen sind mögliche Indikatoren für Defizite innerhalb der Wertschöpfungskette. Folglich hat der Supply Chain Controller ein Früherkennungssystem aufzuspannen, in dem sich geeignete Deskriptoren befinden, die dabei helfen, mögliche Supply-Chain-Brandherde frühestmöglich zu identifizieren. Beispiele dafür sind Qualitätsschwierigkeiten oder Bonitätsprobleme der Lieferanten. Neben drohenden Gefahren zeigt das Früherkennungssystem gleichzeitig Chancen auf, die der Erzielung von Wettbewerbsvorteilen dienen.

Weiterhin sind im Supply Chain Controlling **Sonderaufgaben** zu erledigen. Ein Beispiel dafür sind Make-or-Buy-Analysen: Die Auslagerung von Supply-Chain-Aktivitäten kann sich auf den Fuhrpark (Fleet Management), die Produktion oder das Lagerwesen (Warehouse Management) erstrecken. Weitere Sonderaufgaben sind Standortentscheidungen, Produktionsverlagerungen oder das Einphasen neuer Partner in die Wertschöpfungskette.

Schließlich dominiert im Supply Chain Controlling traditionell die monetäre Leistungsbewertung. Doch auch nicht-finanzielle Erfolgsparameter finden zunehmend darin Beachtung. Sie ermöglichen den Wandel des klassischen Kennzahlenmanagements zum **Performance Measurement**.

2.3 Erfolgsgrößen

Information, Koordination, Beziehung, Prozess und Performance sind die **Erfolgsgrößen** des Supply Chain Controllings als Führungssystem. In der Wertschöpfungskette begünstigen Kooperationen die Gewinnung von **Informationen**. Diese werden möglichst in einem frühen Stadium der Zusammenarbeit zwischen den Partnern im Verbund ausgetauscht. Um die große Menge an Informationen verarbeiten zu können (Big Data), stehen den Supply-Chain-Partnern Systeme wie Cloud Computing oder Data Analytics zur Verfügung. Diese Techniken ermöglichen eine schnelle Datenverarbeitung. Außerdem werden Prognostik oder Datenmodellierungen begünstigt. Für ausgetauschte Informationen sind in der Lieferkette Feedback-Schleifen einzubauen. Sie ermöglichen den beteiligten Mitgliedern die kritische Überprüfung übermittelter Informationen.

Über Ansätze wie „Collaborative Planning Forecasting and Replenishment" stimmen sich die Akteure einer Supply Chain aktiv ab und leiten gezielt **Koordinationsaktivitäten** ein. So planen der Handel und die Hersteller ihre Verkaufsförderungsaktivitäten häufig gemeinsam: Der Handel stellt die benötigte Fläche zum richtigen Zeitpunkt zur Verfügung (beispielsweise in Abhängigkeit von Mindesthaltbarkeitsdaten der Produkte). Die Hersteller richten ihren Sales Forecast und ihre Produktionsprozesse gezielt auf dieses Zeitfenster aus. Eine wichtige Voraussetzung für eine stimmige Koordination im Netzwerk ist der Einsatz geeigneter IT-Systeme. Diese Tools ermöglichen die Abstimmung und die Synchronisation von Planungsrhythmen im Partnerverbund. Die Unternehmen übertragen ihre Daten aus Lieferscheinen, Beständen, Bestellungen und Rechnungen über Electronic-Data-Interchange- (EDI) oder Web-EDI-Lösungen. Zur einfacheren Identifikation der Artikel werden zusätzlich Barcode- und RFID-Lösungen eingesetzt.

Die Verbesserung des Klimas zwischen rechtlich selbstständigen Mitspielern in Wertschöpfungsketten wird mit dem Einsatz von **Beziehungspromotoren** begünstigt. Diese gewährleisten den Austausch von Informationen, suchen nach geeigneten Kontaktpersonen, führen Menschen zusammen, fördern den Dialog und greifen bei Problemen schlichtend ein. Der Beziehungspromotor kann ein Miteiglied einer beteiligten Supply-Chain-Organisation sein, der über entsprechende persönliche und fachliche Kompetenzen verfügt. Auch die Mitarbeiter neutraler Clearing-Stellen können die Rolle eines Beziehungspromotors ausfüllen (zum Beispiel Consultants). Ein Beziehungspromoter zeichnet sich durch Attribute wie Teamfähigkeit, analytisches Denken, Empathie, Kommunikationsfähigkeit, Standfestigkeit und Überzeugungsstärke aus (vgl. Feliciano und Werner 2019, S. 70).

Beziehungen treiben die Intensivierung der Zusammenarbeit im Netzwerk voran. Ein passender Rahmen ist die Voraussetzung dafür, dass sich Beziehungen in der Wertschöpfungskette entwickeln können (geeignetes „Supply-Chain-Klima"). **Supply-Chain-Prozesse** sind idealerweise standardisiert aufgebaut, um zeitraubende und teure Konvertierungen zu vermeiden. Außerdem erlauben Standardisierungen die Erzielung von Skaleneffekten. Ein weiteres Merkmal moderner Supply-Chain-Prozesse ist ihre digitale Ausgestaltung. Dadurch wird die Sicherung von Agilität und Transparenz begünstigt. Digitale Wertschöpfungsketten dienen der Beherrschung komplexer Abwicklungen und ermöglichen die Einleitung kontinuierlicher Verbesserungsaktivitäten. Ein funktionierendes Supply-Chain-Event-Management dient dem Erkennen besonders erfolgskritischer Maßnahmen und Ereignisse im Lieferverbund. Mittels Künstlicher Intelligenz lassen sich zusätzlich große Datenmengen analysieren (Data Analytics) und selbstlernende Geräte einsetzen (Machine Learning).

Die **Performance-Messung** im Supply Chain Controlling berücksichtigt finanzielle und nicht-finanzielle Indikatoren gleichermaßen. Performance-Measurement-Konzepte wie Balanced Scorecard, Performance Pyramid, Performance Measurement Matrix und Quantum Performance Measurement leisten bei der Überprüfung von Supply-Chain-Leistungen gute Dienste. Die Leistungsmessung erfolgt im Idealfall automatisch und prospektiv. Perfomance-Measurement-Systeme in der Supply Chain beinhalten Key Performance Indicators, Business Performance Indicators und Process Performance Indicators:

- **Key Performance Indicators (KPI)** sind Spitzenkennzahlen mit hoher strategischer Bedeutung (zum Beispiel Kundenzufriedenheit).
- **Business Performance Indicators (BPI)** messen die Leistungen der Funktionseinheiten (Business Unit, Product Line, Sales Center).
- **Process Performance Indicators (PPI)** bewerten die Erfolgswirksamkeit operativ ausgerichteter Supply-Chain-Prozesse.

2.4 Leistungs-Strategie-Mix

Der Aufbau eines Supply Chain Controllings hängt maßgeblich vom Strategiefokus des Unternehmens ab. In diesem Kontext richten sich Organisation auf die Schwerpunkte Zahlung, Kompetenz, Vermögen und Risiko aus. In diesen strategischen Erfolgsbereichen erfolgt über das Controlling eine Bewertung der Leistungen. Dieses Vorgehen wird als **Leistungs-Strategie-Mix** bezeichnet. Die Analyse

2.4 Leistungs-Strategie-Mix

richtet sich an den Kernzielen von Supply-Chain-Akteuren aus. Dabei spielt die Sicht von Investoren ebenso eine Rolle, wie die Einleitung konkreter Aktionen zur Durchsetzung der Strategien (vgl. Abb. 2.2).

Wenn sich in einer Supply Chain die Mitglieder primär daran ausrichten **Zahlungen** zu generieren, dominiert in diesem Verbund die Cash-Orientierung. Betroffene Unternehmen streben nach größtmöglicher Liquidität, die Investoren achten auf einen optimalen Zahlungsmittelüberschuss (Cash Flow.) Zur Performance-Messung einer derartigen Lieferkette setzt das Controlling die Cash-to-Cash-Cycle-Time ein (synonym: Liquiditätskreislauf). Bei der Berechnung dieser Kennzahl spielen die Zahlungsziele eine besondere Rolle. Der Controller wird den Einkauf darauf hinweisen, die Days Payables Outstanding (Kreditorentage) lang auszulegen, um Lieferanten möglichst spät zu bezahlen. Der Vertrieb wird hingegen bei der Verhandlung von Days Sales Outstanding (Debitorentagen) mit seinen Kunden einen raschen Zahlungseingang anpeilen. Die Logistik und die Produktion sind bestrebt, geringe Days on Hand zu erreichen: Kleine Lagerreichweiten, die im Umkehrschluss zu hohen Lagerumschlägen führen. Aus hohen Turn Rates resultieren für ein Unternehmen positive Cash-Flow-Effekte.

Investoren sind in Supply Chains mit **Kompetenz-Fokus** an zukunftsfähigen und robusten Partnerschaften interessiert, welche sich über den kompletten Wertschöpfungsverbund spannen. Die Aktionen darin sind mit einer hohen Erfolgswirksamkeit ausgestattet. Unternehmen mit Kompetenz-Fokus agieren häufig hoch innovativ. Zur Steigerung der Supply-Chain-Resilienz arbeiten sie eng zusammen und leiten kollaborative Prozesse im Verbund ein. Eine Grundvoraussetzung für einen raschen und fehlerfreien Datenaustausch sind gut abgestimmte Systeme (Di-

Strategiefokus	*Zahlung*	*Kompetenz*	*Vermögen*	*Risiko*
Supply-Chain-Kernziel	Cash-Generierung	Netzwerk-Ausrichtung	Vermögens-Optimierung	Risiko-Betrachtung
Sicht der Investoren	Investoren verfolgen eine Steigerung der Liquidität	Investoren interessieren zukunftsfähige Netzwerke	Investoren betrachten das gebundene Kapital	Investoren wägen Renditechancen mit Risiken ab
Supply-Chain-Aktion	Cash-to-Cash-Cycle Financial Supply Chain	Kollaborative SC Relational View	VMI Cross Docking Konsignation Just-in-Sequence	Supply-Chain-Risk-Management

Abb. 2.2 Leistungs-Strategie-Mix der Supply Chain

gital Link). Ebenso sind die Beziehungen der Mitglieder untereinander bedeutsam: Im Supply Chain Relationship Management (SCRM) dominieren nicht Material-, Informations- oder Finanzflüsse, sondern soziale Beziehungen.

Besitzt die Supply Chain hingegen einen **Vermögens-Fokus**, streben die Mitglieder nach der Optimierung ihrer Assets. Beispielsweise wägen betroffene Organisationen Make-or-Buy-Entscheidungen sorgsam ab. Die Aktivitäten umfassen das Fuhrparkmanagement (Fleet) ebenso wie das Lagermanagement (Warehouse). Der Supply Chain Controller stößt bei der Abwägung von Outsourcing-Entscheidungen gezielt Kosten-Nutzen-Vergleiche an und arbeitet mit Entscheidungsmatrizen (Nutzwertanalysen). Besitzt eine Supply Chain einen Vermögens-Fokus, achten die Investoren auf schlanke Abläufe: Geringe Assets begünstigen ein agiles Handeln. Zu den Aktionen in Wertschöpfungsketten mit einem Vermögens-Fokus zählen Vendor Managed Inventory, Cross Docking, Konsignation und Just-in-Sequence:

- **Vendor Managed Inventory (VMI)**: Die Bestandshoheit wird auf den Hersteller ausgelagert. Dieser regelt den Nachschub von Vorräten eigenverantwortlich. Über EDI-Systeme sind die Akteure miteinander vernetzt. Zur Identifikation von Scan-Vorgängen am Point-of-Sale dienen Barcode-Systeme. Auf diese Weise werden die Hersteller über Warenentnahmen aus den Regalen ihrer Kunden informiert. Die Idee von Vendor Managed Inventory stammt ursprünglich aus dem Handel. Sie wird aber mittlerweile auch in der Industrie erfolgreich eingesetzt.
- **Cross Docking**: An schnellen Umschlagplätzen (Transshipment-Points) werden komplette Warenladungen aufgebrochen und anschließend – im Idealfall ohne Zwischenlagerung – filialgerecht an den Kunden distribuiert. Die Zustellung der Artikel erfolgt bei Cross Docking vorzugsweise mit kleinen Vans, welche den Handel im Bedarfsfall mehrmals täglich anfahren.
- **Konsignation**: Die Waren bleiben so lange im Eigentum des Lieferanten, bis eine Frist verstreicht oder die Artikel aus dem Lager des Kunden abgerufen werden. Die Güter sind zwar bereits im Besitz des Kunden, aber nicht in seinem Eigentum. Daher tauchen sie auch nicht in seiner Bilanz auf. Wenn der Kunde keinen Platz auf seinem Gelände hat, können die Artikel auch bei einem 3 PL zwischengelagert werden. Der 3 PL befindet sich vorzugsweise in räumlicher Nähe des Kunden. Die Güter sind in seinem Besitz, und sie verbleiben im Eigentum der Hersteller. Oftmals erfolgt die Bezahlung von Konsignationsbeständen erst nach der Produktion (Payment-on-Production). In dem Konsignationsvertrag wird der Gefahrenübergang zwischen dem Konsignanten (Lieferant) und dem Konsignator (Hersteller) geregelt.

2.4 Leistungs-Strategie-Mix

- **Just-in-Sequence (JiS):** Schlanke Supply Chains richten sich nach dem Prinzip Just-in-Sequence aus. Dazu siedeln sich Lieferanten bevorzugt in Industrieparks an. Diese befinden sich in der Nähe des Kunden. Der Kunde informiert den Hersteller im Feinabruf (FAB) darüber, in welcher Reihenfolge er die Artikel zugestellt bekommen möchte. Die Sachnummern werden beispielsweise durch den Hersteller farblich vorsortiert. Anschließend erfolgt die Zustellung der Artikel synchron zur Taktung der Kundenproduktion.

Legt eine Wertschöpfungskette ihren Fokus auf **Risiken**, besteht das Kernziel in der Vermeidung von Gefahren. Die Supply-Chain-Akteure stärken ihre Resilienz. Sie verfügen über ein stimmiges Supply-Chain-Risk-Management, das zum Beispiel die Erstellung von Business Continuity Plans beinhaltet. Die Widerstandsfähigkeit und die Wiederherstellungsfähigkeit sind in robusten Wertschöpfungsketten wichtiger als die Erzielung von Supply-Chain-Effizienz um jeden Preis. Investoren wägen ihre Renditechancen konkret mit den Risiken innerhalb der Supply Chain ab. Zur Verbesserung der Robustheit werden bevorzugt digitale Lösungen eingesetzt (Internet of Things, Digital Twin, Big Data, Blockchain-Technologie, Machine Learning).

Digitales Supply Chain Controlling 3

Die zunehmende Digitalisierung wirft ihren Schatten auch auf das Controlling der Supply Chain. Digitale Lösungen unterstützen die Prozessautomatisierung und die Initiierung repetitiver Tätigkeiten. Dadurch gewinnt das Supply Chain Controlling an Wirtschaftlichkeit. Ein digitales Supply Chain Controlling nutzt die Potenziale **digitaler Transformation**. Dies bedeutet die Entwicklung cleverer Geschäftsmodelle, welche den Kunden gezielt in den Mittelpunkt rücken. Eine Organisation – oder ein Verbund von Akteuren – möchte für seine Kunden einen größtmöglichen Wertbeitrag generieren. Dieser wird über den Einsatz smarter Lösungen lanciert. Zusätzlich forcieren die Unternehmen ihre Individualisierungsaktivitäten in Richtung Kunde. Um digitale Verwertungspotenziale in den Wertschöpfungsketten zu nutzen, schaffen Supply-Chain-Leader eine passende digitale Infrastruktur und setzen neueste Technologien ein. In der Folge ergeben sich verbesserte Kostenstrukturen, die durch Automatisierung begünstigt werden. Zusätzlich ermöglicht die Digitalisierung die Generierung neuer Absatzmöglichkeiten und die Eliminierung von Handelsstufen. Die Nähe zum Absatzmarkt wächst. Ein digitales Supply Chain Controlling besteht aus **fünf Bausteinen**: Daten, Technologien, Prozesse, Analysemethoden und Kompetenzen. Diese Einflussgrößen des Supply Chain Controllings werden nachstehend skizziert (vgl. Keimer und Egle 2020, S. 13).

3.1 Bausteine des digitalen Supply Chain Controllings

3.1.1 Daten

Zur Entscheidungsfindung ist der Einsatz geeigneter Daten im digitalen Supply Chain Controlling alternativlos. Für den reibungslosen **Dateneinsatz** sind geeignete Quellen zu identifizieren und ständig hinsichtlich ihrer Relevanz zu überprüfen. Ein Supply Chain Controlling bedient sich interner wie externer Daten gleichermaßen. Die Daten können strukturiert und unstrukturiert vorliegen. Strukturierte Daten werden bevorzugt aus Datenbanken entnommen und sind in präzisen Feldern formatiert (z. B. Kreditkartennummer, Adresse). Neben ihnen gewinnen unstrukturierte Daten im Supply Chain Controlling an Bedeutung. Zu ihnen zählen Bilder, Objekte, Kundenmeinungen aus sozialen Netzen, Produktbewertungen oder Wetterdaten. Die Struktur dieser Informationen ist nicht eindeutig identifizierbar.

In den Wertschöpfungsketten werden intern verfügbare Daten häufig mit externen Daten kombiniert. Diese Informationen sind unabdingbar für **Planungen** und **Prognostik**. Das Ziel besteht in einer verbesserten Agilität: Unternehmen können somit kurzfristig auf Wetteränderungen oder Kundenwünsche reagieren. Im Idealfall sind wahrscheinliche Modifikationen in den Parametern vorhersehbar. In der Supply Chain werden Lagerbestände reduziert und Lieferwege optimiert. Die Verbesserung dieser Parameter orientiert sich streng an der Erfüllung von Kundenwünschen.

Zwei wichtige Bezugsgrößen im Datenmanagement der Supply Chain sind Data Management und Data Governance. Unter **Data Management** wird die Zugriffsmöglichkeit des Controllings auf alle wesentlichen Informationen verstanden. Es ist vorteilhaft, wenn möglichst wenige Daten manuell aufzubereiten sind. Eine automatisierte Datengenerierung gewährleistet die zeitnahe Realisierung von Supply-Chain-Analysen. Im Idealfall laufen die Planungen in Echtzeit ab. Ein smartes Data Management benötigt Datenkonsistenz, Datenstabilität und Datenintegrität:

- Über **Datenkonsistenz** wird sichergestellt, dass ein Supply Chain Controlling – unabhängig von der Informationsquelle – immer auf die einzig richtigen Daten zugreift („Single-Version-of-Truth"). Dieser Anspruch wird über Data Lakes gewährleistet: Der Gewinnung von Informationen aus dem „Datensee". Diese Quelle ist der einzig mögliche Speicher aller Unternehmensdaten.
- Eine **Datenstabilität** meint, dass relevante Informationen dauerhaft für das Controlling verfügbar sind. Es kommt zu keinem Datenverlust.

3.1 Bausteine des digitalen Supply Chain Controllings

- Schließlich gewährleistet die **Datenintegrität** die Vollständigkeit, Aktualität und Richtigkeit der verwendeten Daten im Supply Chain Controlling.

Unter dem Begriff **Data Governance** werden alle Richtlinien und Rahmenbedingungen zum sicheren Datenumgang gefasst. Dazu sind die Verantwortlichkeiten in den Unternehmen klar festzulegen. Die Data Governance muss ständig aktualisiert und in der Organisation nachvollziehbar kommuniziert werden.

3.1.2 Technologien

Supply-Chain-Technologien sind moderne Hardware- und Softwarekomponenten, die eine hohe **Integrität** der Systeme ermöglichen. Die Erhebung, die Speicherung, die Bearbeitung und die Aggregation von Daten richten sich an die Schnittstellen aus. Insellösungen führen zu Datenbrüchen und Ungenauigkeiten. Neue Technologien fügen sich reibungslos in die bestehende Systemlandschaft ein. Sie sind idealerweise zwischen den Supply-Chain-Partnern abgestimmt.

Die Datenbasis in der Supply Chain wird häufig über Enterprise Resource Planning (ERP) oder Advanced Planning and Scheduling (APS) bereitgestellt. Business-Intelligence-Tools (BI) oder Business-Analytics-Lösungen (BA) dienen der sinnhaften Ergänzung oder Erweiterung der bestehenden Systemlandschaft. Zur Aufnahme, Verarbeitung, Darstellung oder Analyse betrieblich relevanter Informationen dient Data Analytics. Die Automatisierung im Supply Chain Controlling wird zudem durch die Heranziehung geeigneter Technologien ermöglicht. So können über Cloud Computing relevante Produktions- und Kundendaten in Echtzeit verarbeitet werden (Real-Time-Process).

In der Folge werden einige Technologien näher beschrieben, die für ein digitales Supply Chain Controlling von großem Nutzen sind. Dazu zählen Internet of Things, Digital Twin, Big Data, Blockchain-Technologie und Machine Learning.

3.1.2.1 Internet of Things

Das klassische Internet beschränkt sich auf die virtuelle Welt. Mit dem **Internet of Things (IoT)** erweitert sich diese Sicht: Die Vernetzung des Internets mit Alltagsgegenständen (vgl. Borgmeier und Grohmann 2021). Bestimmte Dinge werden mit Sensoren und Rechenkernen ausgestattet. Sie können ihren physischen Zustand als Information in das Internet einspeisen. Zum Beispiel meldet eine Fracht während eines Transportvorgangs Abweichungen zu Soll-Richtwerten automatisch. Im Lager werden Lücken eigenständig festgestellt. Über das Internet of Things gewinnen die Unternehmen tiefere Einblicke in ihre Bestände. Sensoren messen im Lager bedeutsame Parameter wie Temperatur, Luftfeuchtigkeit oder Beschädigung. Ebenso können Bestellvorgänge mit Hilfe des Internet of Things automatisch ausgelöst werden. Schließlich sind intelligente Regalsysteme mit Sensorik bestückt und erkennen eine Warenentnahme sofort. Die wesentlichen **Ziele** des Internet of Things sind:

- **Automatisierung von Prozessen**: Mit Hilfe automatisierter Abwicklungen besteht die Möglichkeit zur Schonung knapper Ressourcen. Diese Fähigkeit fördert die Nachhaltigkeit von Supply-Chain-Prozessen.
- **Mensch-Maschinen-Interaktion**: In Supply-Chain-Abwicklungen werden bevorzugt Touchpads eingesetzt, die eine einfache, intuitive Anwendung erlauben. Auch aus größerer Entfernung ist es möglich, Geräte über ein Smartphone oder ein Tablet zu steuern.
- **Gewährleistung von Nachhaltigkeit**: Alert-Systeme weisen frühzeitig auf Abweichungen hin und vermeiden Folgeschäden. Dadurch können vorgegebene Grenzwerte eingehalten, ein Defekt rechtzeitig erkannt und Umweltbelastungen abgewendet werden.
- **Höhere Sicherheit**: Gegenstände sind mit Mikrochips ausgestattet. Diese helfen bei der raschen Identifikation von Waren. Dies ist beim Transport zeitkritischer Güter wichtig (zum Beispiel Radiopharmaka). Ebenso können Notsituationen bei dem Transport von Gefahrstoffen erkannt oder gänzlich vermieden werden.

Ein **Beispiel** für die Nutzung des Internet of Things in der Supply Chain liefert die Schweizer Güterbahn *SBB Cargo*. Gemeinsam mit *Bosch Engineering* wurde ein „**Asset Intelligence System**" entwickelt, um den Schienengüterverkehr zu optimieren. Die Bahnwagons sind mit Sensoren ausgestattet. Diese sammeln metergenau Informationen über die Position und den Zustand von Ladung und Wagons (zum Beispiel Temperatur und Luftfeuchtigkeit). Mittels einer Vernetzungs-Hardware werden gespeicherte Daten über Mobilfunk an einen Server geschickt. Diese Informationen wertet *SBB Cargo* aus. Da es beim Rangieren und Verladen der Wagons mitunter zu heftigen Erschütterungen kommt – wodurch die Waren und die Güterwagen beschädigt werden können – misst ein dreiachsiger Beschleunigungssensor die Stärke, die Häufigkeit und die genaue Position der Stöße. Diese und weitere Daten werden über eine spezielle Software sofort ausgewertet. Dadurch ist *SBB Cargo* bestens gewappnet: Das Unternehmen kann seine Kunden frühzeitig auf Verzögerungen in den Transportvorgängen hinweisen.

3.1.2.2 Digital Twin

Das Internet of Things kann als Vorstufe für das Entstehen von **Digital Twins** verstanden werden (vgl. Naht et al. 2020). Der digitale Zwilling ist die Software-Repräsentation eines einzelnen Objekts oder eines gesamten Systems. Die Idee stammt von der *NASA*. Diese setzte die Technologie zur vollständigen Nachbildung früherer Raumkapseln ein. Die *NASA* simulierte und diagnostizierte mit dem Zwilling mögliche Probleme im All.

Ein digitaler Doppelgänger ist eine eindeutige virtuelle Abbildung des physischen Objekts. Dessen Zustand und Verhalten werden durch den Zwilling überwacht. Die virtuelle Doublette ist dauerhaft mit dem physischen Objekt verbunden. Sie aktualisiert ständig verfügbare Informationen. Ohne fremde Hilfe erfasst der digitale Zwilling signifikante Veränderungen in der wirklichen Welt. Die **realen Objekte** sind Produkte oder Maschinen. Es können aber auch komplette betriebliche Systeme über digitale Doubletten abgebildet werden.

Bei der Digitalisierung von Prozessen erlauben virtuelle Zwillinge eine unterschiedliche Sichtweise auf real existierende Dinge. Das physische Objekt und sein digitaler Doppelgänger interagieren miteinander. Daten aus dem physischen System werden in Echtzeit auf das Modell übertragen. Die digitalen Kopien sind in beliebiger Anzahl reproduzierbar, mit dem Ziel, **Szenarien** durchzuspielen. Unternehmen erhalten schon dann Hinweise von externen Einflüssen auf ihre Objekte (Produkte, Systeme), bevor diese Aktivitäten vollständig abgeschlossen sind. Dadurch reduzieren sich die Total-Cost-of-Ownership: Maßnahmen werden antizipativ eingeleitet, im Idealfall bleiben Folgekosten aus.

In der **Smart Factory** ist es mit Hilfe von Digital Twins möglich, den kompletten Lebenszyklus von Objekten zu durchleuchten. Beispielsweise können über Simulationen frühzeitig Hinweise darauf erfolgen, wann bei Produkten, Werkzeugen oder Maschinen **Verschleißerscheinungen** eintreten. Dadurch lassen sich kostspielige Reparaturen vermeiden. Letztendlich kann der komplette Materialfluss einer Wertschöpfungskette über Digital Twins simuliert werden. Mit dem Ergebnis, dass die Supply-Chain-Assets besser ausgelastet sind.

Ein weiterer Einsatzbereich digitaler Doubletten ist die Überwachung von **Containerflotten**. Der komplette Transportvorgang wird elektronisch begleitet. Schlaue Sensoren, welche an die Schiffscontainer appliziert sind, zeigen den aktuellen Standort des Schiffes an. Die Sensoren messen nicht nur die Zeit, die Temperatur oder die Luftfeuchtigkeit auf dem Seeweg. Sie weisen zusätzlich auf eine Verschmutzung oder eine Beschädigung der Ware hin. Diese Informationen fließen in den digitalen Doppelgänger des Containernetzes. Die Reederei überprüft auf diese Weise die Wirtschaftlichkeit ihrer gesamten Containerflotte.

3.1.2.3 Big Data

In vielen Unternehmen und Branchen nimmt die Datenflut unaufhaltsam zu. Daher verwundert es nicht, dass seit geraumer Zeit verstärkt **Big-Data-Lösungen** im betrieblichen Umfeld eingesetzt werden (vgl. Freiknecht und Papp 2018; Mayer-Schönberger und Cukier 2013). Wenn es nicht nur um die Menge, sondern eher um die Güte von Daten geht, wandelt sich Big Data zu **„Smart Data"**. Dann lautet das Motto: „Qualität vor Quantität". Big Data leitet sich aus den **„4V"** ab:

- **Volume**: Menge und Umfang der Daten.
- **Velocity**: Geschwindigkeit von Datengenerierung und Datentransfer.
- **Variety**: Bandbreite an Datenquellen.
- **Veracity**: Datenechtheit.

Zum Teil werden die „4V" noch um die zwei Komponenten **Value** (Mehrwert von Daten) sowie **Validity** (Datenqualität) erweitert. Die Mitglieder einer Supply Chain erzeugen unzählige Daten. Dies gilt einmal für ein Unternehmen selbst (interne Datenbasis). Aber auch für seine Verbindung mit anderen Wertschöpfungsakteuren: Aus der Interaktion mit Lieferanten, Kunden, Dienstleistern und weiteren Partnern (externe Datenbasis). Hinzu kommen sonstige Informationen. Diese bestehen in der Wertschöpfungskette beispielsweise aus Verkehrs- und Wetterdaten, sowie Informationen zur Fahrzeugdiagnose (Wartungstermine von LKW, Kraftstoffverbrauch der Flotte).

Große Datenmengen fallen in der Supply Chain in unterschiedlichen Bereichen an, zum Beispiel in der **Bestands- und Lagerverwaltung**. Mit Hilfe von Sensoren kann das Vorratsmanagement automatisiert werden, um unliebsame Stock-outs zu vermeiden. Die Einführung moderner Lagertechniken führt zu Kostenvorteilen und kann durch „Pick-by-Vision" festgestellt werden. Investitionen in die Generierung von Big Data amortisieren sich in der Regel recht bald. Moderne Lagerverwaltungstechniken sind zudem schnell und sicher. Big Data hilft dabei, das Lagerlayout zu optimieren und die Bestandshöhe zu überwachen: Werden zu hohe Bestände festgestellt, können gezielt Aktivitäten zum Warenabverkauf eingeleitet werden. Zum Beispiel, wenn im Lebensmittelsektor der Ablauf von Haltbarkeitsdaten befürchtet wird.

Ein weiterer Einsatzbereich von Big Data in der Supply Chain ist die **Transport- und Routenplanung**. Wichtige Informationen liefern GPS-Daten. Wetter- und Temperaturparameter geben Auskünfte zur Entwicklung von Kraftstoffpreisen. Diese und weitere Daten können in eine moderne Software eingegeben werden, um virtuelle Frachtbörsen zu nutzen und Tourenplanungen zu optimieren.

3.1 Bausteine des digitalen Supply Chain Controllings

Derzeit wird die Letzte Meile innig diskutiert. Mit mobilen Internetinformationen und GPS-Daten lassen sich die Fahrtwege von Kurier-, Express- und Paketdiensten (KEP) optimieren. Auf diese Weise werden Distributionskosten abgesenkt. Spezielle Wärme- und Schocksensoren sichern zudem die Ware während der Zustellung. Im Rahmen der Distribution stoßempfindlicher Waren können Routen ausgewählt werden, auf denen die Fahrzeuge gezielt Straßenunebenheiten vermeiden (zum Beispiel kein Transport über Pflastersteine). Diese clevere Transport- und Routenplanung entlastet zudem unsere Umwelt.

Big-Data-Analytics ist ein wichtiger Baustein für eine verbesserte Kapazitätsplanung. Aufgrund der umfangreichen Datenverfügbarkeit können Engpässe (zum Beispiel in Stoßzeiten) umgangen und die verfügbaren Kapazitäten gleichmäßig ausgelastet werden. Es erfolgt außerdem eine optimale Zuweisung personeller Ressourcen zu geeigneten Arbeitsmaschinen. Dies alles mit dem Ergebnis eines beschleunigten Warendurchflusses.

Auch im **Kundenmanagement** leistet Big Data in der Wertschöpfungskette gute Dienste. Im Zuge der Digitalisierung hat sich das Verhalten von Konsumenten gewandelt: Insbesondere in Zeiten von E-Commerce wachsen die Erwartungen der Kunden. Same Day Delivery oder Next Day Delivery, eine hundertprozentige Warenverfügbarkeit und fortwährende Updates zum Lieferstatus, setzen Kunden heute voraus. Sie vergleichen die Preise und verlangen pünktliche Lieferungen in guter Qualität. Idealerweise entfallen für den Kunden Lieferkosten. Retouren müssen – wenn sie denn notwendig sind – unkompliziert und kostenfrei sein. Die Generierung von Kundendaten gewinnt an Bedeutung. Gezielte Websiteanalysen verraten Einiges über den Kunden und sein Kaufverhalten (Alter, Geschlecht, Interessen, Preisvorstellung, Bindungsdauer, Warenretouren). Die gezielte Auswertung dieser Daten ist die Basis zur Einleitung personifizierter und punktgenauer Marketingkampagnen.

Ein **Beispiel** für die Nutzung von Big Data in der **Supply Chain** liefert *Amazon* in Deutschland. Das Unternehmen betreibt in seinem Zentrallager in Bad Hersfeld eine automatisierte, chaotische Lagerhaltung. Wird ein Produkt dem Hochregal entnommen und ist somit sein Lagerplatz leer, kommt es zur baldigen Auffüllung dieser freien Regalfläche durch ein anderes Produkt, das in seinen Maßen ähnlich ist. Die Kosten im Lager sind auf Grund der guten Auslastung der Regalplätze niedrig. Eine unverzichtbare Voraussetzung für ein funktionierendes Lagermanagement von *Amazon* ist ein gutes Datenhandling. Dadurch geht beim Picken der Waren keine Zeit verloren. Das automatisierte Lagersystem des Unternehmens zeigt bei einem Bestelleingang direkt an, ob die gewünschte Ware im Lager aktuell verfügbar ist, oder ob sie sich auf dem Weg nach Bad Hersfeld befindet. Mit Hilfe von Big Data erhält *Amazon* ein ausgesprochen flexibles Lagerhaltungssystem. Es bietet die Möglichkeit, auf Schwankungen von Nachfrage oder Bestand zeitnah zu reagieren.

3.1.2.4 Blockchain-Technologie

Eine **Blockchain** besteht aus einer beständig erweiterbaren Liste dezentraler Datensätze („Blocks"). Diese Parameter sind durch kryptografische Verfahren miteinander verbunden (vgl. Adam 2020; Fill und Meier 2020). Die **Kryptografie** ist die Lehre der Geheimschriften. Sie gewährleistet eine vertrauliche und authentische Nachrichtenübermittlung. Dies sind prägende Aspekte der Blockchain-Technologie. Ein Block besitzt einen kryptografisch sicheren Hash des vorherigen Blocks. Weiterhin verfügt er über Transaktionsdaten und einen Zeitstempel. Im Ergebnis ist die Blockchain ein dezentrales Teilnehmerprotokoll für Transaktionen mit hoher Datenqualität, das Veränderungen transparent erfasst. Nachstehend findet sich eine nähere Charakterisierung der **Eigenschaften** einer Blockchain:

- **Dezentralität**: Das Protokoll ist in Wirklichkeit eine riesige Datenbank. Diese liegt nicht auf einem Server oder bei einem Unternehmen, sondern ist durch Journale über sehr viele Computer verteilt. Ein Journal gehört niemandem, jeder Teilnehmer hat die identischen Zugriffsrechte.
- **Transaktionen**: Transaktionen können alle Arten von Informationen sein. Sie sind zu jeder Zeit nachvollziehbar; auch von Teilnehmern, die später in die Blockchain eingetreten sind. Die Transaktionen sind zum Teil finanzieller Art (Bitcoins). Es existieren aber auch unzählige nicht-finanzielle Transaktionen.
- **Teilnehmer**: Die Teilnehmer sind Parteien. Sie befolgen die Regeln der Blockchain. Diese Regeln ermöglichen es, Transaktionen direkt zwischen den Parteien abzuwickeln. Kostenpflichtige Intermediäre (Vermittler) müssen nicht in die Abwicklungen einbezogen werden.
- **Transparenz**: Das Journal der Blockchain wird ständig durch ein Netzwerk an „Minern" kontrolliert. Die Miner verifizieren Block für Block, hinterlegen Informationen und teilen sie im Netzwerk. Jede Partei besitzt die Möglichkeit, auf die identische Blockchain zuzugreifen.

Eine Information wird bei dieser Technik in Blöcken abgelegt. Die **Art der Information** ist zweitrangig. Es kann sich um Finanztransaktionen handeln. Aber auch Verträge, Testamente, Aktien oder Kaufverträge werden hinterlegt. Jeder Block ist mit einem vorhergehenden Block verbunden und enthält eine Historie: Die Prüfsumme des vorhergehenden Blocks sowie die Prüfsumme der kompletten Kette.

Durch das **Mining** erfolgt die Authentifizierung des Blocks. Ist der Block erst einmal verifiziert, kann die darin abgelegte Information nicht mehr verändert

3.1 Bausteine des digitalen Supply Chain Controllings

werden. Die Nachricht ist für alle Teilnehmer sichtbar gespeichert und für jeden Zugreifer im Original verfügbar. Korruption und Manipulation sind somit kaum möglich. Das Blockchain-Protokoll ist eine **„Single-Source-of-Truth"** („einzige Quelle der Wahrheit"). Wie erwähnt, werden die Blöcke über Miner verifiziert. Diese Minenarbeiter stellen zudem Rechenleistung zur Verfügung. Sie sind somit die Buchhalter der Blockchain. Miner erhalten zur Belohnung eine Kryptowährung: Bitcoins. Diese virtuelle Währung kommt ohne Banken aus. Die Entschädigung der Miner ist ihr „Proof-of-Work".

Jeder Akteur einer Blockchain benötigt eine Zugangssoftware („Wallet"). Diese enthält ein **Schlüsselpaar**: bestehend aus einem privaten und einem öffentlichen Schlüssel. Der öffentliche Schlüssel ist für jeden Teilnehmer einsehbar. Der private Schlüssel ist hingegen geheim und vergleichbar mit einem Passwort. Jede Transaktion in der Blockchain wird mit Hilfe des privaten Schlüssels signalisiert. Ohne diese Kennzeichnung ist eine Transaktion ungültig. Das Schlüsselpaar besitzt eine asymmetrische Verschlüsselung. Somit ist es für ein Dritten unmöglich, nur anhand des öffentlichen Schlüssels den privaten Code zu erraten.

Ein Beispiel für die Nutzung der Blockchain sind **Smart Contracts** (vgl. Wilkens und Falk 2019): Wird ein Autokauf mit Hilfe einer Blockchain über Kaufraten abgewickelt, erfolgt die Freischaltung des digitalen Autoschlüssels für den neuen Eigentümer erst, nachdem der festgelegte Kaufpreis auf dem Konto des Verkäufers eingegangen ist. Beim Ausbleiben einer Rate wird der Wagen automatisch gesperrt. Die Vertragsführung erfolgt wertneutral, und zwar exakt so, wie der Vertrag in der Blockchain hinterlegt ist. Es liegt also eine Wenn-Dann-Beziehung vor: Erst wenn ein Ereignis mit direktem Bezug zum Vertragsinhalt eintritt, wird die entsprechende Aktion ausgelöst. Der digital hinterlegte Vertrag kommuniziert über die Blockchain direkt mit dem Objekt (hier: dem Auto).

Der Blockchain-Gedanke wird auch von der **Musikindustrie** genutzt. Wenn ein Musikdienst die Blockchain einsetzt, ist er ein öffentlicher, dezentraler Musikladen. Er benötigt keine Plattenverträge mehr. Die Künstler verwalten in der Blockchain die Rechte an der Nutzung ihrer eigenen Musik selbst. Zudem ändert sich das Verhältnis zwischen Fan und Künstler: Fans können jetzt aktiv an der Unterstützung eines Künstlers teilhaben. Sie sorgen für eine Verbreitung der Musik und werden Teil des Erfolgs. Ein Musikdienst, der die Blockchain-Technologie nutzt, ist *„Bit Block Music"*.

Für eine **Supply Chain** ist der Blockchain-Gedanke allein deshalb reizvoll, weil die Anzahl beteiligter Akteure nicht begrenzt ist. So können Lieferanten, Hersteller, Dienstleister, Händler und Kunden gleichermaßen darin eingebunden sein. Unternehmen wie *Walmart* und *Carrefour* beginnen gerade damit, die Blockchain zur Neuausrichtung ihrer Aktivitäten in der Wertschöpfungskette zu nutzen.

Die Blockchain in der Supply Chain wird auch als **„Enterprise Blockchain"** oder **„Industrial Blockchain"** bezeichnet. Ein möglicher Einsatzbereich ist das Dokumentenmanagement. Dieses ist unentbehrlich für die Einleitung von Distributionsaktivitäten. Papierlose Abwicklungen sind zum Beispiel für die **Schifffahrt** interessant. Das Konnossement (der Frachtbrief) kann in eine Blockchain eingestellt und dort verwaltet werden. Alle Beteiligten (Sender, Empfänger, Spediteure, Carrier, Banken, Versicherungen) haben Zugriff auf identische und digitalisierte Dokumente. Änderungen oder Löschungen können alle Teilnehmer jederzeit nachvollziehen. Durch die asymmetrische Verschlüsselung bleiben hochsensible Informationen geschützt, absolute Sicherheit ist gewährleistet. Die Transaktionen sind zertifiziert, sie können dezentral und global gespeichert werden. Alle Akteure signieren in der Blockchain ihre Frachtbriefe digital („Digital Stampery").

Die weltweit größte **Reederei für Containerschiffe**, das Unternehmen *Maersk*, ist gerade dabei, die Blockchain zur Hinterlegung ihrer Konnossemente im Netz zu nutzen. Das Vorhaben wird durch *IBM* begleitet und umgesetzt, es nennt sich „Trade-Lens". 94 weltweit tätige Organisationen haben sich „Trade-Lens" angeschlossen. Darunter finden sich *PSA Singapore*, *Patrick Terminals*, Hafenbehörden, Schifffahrtslinien und Transportunternehmen. Von diesem Projekt erhoffen sich *Maersk*, mit Stammsitz in Dänemark, und die weiteren Partner einen Rückgang an Betrug (weniger Schmuggel), eine Reduzierung der Fehlerrate in der Abwicklung, schnellere Transporte (durch die rasche Überprüfbarkeit der Verschiffungs- und Verladedokumente) sowie weitreichende Kosteneinsparungen. Ebenso wird die Supply-Chain-Blockchain bereits in der Lebensmittelindustrie und im Pharmabereich genutzt.

3.1.2.5 Machine Learning

Machine Learning ist ein wichtiger Teilbereich der **Künstlichen Intelligenz (KI)**. Über maschinelles Lernen werden IT-Systeme in die Lage versetzt, auf Basis vorhandener Datenbestände und dynamischer Algorithmen, bestimmte Verhaltensmuster und Gesetzmäßigkeiten zu erkennen (vgl. Burkov 2020; Wilmott 2020). Die IT-Systeme finden eigenständig Lösungen für sich ergebende Probleme. **Künstliches Wissen** leitet sich aus Erfahrungen ab. Ein großer Vorteil von Machine Learning ist, dass dynamische Modelle erstellt werden, die nicht nur Muster aus ihrer eigenen Geschichte ableiten. Sie lassen sich weiterentwickeln, indem sie unbekannte Parameter anderer Datenquellen aktiv einbeziehen.

Eine **Software** kann nur selbstständig lernen und Lösungen finden, wenn sie zuvor mit relevanten Daten und Algorithmen gefüttert wurde. Zudem sind Regeln für die Analyse des Datenbestands und das Erkennen der Verhaltensmuster aufzustellen. Dabei ist Maschine Learning vielseitig einsetzbar: Richtig eingestellt,

3.1 Bausteine des digitalen Supply Chain Controllings

können die IT-Systeme Vorhersagen auf Basis analysierter Daten treffen. Sie errechnen **Eintrittswahrscheinlichkeiten** für Ereignisse und erkennen gezielt Verhaltensmuster. Mit Machine Learning werden Daten gefunden, extrahiert und zusammenfasst. Die bedeutsamsten Verfahren von Machine Learning sind:

- **Überwachtes Lernen** (Supervised Learning): Der dynamische Algorithmus lernt eine Funktion aus gegebenen Paaren von Eingaben und Ausgaben eines Verhaltensmodells. Die Eingangsparameter sind bekannt. Während des Lernens stellt ein „Lehrer" den korrekten Funktionswert zu einer Eingabe bereit. Ziel des Überwachten Lernens ist es, dem Netz die Fähigkeit anzutrainieren, bestimmte Assoziationen herzustellen. So können beispielsweise Handschriften erkannt werden. Sind Bilder von Fröschen und Molchen zu unterscheiden, gibt der Entwickler an, auf welchen Fotos ein Frosch und auf welchen Bildern ein Molch zu sehen ist. Nach der Analyse tausender Fotos lernt der Algorithmus selbstständig Schritt für Schritt, die Froschbilder und die Molchbilder zu unterscheiden.

- **Unüberwachtes Lernen** (Unsupervised Learning): Der Algorithmus erzeugt für eine gegebene Menge von Eingaben ein Modell, das Vorhersagen trifft. Der Entwickler gibt jedoch kein konkretes Ziel vor. Das System weiß also nicht, was es erkennen soll. Über ein Clustering-Verfahren werden Daten in unterschiedliche Kategorien eingeteilt. Das Ziel ist es, Eingaben in charakteristische Muster zu differenzieren. Wenn dem System Froschbilder und Molchbilder vorgelegt werden, teilt es alles, was aussieht wie ein Frosch und alles, was aussieht wie ein Molch, in entsprechende Gruppen ein. Ohne diese jedoch so zu benennen, denn der Algorithmus weiß noch gar nicht, wie ein Frosch und wie ein Molch aussehen und wie sie heißen.

- **Bestärkendes Lernen** (Reinforcement Learning): Synonym wird auch der Begriff „Verstärkendes Lernen" verwendet. Ein Ausgangsdatenmaterial wird nicht benötigt. Der Algorithmus lernt durch Belohnung oder Bestrafung eine bestimmte Taktik. Das Ziel ist es herauszufinden, wie in möglichen Situationen zu handeln ist, um den Nutzen des Anwenders zu maximieren (Trial-and-Error-Verfahren). Ein bekanntes Beispiel für Bestärkendes Lernen ist „AlphaGo Zero" von Google. „AlphaGo Zero" kann sich mit den weltweit besten Spielern des Brettspiels „Go" messen und sich das Spiel ohne menschliches Zutun beibringen. Für Menschen ist das Bestärkende Lernen die häufigste Lernform.

Im **Internetumfeld** werden über Machine Learning beispielsweise Spam-Mails selbstständig erkannt und geeignete Spam-Filter vorgeschlagen. Auch die Sprach- und Textbearbeitung digitaler Assistenten ist möglich. Über Machine Learning lässt sich zudem die Relevanz von Webseiten für Suchbegriffe oder das Erkennen von Internetaktivitäten bestimmter User erfassen. Weitere Anwendungsbereiche sind die Bild- und Gesichtserkennung, Aktienmarktanalysen oder das automatische Erkennen von Kreditkartenbetrug.

In der **Supply Chain** kann Machine Learning dazu dienen, die **Forecast Accuracy (Absatzprognosegenauigkeit)** besser einzuschätzen. Die maschinellen Algorithmen speisen sich beispielsweise aus den Kundenbestellungen und tatsächlichen Warenabverkäufen der Vergangenheit: Haben Kunden ihre Bestellungen nach Warenzugang behalten? Oder haben sie ihre Warenbestellungen storniert? Vielleicht haben die Kunden die bestellte und ausgelieferte Ware nach Erhalt direkt wieder zurückgeschickt, weil das T-Shirt nicht passte. Auf diese Weise können Signale identifiziert werden, die einen Anstieg oder einen Rückgang der Nachfrage voraussehen. Ein Wissen, das unabdingbar ist, wenn Unternehmen frühzeitig ihre **Lagerbestände** anpassen wollen.

Im **Tourenmanagement** hilft Machine Learning bei der Planung von Transportwegen. So können über die Algorithmen, die ihre Funktionsweise ständig anpassen, Berechnungen zur voraussichtlichen Ankunftszeit von Warensendungen vorgenommen werden. Auch sind Rückschlüsse auf die Sendungsverfolgung von Frachtladungen möglich. Ein wichtiger Punkt für Kurier-, Express- und Paketdienstleister, wenn es darum geht, die schnellste Route in Echtzeit zu finden und Verzögerungen sowie Unterbrechungen im Distributionsvorgang vorherzusagen. Die Fahrzeugflotte kann über **Predictive Maintenance** optimiert werden: Im einfachsten Fall werden Ausfallzeiten von Fahrzeugen über Betriebsstunden und Lastenprofile prognostiziert. Zudem kann geeignete Sensorik dazu genutzt werden, um Daten über die eingesetzten Fahrzeuge gezielt auszuwerten. Dies hilft dabei, die wahrscheinlichen Wartungs- und Instandhaltungstermine für die Flotte vorherzusagen, wodurch teure Reparaturen vermeidbar sind.

3.1.3 Prozesse

Die **Prozesse** im Supply Chain Controlling richten sich vorzugsweise standardisiert aus. Dadurch wird ein verbesserter Automatisierungsgrad erreicht. Dieses Ziel fällt für repetitive Prozesse leichter als für kompetenzbasierte Lösungen. So ermöglicht die Standardisierung von Prozessen ein zeitgemäßes Reporting: Datenberichte werden entweder über verschiedene Standorte eines Unternehmens (interne Sicht) oder mehrere rechtlich selbstständige Organisationen (externe Sicht) vereinheitlicht.

3.1 Bausteine des digitalen Supply Chain Controllings

Mit ihrer Standardisierung wird die Effizienzsteigerung in den Supply-Chain-Prozessen begünstigt. Die Abwicklungen gewinnen an Schnelligkeit und an Robustheit. Für bislang manuell ausgeführte Tätigkeiten finden zunehmend digitale Lösungen Einsatz. Gute Dienste leistet hier **Robotic Process Automation (RPA)**. Der Ansatz ist die teil- oder voll automatisierte Bearbeitung strukturierter Daten durch digitale Softwarecomputer (vgl. Langmann und Turi 2020). Softwareroboter (so genannte „Bots") werden zur Prozessautomatisierung eingesetzt. Sie imitieren menschliche Tätigkeiten und ahmen spezielle Benutzereingaben nach. Die Bots entlasten den Menschen und übernehmen sich wiederholende, fehleranfällige, zeitraubende oder manuelle Tätigkeiten. Der Mensch wird zum „Bot-Supervisor": Wenn ein Problem auftritt, greift er korrigierend in den Prozess ein. Anschließend startet er erneut die Routine, wodurch der Prozess durch den Roboter wieder in Gang gesetzt wird.

Im **Supply Chain Controlling** hilft Robotic Process Automation beispielsweise bei der medienbruchfreien Dateneingabe zur Auftragserfassung und Auftragsbearbeitung, der Pflege von Stammdaten, der Chargenrückverfolgung oder einer automatischen Erstellung von Versandbenachrichtigungen (um den Lieferstatus abzufragen). Zusätzlich lässt sich der Zugriff auf die Daten von Lieferanten, Speditionen und Dienstleistern automatisieren. Beispielsweise wickeln viele Unternehmen die Ermittlung von Frachtrechnungen über spezialisierte, externe Logistikpartner ab. Die Bots helfen bei der Rechnungsausfertigung und der automatischen Ausstellung von Gutschriften. Ebenso extrahieren die Softwareroboter Versanddetails aus eingehenden Mails. Sie protokollieren Aufträge in den Planungssystemen und informieren anschließend die Kunden automatisch über den wahrscheinlichen Liefertermin. Diese und andere Arbeiten entlasten den Supply Chain Controller in seinem Tagesgeschäft: Die Bots nehmen dem Controller lästige Routinearbeiten ab.

Zu den **Vorteilen** von Robotic Process Automation zählt weiterhin, dass die Technik auf bestehenden Systemen aufsetzt. Die Roboter ersetzen den Menschen. Investitionen in die Technik amortisierten sich rasch, da keine Personalkosten anfallen. Außerdem können die Roboter rund um die Uhr arbeiten und werden nicht krank. Sie befreien Mitarbeiter von monotonen Aufgaben (zum Beispiel Stammdatenpflege). Schließlich sind die Roboter hoch effizient, schnell, machen keine Fehler und unermüdlich im Einsatz.

3.1.4 Analysemethoden

Die Analysemethoden des Supply Chain Controllings richten sich nach dem Prinzip **Data Analytics** aus (vgl. Weber 2020). In diesem Kontext werden vier Techniken unterschieden:

- **Descriptive Analytics**: „What happend?"
- **Diagnostic Analytics**: „Why did it happen?"
- **Predictive Analytics**: „What will happen?"
- **Prescriptive Analytics**: „How can we make it happen?"

Unter **Descriptive Analytics** ist eine statistische Methode zu verstehen, bei der historische Daten gesucht und zusammengefasst werden, um daraus Muster oder bestimmte Bedeutungen abzuleiten. Descriptive-Analytics-Verfahren werden im Controlling zum Beispiel für die Erstellung und die Analyse von Kennzahlen verwendet und für das Reporting mittels Dashboards aufbereitet. So können die Turn Rates von zwei Berichtsmonaten berechnet, miteinander verglichen und User-gerecht aufbereitet werden.

Eine Weiterentwicklung von Descriptive Analytics stellt **Diagnostic Analytics** dar. Ziel des Verfahrens ist die Identifikation von Ursachen, Auswirkungen und Wechselwirkungen bestimmter Ereignisse. Daraus lassen sich Muster ableiten. In der Supply Chain kann beispielsweise folgende Frage über Diagnostic Analytics geklärt werden: „Warum haben sich die Frachtkosten, verglichen zum letzten Berichtsmonat, um 13 % erhöht?".

Bei **Predictive Analytics** werden historische Daten und Echtzeitdaten verwendet, um daraus zukünftige Ereignisse vorherzusagen (vgl. Greasley 2019). Zumeist große Datenmengen sind zur Vorhersage von Trendwerten systematisch zu analysieren, um daraus Vorhersagen für Verhaltensmuster oder Gewohnheiten abzuleiten. In der Supply Chain kann folgende Frage mit Hilfe von Predictive Analytics geklärt werden: „Welche Meldebestandshöhe ist notwendig, um zukünftig Stockouts für Kunde ‚X' zu vermeiden?" Ebenso kann die Kundennachfrage abgeschätzt werden, wodurch es möglich ist, den optimalen Bestellzeitpunkt zur Lagerauffüllung zu ermitteln.

Die höchste Entwicklungsstufe von Data Analytics stellt **Prescriptive Analytics** dar (vgl. Delen 2019). Mit Hilfe Künstlicher Intelligenz können über mathematische Algorithmen nicht nur Vorhersagen getroffen werden. Zusätzlich sind – ohne menschliches Eingreifen – Handlungsempfehlungen abzuleiten. Sie dienen der automatisierten Entscheidungsfindung. In der Supply Chain werden mittels

Prescriptive Analytics Lieferwege optimiert und Lagerkapazitäten passend ausgelastet. Dies ist möglich, weil sich für einen Artikel der voraussichtliche Verbrauch abschätzen lässt. Dazu wird der verfügbare Lagerbestand mit den Lieferabrufen abgeglichen. Natürlich immer unter Berücksichtigung von Sicherheitsmengen. Aus diesen Daten berechnet sich ein Vorschlag für die angemessene Bestellhöhe und den optimalen Bestellzeitpunkt. Das Verfahren kann verfeinert werden, wenn eine Anomalieerkennung eingesetzt wird: Das System identifiziert Ausreißer („falsche Bestellungen") eigenständig, indem die Daten über einen Analytics-Radar gezielt gescannt werden. Auf diese Weise werden unstimmige Parameter in Zeitreihen erkannt, wobei sich das Prognosemodell eigenständig trainiert.

Ein Anwendungsgebiet von Prescriptive Analytics in der Supply Chain ist die digitale Instandhaltung. Bei **Prescriptive Maintenance** wird eine vorausschauende Wartung von Maschinen vorgenommen. Historische Daten und Echtzeitinformationen dienen dazu, die Wahrscheinlichkeit für einen Maschinenausfall vorherzusagen. Für die Wartung oder den Austausch einer Maschine schlägt das System einen optimalen Zeitpunkt vor. Dabei werden Parameter wie verfügbares Personal, Wochenarbeitstage und geplante Produktionsmengen miteinander abgeglichen und in der ausformulierten Handlungsempfehlung berücksichtigt.

3.1.5 Kompetenzen

Die **digitale Transformation** stellt besondere Anforderungen an das Rollenbild des Supply Chain Controllers. Neben dem klassischen Controlling-Wissen benötigt er technische, statistische und fachübergreifende Kompetenzen. Da sich ein digitales Supply Chain Controlling in letzter Konsequenz auf den Kunden ausrichtet, geht es um Geschäftsmodelle, welche die Leitgedanken von Customer Journey und Customer Experience bedienen:

- **Customer Journey**: Darunter ist die gesamte „Reise" des Kunden gemeint: Vom ersten Kontakt bis zum Produktkauf, oder einer vorab definierten Handlung (Registrierung, Anfrage). Auf dieser Reise spielen Kontaktpunkte (Touchpoints) eine besondere Rolle, die sowohl online wie auch offline ausgerichtet sind.
- **Customer Experience**: Auf der Kundenreise geht es bei der Customer Experience um positive wie negative Eindrücke, die ein Kunde während der kompletten Dauer seiner Geschäftsbeziehung mit einem Unternehmen sammelt.

Das **Berufsbild des Controllers** hat sich über die Jahre verändert, erweitert und befindet sich in einem grundsätzlichen Wandel. Dieser Prozess wird durch die Digitalisierung beschleunigt, wobei der Controller in der Regel mehrere Rollen gleichzeitig ausfüllt. *Schäffer* und *Weber* haben dazu neun unterschiedliche Rollen von Controllern identifiziert (vgl. Schäffer und Weber 2019, S. 3):

- **Service Expert**: Gewährleistet die Ausführung, die Koordination und die kontinuierliche Verbesserung operativer Controlling-Prozesse.
- **Functional Lead**: Definiert und kommuniziert Controlling-Strategien und Richtlinien. Zusätzlich stellt er methodische und fachliche Expertise zur Verfügung.
- **Change Agent**: Treibt Veränderungsprozesse, die Nutzung neuer Technologien und die Entwicklung von Geschäftsmodellen kontinuierlich voran.
- **Scorekeeper**: Führt Routineaufgaben operativer Controlling-Prozesse durch.
- **Guardian**: Überwacht die Erreichung finanzieller Ziele, wägt Chancen wie Risiken ab und gewährleistet die Einhaltung von Richtlinien.
- **Business Partner**: Steht dem Management beratend zur Seite, hinterfragt die Dinge kritisch und arbeitet proaktiv an den Herausforderungen und den Chancen des Unternehmens.
- **Data Engineer**: Stellt Datenqualität und Data Governance sicher, generiert und automatisiert das Reporting.
- **Data Scientist**: Führt Analysen von Big Data durch, entwickelt und pflegt statistische Modelle und Machine-Learning-Lösungen.
- **Decision Scientist**: Stellt sicher, dass über Data Science relevante Fragestellungen adressiert und Ergebnisse dieser Analysen in Initiativen überführt werden.

Ein zeitgemäßer **Supply Chain Controller** wird eher Business Partner als Scorekeeper sein: Er wird Routineaufgaben „auslagern". Robotic Process Automation (RPA) hilft ihm dabei. Sehr technische Rollen, wie Data Engineer, Data Scientist und Decision Scientist, wird der Controller vielfach nicht selbst ausfüllen, sondern Experten aus der IT den Vorzug überlassen. Der Supply Chain Controller wird weniger in die reine Datengewinnung eingebunden sein. Er ist eher derjenige, welcher die gelieferten Daten analysiert, aufbereitet und mit dem Management bespricht.

Mehr denn je ist der Supply Chain Controller gerade durch die Digitalisierung ein **Schnittstellenexperte**: Er wird sich zur Entscheidungsfindung nicht abschotten. Vielmehr ist er Teamplayer, der dem Management auf Augenhöhe begegnet und in der Lage ist, die Dinge aus den Fachabteilungen richtig einzuschätzen. Der

Supply Chain Controller geht die Dinge proaktiv an und verfügt idealerweise über die richtige Mischung aus Fachwissen, Pragmatismus und Empathie.

3.2 Bedeutung der Kognitiven Supply Chain

Die **Kognitive Supply Chain** ist die Voraussetzung zur Implementierung eines modernen Supply Chain Controllings (vgl. Werner 2020, S. 256). In der Kognitiven Lieferkette werden Dinge und Technologien in Bewegung gesetzt. Digitale Gadgets haben die Wertschöpfungsketten erobert: Tablets, Smartphones, Scanner, Kameras, Headsets und Drohnen sind nicht mehr wegzudenken. Die Kognitive Supply Chain ist eine intelligente Mixtur zeitgemäßer Sensoren und Aktoren, Radiofrequenzsysteme (RFID), Barcodes, GPS, Electronic Data Interchange (EDI), Web-EDI, Embedded Systems, Robotik sowie Cloud Computing.

Ohne modere **Technologien** wäre das Entstehen einer Kognitiven **Supply Chain** kaum denkbar: Internet of Things, Digital Twins, Big Data, Blockchain-Technologie und Machine Learning sind die Grundpfeiler, auf denen sich eine Kognitive Supply Chain errichtet. Die Kognitive Supply Chain ist ein lernender, wahrnehmender, erkennender, denkender Wertschöpfungsverbund. Die Produktions- und Logistiksysteme darin richten sich nach dem Prinzip der Selbstoptimierung in der Smart Factory aus. Die Assets in einer intelligenten Fabrik sind eng miteinander vernetzt: Kommunikation und Steuerung des Materialflusses erfolgen autonom, also ohne das Eingreifen von Menschen.

In der Kognitiven Supply Chain sind die eingesetzten Komponenten in der Lage, **eigenständig** zu lernen, wiederkehrende Muster zu erkennen und daraus hilfreiche Handlungsempfehlungen abzuleiten. Es sind selbsterkennende Tools, welche die Mitarbeiter in ihrer Entscheidungsfindung direkt unterstützen, indem sie frühzeitig auf zukünftig eintretende Ereignisse hinweisen. Somit sind die eingesetzten Produktionssysteme in der Lage, die wachsenden Individualisierungswünsche von Kunden zu erfüllen.

Eine derartige Vernetzung und gezielte Steuerung leistungsfähiger Elemente wird als **Supply Chain Execution System** bezeichnet. Es ist eine kluge Steuerungszentrale, in welcher den Wertschöpfungspartnern relevante Informationen transparent zur Verfügung gestellt wird. Das Supply Chain Execution System verbindet die Partner untereinander und liefert Informationen in Echtzeit.

In einer adaptiven (anpassungsfähigen) Welt richten sich Informationsfluss und Materialfluss flexibel nach dem Fortschritt der Fertigung aus. Zwischen den Mitarbeitern in der Produktion und der Supply Chain werden die Aktivitäten synchronisiert. **Adaptive Supply Chain Systeme** reagieren bei Störungen oder unerwarteten

Ereignissen schnell, agil und eigenständig. Dies sind wichtige Voraussetzungen für die Realisierung der Smart Factory. Das Internet of Things entwickelt sich weiter, es wird zum Internet of Supply Chain. So sind in adaptiven Lieferketten intelligente Behälter mit Sensorik ausgestattet. Sie zeigen automatisch an, wenn sie leer sind und aufgefüllt werden müssen. Ausgelastete Maschinen weisen Aufträge selbstständig an Fertigungszellen weiter, die über freie Kapazitäten verfügen.

Die Systemkomponenten kommunizieren und interagieren in der Kognitiven Supply Chain ohne menschliche Eingriffe: Industrie 4.0 und Supply Chain 4.0 verschmelzen miteinander. Die Arbeitsweise richtet sich **lateral** (seitlich) aus: Während bislang noch zentrale Organisationseinheiten bei Störungen eingreifen mussten (z. B. über einen logistischen Leitstand), erkennt die Anlage nun selbst ein Problem und initiiert eigenständig Verbesserungsaktivitäten. Der Prozessablauf passt sich, ohne Zutun des Menschen, an eine bestimmte Situation an: **Informationsfluss und Materialfluss verlaufen synchron**. Beispielsweise verlangsamen sich Produktions- und Distributionsabläufe im Störungsfall automatisch. Ebenso werden Warenströme von selbst auf andere Arbeitsstationen umgeleitet, wenn die Kapazitäten einer Maschine ausgelastet sind.

In der Kognitiven Supply Chain verfügen smarte Komponenten über die Fähigkeit selbstständig zu lernen. Wiederkehrende Verhaltensmuster werden von den Objekten erkannt und Handlungsempfehlungen automatisch abgegeben. Die Voraussetzung zur Realisierung dieser hyperintelligenten Abläufe sind qualitativ hochwertige Datenbestände. Aus validen Daten lassen sich gut strukturierte, semantische Analysen ableiten. Die Kognitive Supply Chain versetzt die Akteure in die Lage, sich frühzeitig auf mögliche **Szenarien** einzustellen. Erkennt das System zum Beispiel zu einem bestimmten Zeitpunkt einen Trendartikel, ist es naheliegend, frühzeitig im Lager Platz zu schaffen und die Bevorratung gezielt nach diesem Trendartikel auszurichten. Schließlich ist mit einer baldigen Nachfrage dieses Artikels zu rechnen. Dadurch steigt der Reifegrad: Das Unternehmen ist auf seinem Weg zur Lernenden Organisation.

Mitarbeiter werden in der Kognitiven Supply Chain in ihrer Entscheidungsfindung unterstützt und entlastet. Clevere Systeme weisen die Menschen selbstständig und frühzeitig auf kaum vorhersehbare wie auch wahrscheinlich eintretende Ereignisse gleichermaßen hin. Dadurch besteht für die Mitarbeiter die Möglichkeit, ihre Arbeitsabläufe kurzfristig an neue Situationen flexibel anzupassen: Zum Beispiel können die Wertschöpfungspartner beim Einsatz von **Event Management Programmen** auf Störungen in der Lieferkette, volatile Preisgestaltung, Qualitätsprobleme von Lieferanten oder personelle Engpässe frühzeitig hingewiesen werden. Dies ist wichtig, um in der Produktion und der Supply Chain adäquat auf die sich immer rascher ändernden Kundenpräferenzen reagieren zu können.

3.2 Bedeutung der Kognitiven Supply Chain

In der digitalisierten Wertschöpfungskette finden sich viele **eingebettete Systems (Embedded Systems)**. Diese elektronischen Geräte sind eine Kombination aus Hardware und Software. Sie werden für bestimmte Funktionen konzipiert und sorgen in der Industrie für die Funktionalität von Anlagen und Maschinen. Aber auch autonome Fahrzeuge, Haushaltsgeräte, Smartphones, Spielzeuge oder Verkaufsautomaten nutzen Embedded Systems. Wichtige Schlüsseltechnologien für den Einsatz von Embedded Systems sind Autobau, Luft- und Raumfahrt, Maschinenbau, Telekommunikations- und Elektroindustrie, Medizintechnik sowie Energietechnik.

Die Verbindung eingebetteter Systeme zum **Internet der Dinge** liegt auf der Hand. Die Hardware von Embedded Systems basiert auf Mikroprozessoren, in denen eine einzige Zentraleinheit implementiert ist. Es können aber auch Mikrocontroller verbaut sein: Komponenten, die neben der Zentraleinheit über Speicher oder Peripheriegeräte verfügen.

In der modernen Fabrik stellen Embedded Systems eine gelungene Symbiose dreier Dimensionen dar, die in ein **„Sense-Think-Act"-Modell** integriert sind (vgl. Werner 2020, S. 270):

- **Sense**: Das eingebettete System verfügt über Sensorik. Diese Sensorik ist zum Beispiel die Basis für eine Bildverarbeitung. Mit ihrer Hilfe können Fahrerlose Transportsysteme (FTS) Hindernisse erkennen und umsteuern. Dazu werden spurgeführte Transportmittel mit sensorischer Umgebungserfassung eingesetzt. Neben der Kollisionsvermeidung taugen die Sensoren zur Navigation und zur Lokalisation. Auch Augmented Reality richtet sich nach dem Prinzip „Sense" aus (Pick-by-Vision). Die Sensorik ist aber nicht nur für die Umgebungserfassung von immenser Bedeutung. Sie ist auch die Basis zur Kommunikation innerhalb der Smart Factory. Dadurch wird der selbstständige Informationsaustausch zwischen den Cyber-Physischen-Systemen ermöglicht:
- **Think**: Ein weiterer Baustein von Embedded Systems ist die Datenverarbeitung. Sie sichert beispielsweise die Navigation selbststeuernder Cyber-Physischer-Systeme. Aber auch die Tourenplanung richtet sich nach dem „Think"-Prinzip aus. Sie ist nicht nur für Kurier-, Express- und Paketdienste von großem Nutzen.
- **Act**: Die dritte Komponente eingebetteter Systeme ist die Aktorik. Aktoren führen die von Sensoren angestoßenen Befehle an Objekten aus. So werden in der smarten Lieferkette gezielt Fahrtenregler über Aktoren gesteuert, Ladungsträger automatisch geöffnet oder geschlossen und Waren von Robotern selbststeuernd aus dem Regal gegriffen.

Ein Beispiel für die Realisierung einer Kognitiven Supply Chain ist der **Hamburger Hafen**. Wegen seiner Lokalität kann der Hafen nicht weiter ausgebaut werden. Dennoch steigen dort die Frachtvolumina beständig. Deshalb wurden moderne Cloud-Anwendungen im Hamburger Hafen installiert. Sie gewährleisten eine Datensammlung in Echtzeit, die über Radiofrequenzsysteme und weitere spezielle Sensorik ermöglicht wird. Eine Vielzahl von Daten über Hafenverkehr, Speditionen, Lagerdienstleister, Paketzusteller und sonstigen Partnern wird täglich aufgenommen, verarbeitet und weitergeleitet. So ist es möglich, die Warenflüsse im Hafen intelligent und autonom zu steuern. Die Effizienz der Güterverteilung hat sich spürbar verbessert. Zudem reduzieren sich im kognitiv gelenkten Hamburger Hafen die Wartezeiten der LKW und sonstiger Transportmittel. Gleichzeitig gewinnt der Hafen neue Kunden und lastet seine verfügbaren Kapazitäten besser aus.

Resilientes Supply Chain Controlling 4

4.1 Zerbrechlichkeit von Supply Chains

Supply Chains sind komplexe und fragile Konstrukte. Darin sind die Abläufe exakt geplant und minutiös aufeinander abgestimmt. Über die Jahre wurden die Wertschöpfungsprozesse radikal auf **Effizienz** getrimmt: Die Supply-Chain-Akteure agieren mit minimalen Beständen, ihre Warenbeschaffung richtet sich zunehmend global aus. Über allem thront die Kundenzufriedenheit in dem häufig kompliziert aufgebauten Partnergeflecht. Es liegt nahe, dass sich diese Ziele nicht immer harmonisch zueinander verhalten: Im Gegenteil, Trade-off-Beziehungen sind in Supply Chains an der Tagesordnung.

Mit dem Aufkommen von **Corona** gegen Ende des Jahres 2019 legte ein winzig kleines Virus die Schwachstellen einer auf absolute Effizienz ausgerichteten Lieferkette schonungslos offen. An den Grenzen stauten sich die LKW, weil die Fahrer zwangsweise in Quarantäne geschickt wurden. Die Folge waren Produktionsstillstände über viele Branchen hinweg, weil die Teileversorgung ins Stocken geriet. Paletten blieben auf den Fahrzeugen liegen, Frachtflüge oder Schiffstransporte wurden verschoben oder ganz abgesagt. Für viele Liefertermine wurde eine valide Planung unmöglich. Kurzum: Covid sorgte für großes Chaos im Wertschöpfungsverbund. Das Ergebnis der einsetzenden Pandemie waren Hamsterkäufe, wodurch die Lieferketten noch radikaler durcheinandergerüttelt wurden. In den Regalen des Handels konnten die Warenlücken zum Teil nur verzögert wieder aufgefüllt werden. Eine Situation, an die sich die Kunden sowohl im B2C- als auch im B2B-Segment erst einmal gewöhnen mussten.

© Springer Fachmedien Wiesbaden GmbH, ein Teil von Springer Nature 2022
H. Werner, *Supply Chain Controlling*,
https://doi.org/10.1007/978-3-658-36405-2_4

Während viele Einzelhandelsbranchen unter der Pandemie ächzten und große Einbußen hinzunehmen hatten, erlebte der **Online-Handel** einen nie dagewesenen Boom. Viele Online-Provider waren auf diesen Ansturm nicht vorbereitet und konnten auf Spitzenlasten nur schwerlich reagieren. Auch waren viele Läger nicht darauf ausgelegt, flexibel auf diesen Nachfrageschub zu reagieren, wodurch manchem Online-Händler Umsätze verloren gingen.

4.2 Arten von Supply-Chain-Störungen

Covid-19 zählt, wie auch Seuchen und Schädlingsbefall, zu den biologischen **Störungen**. Doch es gibt auch andere Störungsarten in Supply Chains (vgl. Abb. 4.1). So lauern Gefahren aus natürlichen Beeinträchtigungen. Zu ihnen gehören Naturkatastrophen, deren Vehemenz zunimmt und dem Klimawandel geschuldet ist (Glatteis, Hochwasser, Erdbeben). Auch politische Störungen (Protektionismus, Handelskrieg, Streik), technologische Störungen (Cyber-Angriff, Datenverlust, Disruption) oder ökonomische Störungen beeinträchtigen die Robustheit von Lieferketten. Dazu zählen Verdrängungswettbewerb („Supply Chain against Supply Chain"), Preisanstieg oder Rezession.

Natürlich	Biologisch	Politisch	Technologisch	Ökonomisch
Glatteis	Pandemie	Protektionismus	Cyber-Angriff	Verdrängung
Hochwasser	Seuche	Handelskrieg	Datendiebstahl	Preisanstieg
Erdbeben	Schädlinge	Streik	Disruption	Rezession

 Störungen in der Supply Chain

Abb. 4.1 Arten von Supply-Chain-Störungen

4.3 Resilienz in der Supply Chain

Auf Grund der unterschiedlichen Arten von Supply-Chain-Störungen verwundert es nicht, wenn Unternehmen gezielt Maßnahmen ergreifen, um die Anfälligkeit ihrer Lieferketten zu bekämpfen. Die Zauberformel lautet „Supply Chain Resilienz". Der Begriff **„Resilienz"** leitet sich aus dem Lateinischen „resilire" ab (zurückspringen, abprallen). Ursprünglich war die physikalische Fähigkeit eines Körpers gemeint, nach Veränderung seiner Form in den Ursprungszustand zurückzufinden (vgl. Kleemann und Frühbeis 2021). Der Terminus findet auch in der Psychologie, der Energiewirtschaft oder der Biologie Einsatz. Im Folgenden wird unter Supply Chain Resilienz die Fähigkeit von Organisationen zum Widerstand und zur Wiederherstellung verstanden (vgl. Abb. 4.2).

Eine **Widerstandsfähigkeit** zeichnet Supply Chains aus, wenn die Akteure darin in der Lage sind, Störungen zu vermeiden, ihre Auswirkungen abzuschwächen oder sich einer Situation bestmöglich anzupassen. Wurden Lieferketten von Beeinträchtigungen erfasst, befähigt die **Wiederherstellungsfähigkeit** die Unternehmen dazu, rasch Aktivitäten zu ihrer Stabilisierung einzuleiten. Diese führen entweder zur Rückkehr in den Ursprungszustand, oder stoßen Substitutionsprozesse an, welche Erweiterungsmaßnahmen initiieren und neuartige Wettbewerbsmodelle ermöglichen (vgl. Biedermann 2018, S. 55).

Das vollständige Erkennen von Risiken ist bereits für ein einzelnes Unternehmen schwierig. Durch das Zusammenspiel zahlreicher, rechtlich selbstständiger

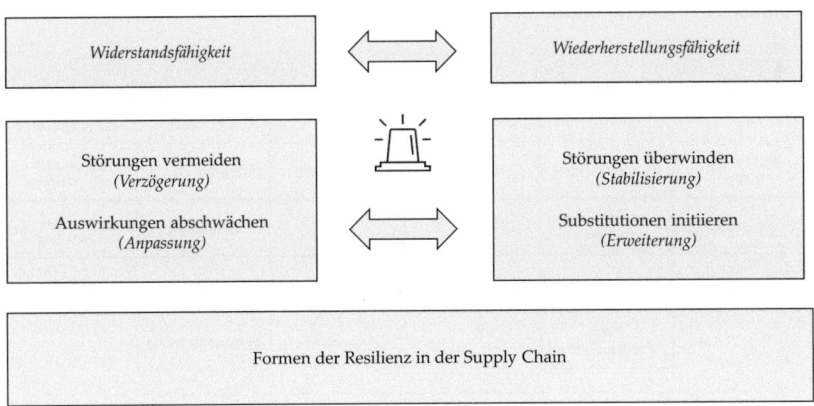

Abb. 4.2 Formen der Resilienz in der Supply Chain

Partner über mehrstufige Wertschöpfungsstufen gestaltet sich eine umfassende Risikoidentifikation in der Lieferkette sehr komplex, häufig ist sie unmöglich. Somit bedeutet **Supply Chain Resilienz** weniger das komplette Ausschließen von Risiken. Es ist vielmehr die Eigenschaft einer Organisation, mit beliebigen Veränderungen umzugehen und für sie clevere Lösungen zu finden. Ähnlich wie ein Ökosystem, sind resiliente Supply-Chain-Akteure in der Lage, sich an äußere Umweltbedingungen anzupassen (vgl. Wieland und Durach 2021, S. 315). Ein Beispiel dafür ist die erfolgreiche Supply-Chain-Adaption von *Tesla* bei der Transformation vom Verbrennungsmotor zum Elektromotor. Die beteiligten Unternehmen haben frühzeitig die Vorteile eines umweltverträglichen Geschäftsmodells erkannt, das Grundlage ihrer innovativen Zusammenarbeit wurde.

4.4 Merkmale resilienter Supply Chains

Eine Reihe von **Merkmalen** kennzeichnen resiliente Wertschöpfungsketten. Diese Anforderungen an robuste Lieferketten werden in sechs Bereiche eingeteilt und in Abb. 4.3 veranschaulicht: Agilität, Kompatibilität, Transparenz, Dezentralität, Digitalisierung und Lernende Organisation (vgl. Sheffi 2005).

Agile Supply Chains sind wandlungsfähig und die Akteure darin in der Lage, sich flexibel an veränderte Rahmenbedingungen anzupassen. Sowohl im B2B- wie auch im B2C-Segment ist es notwendig, die Wünsche von Kunden rasch zu erkennen und möglichst zu beeinflussen. So werden Unternehmensleistungen gezielt auf Kunden zugeschnitten, indem man diese in Rabatt- oder Bonussysteme einbindet.

Agilität	*Kompatibilität*	*Transparenz*	*Dezentralität*	*Digitalisierung*	*Lernende Organisation*
Kundenintegration	Standardisierung	Monitoring	Standortwahl	Internet of Things	Continuous Improvement
Frühwarnsystem	Informationssystem	Tracking-and-Tracing	Lieferantenstruktur	Blockchain	Business Continuity
Sourcing-Tiefe	Postponement	Alert-Management	⚠	Big Data	Task Force
	Mass Customization			Machine Learning	

Merkmale resilienter Supply Chains

Abb. 4.3 Merkmale resilienter Supply Chains

Agilität in der Supply Chain wird zudem durch die Nutzung von Frühwarnsystemen erreicht. Die ausgewählten Größen verweisen mit zeitlichem Vorlauf auf drohende Gefahren. Beispiele für Frühwarnindikatoren in der Wertschöpfungskette sind lange Durchlaufzeiten, schlechte Lieferservicegrade oder Bonitätsprobleme der Lieferanten. Eine zusätzliche Einflussgröße zur Erhöhung der Flexibilität in der Supply Chain ist das Finden der „richtigen" Sourcing-Tiefe: Single Sourcing ist in Krisenzeiten gefährlich, Double Sourcing kann die Agilität erhöhen.

Ein weiterer Faktor zur Forcierung der Resilienz in Supply Chains ist die **Kompatibilität** von Produkten, Prozessen oder Systemen. Zur verbesserten Austauschbarkeit tragen Standardisierungs- und Normierungsaktivitäten bei. So werden Gleichteile verbaut, und das Layout von Produktionsstandorten ist ähnlich konzipiert. Damit besteht im Störfall eine Ausweichmöglichkeit. Ebenso ist die Verwendung einheitlicher Informationssysteme und Datenbestände der Wertschöpfungspartner ein Stellhebel zur Erreichung von Kompatibilität. Zeitraubende Datenkonvertierungen werden auf diese Weise vermieden. Die Austauschbarkeit wird schließlich durch Postponement-Strategien begünstigt: Das Baukastenprinzip ermöglicht es, den Produktentkopplungspunkt hinauszuzögern (Postponement). Der Zeitpunkt zur Bestimmung von Produktvarianten rückt möglichst nahe an den Moment der finalen Kundenentscheidung heran. Dadurch kann der Einbau von Standardkomponenten in großen Stückzahlen realisiert werden: Die Produktion erfolgt über Mass Customization (Kundenindividuelle Massenfertigung).

Die **transparente** Prozessausgestaltung ist eine weitere Anforderung an resiliente Supply Chains. Silodenken unter den Netzwerkakteuren erhöht das Risiko für Störungen. Nicht erkannte technische Änderungen oder Auftragsmodifikationen gefährden die Stabilität im Verbund. Die Visibilität wird durch den Einsatz geeigneter Monitoringsysteme erhöht. Modernes Tracking-and-Tracing dient der Sendungsverfolgung in Echtzeit. Über ein Alert-Management sind Engpässe frühzeitig zu identifizieren. Die Systeme schlagen automatisch „Alarm", wenn über Transponder Abweichungen gemessen werden.

Über **Dezentralität** gelingt es, Supply-Chain-Abläufe zu entkoppeln. Die Folge sind Autonomie und Innovationsfähigkeit. Dezentrale Produktions- und Lagerstandorte erhöhen die geologische Sicherheit. Zusätzlich federn sie externe Einflüsse ab (politische Unsicherheit, Boykott, Naturkatastrophe). Gleiches gilt für die Wahl einer bewusst „gestreuten" Lieferantenstruktur (Internationalisierung der Beschaffung).

Ein weiteres Merkmal resilienter Supply Chains ist die **Digitalisierung**. Digitale Enabler fördern die Automatisierung im Wertschöpfungsverbund. In der digitalen Supply Chain sind smarte Lösungen gefragt. Sie verbessern die Robustheit in der Lieferkette (vgl. Goudz und Erdogan 2021). Zu den digitalen Lösungen innerhalb der Wertschöpfungskette zählen Internet of Things, Digital Twin, Big Data, Blockchain-Technologie und Machine Learning.

Schließlich unterstützt die **Lernende Organisation**, mittels der Initiierung permanenter Verbesserungsprozesse, die Resilienz in der Lieferkette. Business Continuity Plans sind Notfallpläne, welche Unternehmen „in der Schublade" haben und rasch heranziehen können, wenn es darum geht, kurzfristig die Betriebsbereitschaft aufrecht zu erhalten (vgl. Blokdyk 2021). Zwar existierten diese Krisenpläne auch schon vor Ausbruch der Corona-Pandemie, aber die Akteure rechneten wohl kaum mit einer derartigen Langfristigkeit der Krise. In diesen Notfallplänen werden die kritischen Prozesse identifiziert, die zur Wahrung der Betriebsabläufe unbedingt notwendig sind. Im Kern geht es darum, sich im Ausnahmefall der Situation flexibel anzupassen. Die Ursachen der Störungen müssen schnellstmöglich erkannt und Abstellmaßnahmen zielführend und automatisch eingeleitet werden. Mögliche Stellhebel innerhalb von Business Continuity Plans sind:

- Welche Kunden werden im Bedarfsfall priorisiert beliefert?
- Sind Back-up-Lieferanten kurzfristig verfügbar?
- Können kurzfristig Lagererweiterungen vorgenommen werden?
- Stehen alternative Transportrouten zur Verfügung?
- Welche Kommunikationsmaßnahmen werden im Störfall eingeleitet?

In den Business Continuity Plans werden für besonders kritische Aktivitäten Szenarien entworfen (vgl. Fink und Siebe 2016). Die Zukunftsbilder sind eine Roadmap, in denen sich die Unternehmen proaktiv mit möglichen Störungen einer VUCA-Welt auseinandersetzen. Der Begriff „VUCA" steht für volatile (unbeständig), uncertain (unsicher), complex (komplex) und ambiguous (mehrdeutig). Mit dem Business Continuity Plan arbeiten Task-Force-Gruppen, in welchen die Supply-Chain-Risiken abgewogen werden. Diese schnellen Eingreiftruppen sind vorzugsweise interdisziplinär und interkulturell besetzt.

4.5 Resilientes Supply Chain Controlling

Ein resilientes Supply Chain Controlling richtet sich nach der Adaption von Prozessen aus: Es besitzt die Fähigkeit zur Anpassung. Das Controlling reagiert auf Bedrohungen oder Störungen schnell, agil und eigenständig. Damit unterstützt es die derzeit höchste Entwicklungsstufe des Netzwerkmanagements: Die Kognitive Supply Chain. Darunter ist eine lernende, denkende, messende und wahrnehmende Organisation zu verstehen (vgl. Werner 2020, S. 266). In Kognitiven Wertschöp-

4.5 Resilientes Supply Chain Controlling

fungsketten sind die Partner unmittelbar miteinander vernetzt: Die Kommunikation und die Steuerung von Material-, Informations- und Finanzflüssen erfolgt autonom, ohne menschliche Eingriffe. Die Kernfragen eines robusten Supply Chain Controllings lauten:

- Was wird passieren?
- Wie können wir uns optimal darauf vorbereiten?
- Wie lösen wir die Probleme am cleversten?

Ein resilientes Supply Chain Controlling besitzt fünf Bausteine: Prognostik, Real-Time-Planning, Granularität, Genauigkeit und Automatisierung (vgl. Werner 2020, S. 267). In Abb. 4.4 wird dieser Zusammenhang übersichtlich dargestellt. Die Funktion der **Prognostik** spiegelt sich durch die wöchentliche oder die tägliche Erstellung von Vorhersagen im Sinne von Predictive Analytics („What will happen?") oder Prescriptive Analytics („How can we make it happen?"). Intelligente Prognostik ermöglicht ein „Predictive Shipping": Ein Verfahren, das von *Amazon* entwickelt wurde. Darunter ist ein vorausschauender Warenversand zu verstehen. Produkte werden spekulativ versendet, bevor der Kunde sie mit einem Mausklick tatsächlich bestellt. Dazu setzt *Amazon* Algorithmen ein, die recht genau vorhersagen, welches Produkt welchem Kunden wahrscheinlich gefällt. Predictive Shipping richtet sich auf Fast-Moving-Goods aus: Produkte mit hohem Lagerumschlag und hoher Bestellwahrscheinlichkeit. Die Auslieferung der Güter erfolgt nicht unmittelbar zum Kunden, sondern in ein Depot in seiner Nähe. Nach tatsächlicher Auslösung des Bestellvorgangs durch den Kunden können die Produkte sehr zeitnah an ihn ausgeliefert werden.

Prognostik	*Real-Time-Planning*	*Granularität*	*Genauigkeit*	*Automatisierung*
Predictive Analytics	Forecasting	Mikrosegmentierung	Supply-Chain-Performance	Embedded Systems
Prescriptive Analytics	Identifikationstechniken	Supply-Chain-Menü	Clean Sheets	Demand Shaping

Resilientes Supply Chain Controlling

Abb. 4.4 Elemente des resilienten Supply Chain Controllings

Mit der Fähigkeit von **Real-Time-Planning** fließen Angebots- und Nachfrageänderungen direkt in das Forecasting ein. Das Supply Chain Controlling sichert damit die Prozessadaption. An die Produkte werden RFID-Chips appliziert, was die unmittelbare Umleitung von Warensendungen im Störfall ermöglicht. Der Controller kann in seinem Forecasting in Echtzeit abgleichen, ob die eigenen Kapazitäten ausreichen, oder ob der Bezug externer Ressourcen notwendig ist.

Kunden möchten zunehmend individueller bedient werden. Dazu ist eine ausgeprägte **Datengranularität** notwendig. In enger Kooperation mit dem Vertrieb stößt der Supply Chain Controller eine Mikrosegmentierung von Kundendaten an: Die Abnehmer werden in unterschiedliche Cluster separiert. Aus einem „Supply-Chain-Menü" heraus werden sie bevorzugt mit denjenigen Leistungen beworben, welche ihre Wünsche am besten befriedigen. Mit Hilfe von Mass Customization besteht die Möglichkeit, Produktvarianten individuell auf die Kunden zuzuschneiden.

Häufig ist es im Netzwerkverbund unerlässlich, eine exakte räumliche Ortung von Partnern vorzunehmen (**Genauigkeit**). Dadurch wird die Visibilität im Wertschöpfungsverbund erhöht. Das Controlling setzt „Clean-Sheet-Modelle" ein: Die digitalisierte Performance-Messung erfolgt darin über lernende Parameter, bei denen sich die Zielsetzung eigenständig anpasst (Adjusted Planning). Supply-Chain-Risiken können frühzeitig erkannt werden. Voraussetzung dafür ist eine „intelligente Datenbank". Sie enthält Transport-, Lagerhaltungs- oder Inventurinformationen. Ohne menschliches Zutun berechnen sich aus diesen Basisdaten Kennzahlen wie Lieferverzugsrate, Zurückweisungsquote, Kapazitätsauslastungsgrad oder Lieferservicegrad.

Schließlich zeichnet sich ein resilientes Supply Chain Controlling durch **Automatisierung** aus. In der Lieferkette übernehmen Embedded Systems (Eingebettete Systeme) wichtige Überwachungs-, Steuerungs- und Regulierungsfunktionen. Beispielsweise wird kontinuierlich überprüft, ob die Partner optimal eingesetzt und die Kapazitäten bestmöglich ausgelastet sind. Automatisch initiierte Prozesse ermöglichen ein „Demand Shaping": Eine nachfragekonforme Ausrichtung von Supply-Chain-Tätigkeiten auf den Kunden. Sie sollen den Abnehmer zum Kauf animieren: Stellt das Controlling den Überschuss einer Ware fest, führt dies zur gezielten Forcierung von Marketingbemühungen speziell für dieses Produkt. Ausgewählten Kunden werden Preisanreize, Kostenanpassungen oder Produktsubstitutionen offeriert. Mit dem Ergebnis, dass die Attraktivität dieses Produkts steigt.

Kennzahlenmanagement in der Supply Chain 5

Kennzahlen (**Ratios**) sind Maßgrößen, die den Anwender schnell und zielgerichtet informieren. Isoliert betrachtet sind einzelne Kennzahlen jedoch nicht von großem Nutzen. Erst der Vergleich – zu Vorperioden oder Konkurrenzunternehmen – erhöht ihren Aussagewert, indem über Kennzahlen betriebswirtschaftliche Abläufe in einem quantitativen Gesamtkontext abgebildet werden. Kennzahlen erfüllen folgende **Funktionen** (vgl. Werner 2014b, S. 43):

- **Operationalisierung**: Kennzahlen dienen der Bewertung von Unternehmenszielen.
- **Anregung**: Mit ihrem Einsatz wird die Aufdeckung von Auffälligkeiten ebenso ermöglicht, wie die Benennung von Abweichungsgründen.
- **Vorgabe**: Sie unterstützen die Ableitung kritischer Erfolgsfaktoren im Rahmen des Zielvorgabeprozesses.
- **Steuerung**: Kennzahlen forcieren die Transferierung von Managementvorgaben.
- **Kontrolle**: Schließlich ermöglichen Kennzahlen eine Durchführung von Soll-Ist-Vergleichen.

Da die isolierte Bemessung von Kennzahlen problembehaftet ist, werden betriebswirtschaftliche Abhängigkeitsverhältnisse in **Kennzahlensystemen** abgebildet. Die Spitzenkennzahl darin stellt einen „Wurzelknoten" dar. Mögliche Wurzelknoten in Kennzahlensystemen sind der Return on Investment (ROI), der Return on Capital Employed (ROCE) und der Economic Value Added (EVA). Die jeweiligen Einflussgrößen innerhalb dieser Kennzahlensysteme sind als direkte Werthebel zur Verbesserung einer Spitzengröße zu verstehen. Daher werden Kennzahlensysteme immer häufiger als **Werttreiberbäume** bezeichnet. Innerhalb dieser Werttreiberbäume finden sich klassischerweise mathematische Bezüge zwischen den Einflussgrößen. Mittlerweile werden darin aber auch sachlogische Zusammenhänge erfasst.

▶ Kennzahlen sind unabdingbar für die Durchführung eines **Benchmarkings**, quasi als Mittel zum Zweck: Mit Hilfe des Kennzahlenvergleichs wird die unternehmensinterne, konkurrenzbezogene oder branchenübergreifende Wettbewerbspositionierung zwischen den einbezogenen Vergleichsobjekten ermöglicht („*Wo*" stehen die Partner?). Auf Basis dieser Identifizierung über Kennzahlen erfolgt im Rahmen des Benchmarkings ein echter Wissenstransfer zwischen diesen Organisationen, indem sich die eingebundenen Unternehmen möglichst am Best-in-Class ausrichten („*Wie*" hat es die Organisation geschafft, Best-Practice zu werden?).

Die primär quantitative Bewertung von Unternehmensabläufen über traditionelle Kennzahlensysteme kann zu Fehlinterpretationen signifikanter Wirkungszusammenhänge führen. So richten klassische Kennzahlensysteme ihren Blick in die Vergangenheit (Eindimensionalität) und vernachlässigen weiche Einflussfaktoren. Außerdem fehlt ihnen der Bezug zur verfolgten Unternehmensstrategie. Diese und weitere Schwachstellen traditioneller Kennzahlensysteme führten zur Entstehung von **Performance-Measurement-Konzepten**. Abb. 5.1 zeigt in übersichtlicher Weise prägende Unterschiede zwischen konventionellen Kennzahlensystemen und Performance-Measurement-Ansätzen (vgl. Werner 2014a, S. 42).

Seit dem Aufkommen von Performance-Measurement-Systemen werden Spitzenkennzahlen als **Key Performance Indicators (KPI)** bezeichnet. Sie stellen sich häufig als Non-Financials dar und bemessen den Erfüllungsgrad strategisch besonders bedeutsamer Unternehmensaktivitäten. Damit besitzen KPI einen signifikanten Einfluss auf die Zielerreichung. Im Gegensatz zu klassischen Kennzahlen, sind Key Performance Indicators nicht immer präzise zu erfassen oder zu quantifizieren. Diese Leistungen besitzen auch nicht immer einen absoluten Charakter. Daher erlauben KPI vielmehr eine Aussage darüber, wie es *grundsätzlich* um die Performance steht. Mit Hilfe von **Business Performance Indicators (BPI)** wird die Erfolgswirksamkeit von Supply-Chain-Maßnahmen in bestimmten betrieblichen Segmenten gemessen (Funktionsbereich, Business Unit, Profit Center, Standort). Auf der untersten Stufe eines Performance-Measurement-Systems sind die **Process Performance Indicators (PPI)** angesiedelt. Sie sind operativ geprägt und messen präzise im Tagesgeschäft („zweite Stelle hinter dem Komma"). Die PPI sind damit gleichzusetzen, was allgemein unter einer „Kennzahl" verstanden wird. Unten findet sich ein Beispiel zur näheren Beschreibung dieser Begriffe:

5.1 Einführung eines Supply-Chain-Kennzahlensystems

Unterscheidungsmerkmal	Traditionelles Kennzahlensystem	Performance-Measurement-System
Zeitbezug	Vergangenheitsfokus	Zukunftsfokus
Primärmessgröße	Financials	Non-Financials
Kausalbezug	Isolierte Messung einzelner Größen	Ursache-Wirkungs-Ketten
Ausrichtung	Finanzorientierung	Kundenorientierung
Hebelwirkung	Steuerung von Finanzzielen	Steuerung der Unternehmensstrategie
Berichtsstruktur	Funktionale Berichtsstruktur	Prozessorientierte Berichtsstruktur
Bewertungsschwerpunkt	Unternehmensinterne Bewertung	Interne und externe Bewertung
Kosten-Leistungs-Bezug	Kostensenkung	Leistungssteigerung
Lernprozess	Individuelles Lernen	Company-Wide-Learning-Concept

Abb. 5.1 Traditionelles Kennzahlensystem versus Performance-Measurement-System

- **Key Performance Indicator (KPI)**: Order-Fulfillment-Leadtime (Auftragsdurchlaufzeit)
- **Business Performance Indicator (BPI)** an Beispiel „Auftragsdurchlaufzeit": Planungszeit, Wiederbeschaffungszeit, Produktionszeit, Lieferzeit
- **Process Performance Indicator (PPI)** am Beispiel „Wiederbeschaffungszeit": Bestellanforderungszeit, Materialdispositionszeit, Warenannahmezeit, Eingangskontrollzeit

5.1 Einführung eines Supply-Chain-Kennzahlensystems

Im Rahmen der Einführung eines Supply-Chain-Kennzahlensystems bietet sich ein Vorgehen in mehreren Arbeitsschritten an, die in Abb. 5.2 in übersichtlicher Weise wiedergegeben werden. Dabei ist die beschriebene Reihenfolge als Empfehlung zu verstehen:

Arbeitsschritt	Aktion
1. Auswahl von Mitarbeitern	Interdisziplinäres Team aus sechs bis sieben Mitarbeitern bilden. Vorsitz: Supply Chain Controller
2. Festlegung und Gewichtung der Ziele	Supply-Chain-Ziele aus Vision und Mission des Unternehmens ableiten. Priorisierung der Ziele vornehmen.
3. Bestimmung der Empfänger	Granularität der Kennzahlen definieren. Strategische Kennzahlen an das Management weiterleiten. Operative Kennzahlen an die Arbeitsebene geben.
4. Festlegung der Kennzahlen	Kennzahlensystem nicht überladen und Ausgewogenheit der Messung sichern (Kosten, Zeit, Qualität, Agilität, Service, Information, Innovation, Nachhaltigkeit).
5. Sicherung der Informationsquellen	Automatisierungsgrad zur Berechnung der Kennzahlen sichern. Händische Kalkulation der Größen möglichst vermeiden.
6. Bestimmung des Erhebungszeitraums	Reporting-Zyklen festlegen und an Empfängerkreis ausrichten. Customizing von Sub-Systemen in das Hauptsystem sichern.
7. Darstellung der Ergebnisse	Dashboard-Systeme aufbauen. Einfache und gut nachvollziehbare Visualisierung gewährleisten.

Abb. 5.2 Schritte zur Einführung eines Supply-Chain-Kennzahlensystems

1. **Auswahl von Mitarbeitern zur Erstellung des Kennzahlensystems**: Zur Generierung des Kennzahlensystems wird ein kleines Team gebildet, das aus sechs bis sieben Personen besteht. Die Auswahl der Mitarbeiter erfolgt interdisziplinär. Die Leitung der Gruppe übernimmt vorzugsweise der Supply Chain Controller. Daneben bietet es sich an, Mitarbeiter aus den Funktionsbereichen Einkauf, Logistik, Produktion, Vertrieb, IT und Qualitätsmanagement in die Gruppe aufzunehmen.
2. **Festlegung und Gewichtung der relevanten Supply-Chain-Ziele**: Die Ziele einer Organisation sind in ihrer Vision und in ihrer Mission hinterlegt. Da nicht alle Ziele gleich bedeutsam sind, bietet sich deren Gewichtung an. Mit Hilfe einer Priorisierungsreihung werden die strategisch bedeutsamsten Ziele identifiziert und als erste bei der Erstellung des Kennzahlensystems bedient.
3. **Bestimmung der Kennzahlenempfänger**: Die Zusammensetzung der Zielgruppe eines Kennzahlensystems für die Supply Chain ist entscheidend für die Datengranularität. Das Management interessiert sich vornehmlich für strategisch relevante Größen. Für die Ebene der Sachbearbeiter sind hingegen operative Indikatoren relevant, die eine hohe Dichte besitzen (Tagesgeschäft).

5.1 Einführung eines Supply-Chain-Kennzahlensystems

4. **Festlegung der einzubeziehenden Supply-Chain-Kennzahlen**: Das Kennzahlensystem sollte nicht überfrachtet sein („Zahlenfriedhof"). Bei der Auswahl der Indikatoren ist zudem darauf zu achten, unterschiedliche Wettbewerbsfaktoren abzudecken. Das Kennzahlensystem darf nicht zu „Kosten-lastig" sein. Daher sind auch Messgrößen für Qualität, Zeit, Agilität, Service, Information, Innovation und Nachhaltigkeit zu berücksichtigen. Außerdem sollten finanzielle und nicht-finanzielle Indikatoren gleichermaßen in das Kennzahlensystem aufgenommen werden.
5. **Sicherung der Informationsquellen und Vergleichsunterlagen**: Die einbezogenen Kennzahlen berechnen sich im Idealfall direkt aus dem Berichtssystem der Organisation. Dadurch besitzt das Kennzahlensystem einen hohen Automatisierungsgrad. Ein „händisches" Berechnen von Messgrößen sollte nur ergänzend stattfinden, da dies arbeitsintensiv und teuer ist.
6. **Bestimmung des Erhebungszeitraums**: Das Team muss die Reporting-Zyklen festlegen. Kennzahlen, die sich ohne menschliches Zutun aus der Bilanz und der Gewinn- und Verlustrechnung ableiten, können monatlich ermittelt werden. Dazu zählen Lagerumschlagshäufigkeit, Materialpreise und Frachtkosten. Für andere Größen hingegen, welche sich aus Subsystemen kalkulieren, reicht gegebenenfalls ein quartalsweises Reporting. Beispiele dafür sind Lagerkostensatz, Transaktionskosten oder Prozesskosten. Mitarbeiter aus dem IT-Bereich überprüfen die Möglichkeit für ein Customizing von Daten aus Subsystemen mit dem Hauptsystem.
7. **Darstellung der Kennzahlenergebnisse**: Die Visualisierung der berichteten Kennzahlen erfolgt in geeigneten Dashboards. Das Team stimmt sich mit den Kennzahlen-Empfängern ab, ob als Darstellungsform Säulendiagramm, Tachometer, Ampel, Zeigerdiagramm oder Skalensystem gewählt wird.

Das Team sollte im Rahmen der Erstellung des Kennzahlensystems eine **Checkliste** verwenden. Diese kann in die Bereiche Verfügbarkeit, Aufwand-Nutzen-Verhältnis, Eignung, Zweck und Organisation untergliedert werden. In Abb. 5.3 sind die relevanten Fragen aus der Checkliste in übersichtlicher Form dargestellt. Beim Kriterium **Verfügbarkeit** geht es zunächst um die Datenquellen. Intern verfügbare Informationen sind einfacher zu ermitteln, als dies für externe Daten der Fall ist. Bei extern verfügbaren Informationen ist die Wahrung der Geheimhaltungssphäre von Supply-Chain-Akteuren häufig nicht ganz leicht. Um dieses Ziel zu erreichen, sind Firewalls oder andere Verschlüsselungssysteme aufzubauen. Ein umfangreiches Bündel an Vergangenheitsdaten sichert die Möglichkeit einer prädiktiven Prognostik.

Merkmal	Relevante Fragen
Verfügbarkeit	Sind benötigte Informationen intern verfügbar?
	Stehen Vergangenheitszahlen zur Verfügung?
	Können Planzahlen abgerufen werden?
	Existieren Vergleichswerte aus anderen Unternehmen?
Aufwand-Nutzen-Verhältnis	Welcher zeitliche Aufwand entsteht bei der Datenerhebung?
	Wie hoch sind die Kosten des Kennzahlensystems?
	Sind Widerstände bei der Errichtung zu erwarten?
Eignung	Welche Kennzahlen bilden derzeit die Prozesse ab?
	Wie gut bildet die Kennzahl die Situation ab?
	Welche Fehlerquellen gibt es bei der Ermittlung?
	Lässt die Kennzahl Interpretationen zu?
	Existieren ähnliche Kennzahlen in verbunden Unternehmen?
Zweck	Dient die Kennzahl zur Steuerung oder zur Analyse?
	An wen wird die Kennzahl berichtet?
	Welchem Analysezweck dient die Kennzahl?
	Wie häufig wird die Kennzahl erhoben?
Organisation	Welche Mitarbeiter ermitteln die Kennzahlen?
	Welche Informationsquellen stehen zur Verfügung?
	Wie werden die Daten dokumentiert?
	Wer ist für die Einhaltung von Richtwerten verantwortlich?

Abb. 5.3 Checkliste für ein Kennzahlensystem der Supply Chain

In dem Bereich **Aufwand-Nutzen-Verhältnis** interessiert die Dauer der Erstellung des Kennzahlensystems. Deshalb sind zunächst die Investitionen und die laufenden Kosten des Kennzahlensystems abzuschätzen. In diesem Kontext werden vor allem Personalkosten anfallen (beispielsweise in der IT für die Programmierung entsprechender Tools). Tendenziell gilt: Ein Kennzahlensystem wird umso teurer, je mehr Indikatoren aufgenommen werden. Auch bestehen teilweise Widerstände gegenüber der Erstellung des Systems, die zunächst zu überwinden sind. Diese Widerstände können aus der Aufnahme sensitiver Informationen in das Kennzahlensystem resultieren. Beispiele dafür sind Personaldaten (Löhne und Gehälter) oder die Messung der Arbeitsproduktivität von Mitarbeitern (Stück pro Stunde).

Das Team hinterfragt, inwiefern die berücksichtigten Größen dazu dienen, die Situation abzubilden und welche Bedeutung die Kennzahlen besitzen (**Eignung**).

Zudem sind im Vorfeld mögliche Fehlerquellen bei der Berechnung der Indikatoren zu identifizieren. Eine Kennzahl sollte möglichst wenig Interpretationsspielraum lassen. Beispielsweise fällt die Auslegung der Größe „Anzahl von Abstimmungssitzungen" nicht leicht: Zwar sind grundsätzlich Abstimmungen im Partnergeflecht wünschenswert. Viele Sitzungen können aber auch ein Indiz dafür sein, dass viele Fehler gemacht werden, weshalb zusätzliche Abstimmungen notwendig sind. Auch ist darauf zu achten, welche individuellen Rechnungslegungsvorschriften für einen extern gerichteten Kennzahlenvergleich vorliegen. Unterschiedliche Rechnungslegungsvorschriften beeinflussen die Kalkulation der ausgewählten Indikatoren.

Wenn es um den **Zweck** des Systems geht, sind Überlegungen dahingehend notwendig, ob die eingesetzten Indikatoren zur Steuerung oder zur Analyse dienen. Steuerungskennzahlen sind eher strategisch geprägt. Analysekennzahlen besitzen hingegen einen operativen Charakter. Somit eignen sich Steuerungsindikatoren eher für ein Reporting in Richtung Management. Analysegrößen wenden sich hingegen vornehmlich an die Ebene von Sachbearbeitern (Tagesgeschäft).

Schließlich muss das Team **organisatorisch** klären, wer im Unternehmen die Richtwerte (Objectives) im Kennzahlensystem vorgibt und welche Maßnahmen bei einer Nichteinhaltung automatisch einzuleiten sind. Ebenso sind Entscheidungen darüber zu treffen, welche Informationsquellen zur Verfügung stehen und welche Mitarbeiter mit der Ermittlung der Kennzahlen beauftragt werden.

5.2 Arten von Kennzahlen

Im Folgenden finden sich vier **Differenzierungsalternativen** für ein modernes Kennzahlenmanagement (Statistik, Zielrichtung, Erfolgswirksamkeit, Objektbezug). Weitere Abgrenzungsmöglichkeiten – wie die Unterteilung in normative und in deskriptive Kennzahlen – werden nicht aufgezeigt, weil sie das inhaltliche Fortkommen dieses Buches nicht stärken. Die nähere Charakterisierung dieser Kennzahlenarten erfolgt in den nachstehenden Gliederungspunkten:

- **Statistische** Differenzierung: Absolute und relative Kennzahlen.
- Differenzierung nach der **Zielrichtung**: Erfolgs-, Liquiditäts- und Wertsteigerungskennzahlen.
- Differenzierung nach der **Erfolgswirksamkeit**: Strategische und operative Kennzahlen.
- Differenzierung nach dem **Objektbezug**: Leistungs- und Kostenkennzahlen.

5.2.1 Absolute und relative Kennzahlen

Unter die relativen Kennzahlen fallen Gliederungszahlen, Beziehungszahlen und Indexzahlen (vgl. zur **Typologie relativer Kennzahlen** Abb. 5.4). Während die Gliederungszahl als „Teil des Ganzen" zu verstehen ist (wie die prozentuale Angabe von Marktanteilen), gibt die Beziehungszahl eine Normierung von Basisdaten wieder: Beispielsweise der Umsatz pro Mitarbeiter eines Geschäftsjahrs. Die Indexzahl hingegen spiegelt die Entwicklung ausgewählter Größen über einen zeitlichen Horizont. Ein Beispiel dafür ist die Preisentwicklung für Aluminium über die letzten zwölf Monate.

5.2.2 Erfolgs-, Liquiditäts- und Wertsteigerungskennzahlen

Unter die **Erfolgskennzahlen** fallen insbesondere die Renditegrößen. Zunächst bietet sich zur Berechnung des Unternehmenserfolgs die **Umsatzrendite** an (Return on Sales, ROS). Der Return on Sales errechnet sich aus Größen der Gewinn- und Verlustrechnung. Im Rahmen seiner Kalkulation wird der Gewinn einer Organisation in das Verhältnis zum erzielten Umsatz gesetzt. Die Größe „Gewinn" ist in der Regel gleichzusetzen mit „Jahresüberschuss":

$$ROS = \frac{Gewinn \times 100}{Umsatz}$$

Kennzahlentyp	Aussage	Beispiel
Gliederungszahl	Teil des Ganzen	Absoluter Marktanteil in Prozent (%)
Beziehungszahl	Normierte Basiszahlen	Umsatz pro Mitarbeiter und Periode
Indexzahl	Beurteilung der zeitlichen Entwicklung	Preisindex für Rohstoffe

Abb. 5.4 Typologie relativer Kennzahlen

5.2 Arten von Kennzahlen

Eine weitere Erfolgskennzahl ist die **Eigenkapitalrendite** (Return on Equity, ROE), welche sich aus der Division von Gewinn zu Eigenkapital berechnet. Während der Gewinn aus der Erfolgsrechnung eines Unternehmens hervorgeht, entstammt das Eigenkapital der Bilanz. Das Ziel besteht darin, eine Eigenkapitalrendite zu erzielen, die über dem Kapitalmarktzins, zuzüglich einer branchenüblichen Risikoprämie, liegt:

$$ROE = \frac{Gewinn \times 100}{Eigenkapital}$$

Wie die Umsatzrendite und die Eigenkapitalrendite, stellt auch die **Gesamtkapitalrendite** (Return on Total Capital, ROTC) eine eher traditionelle Erfolgsgröße dar. Diese Kennzahl gibt an, wie effizient ein Unternehmen das ihm zur Verfügung gestellte Kapital einsetzt. Der ROTC bezieht sich ebenfalls auf den „Gewinn". Folgende Definition der Gesamtkapitalrendite ist üblich:

$$ROTC = \frac{(Gewinn + FK - Zinsen) \times 100}{Eigenkapital + Fremdkapital}$$

Neben diesen drei tradierten Erfolgsgrößen gewinnen insbesondere der **Return on Capital Employed** (ROCE) sowie der **Return on Assets** (ROA) an Bedeutung. Sie werden auf Bilanzpressekonferenzen und im Rahmen von Kennzahlenvergleichen mittlerweile häufig berücksichtigt. Die beiden Key Performance Indicators können jeweils als die erwirtschaftete „Kapitalrendite" einer Organisation verstanden werden. Die Berechnungsmöglichkeiten von ROCE und ROA sind unten aufgeführt.

$$ROCE = \frac{EBIT \times 100}{Eingesetztes\ Kapital}$$

Bei der Ermittlung von **ROCE** ist das operative Ergebnis einer Periode (EBIT) in der Gewinn- und Verlustrechnung abzulesen. Das eingesetzte Kapital (Capital Employed) setzt sich aus dem Anlagevermögen und dem Net Working Capital zusammen: Vorräte, Forderungen sowie unverzinsliche Verbindlichkeiten. Im Unterschied zu dem Return on Capital Employed leitet sich bei der Kennzahl **Return on**

Assets der Zähler in der Regel nicht aus dem EBIT, sondern aus dem Rohertrag ab (Gross Profit). Bei einem näheren Blick auf die Gewinn- und Verlustrechnung findet bei der Überleitung des Rohertrags zum EBIT zumeist eine Verrechnung von Aufwendungen und Erträgen über folgende drei Blöcke statt:

- Marketing und Vertrieb (Marketing and Sales)
- Allgemeine Verwaltung (Administration and General)
- Forschung und Entwicklung (Research and Development)

$$ROA = \frac{\text{Gross Profit} \times 100}{\text{Eingesetztes Kapital}}$$

Vermutlich liegt die **zunehmende Verbreitung** von ROCE und ROA in der Unternehmenspraxis darin begründet, dass eine Erfolgsberechnung sich nicht länger aus dem Jahresüberschuss („Gewinn") ergibt. Vielmehr werden bei der Kapitalrendite EBIT oder Rohertrag als Erfolgsindikatoren angesehen. Diese beiden Größen sind hochgradig disponibel. Sie zeigen unverblümt den operativen Geschäftserfolg auf. Der Jahresüberschuss hingegen berechnet sich nach Zinsen und Steuern. Die (Fremdkapital-) Verzinsung sowie die Besteuerung sind jedoch kaum durch das Management beeinflussbar.

Schließlich stellt der **Return on Investment** (ROI) eine weitere Erfolgsgröße dar, die sich aus der Multiplikation von Umsatzrendite (Return on Sales) sowie Kapitalumschlag (Capital Turnover) errechnet. Diesbezüglich ist die Aufschlüsselung in einem Kennzahlensystem möglich. Die Grundstruktur wird als Du-Pont-Schema bezeichnet.

Ein Supply Chain Manager **beeinflusst die Rentabilität** eines Unternehmens direkt und nachhaltig. Folgendes Beispiel verdeutlicht diesen Gedanken (vgl. Abb. 5.5): Auf Grund eingeleiteter Aktivitäten zur Bestandssenkung gelingt es einem Unternehmen, die Vorräte um 20 % zu senken. Absolut ausgedrückt bedeutet dieser Sachverhalt eine Reduzierung der Bestände von 100 Millionen Euro auf 80 Millionen Euro. Ceteris paribus bewirkt dieser Effekt eine Minderung des Umlaufvermögens um 20 Millionen Euro (dieses verringert sich von 110 Millionen Euro auf 90 Millionen Euro). Somit reduziert sich das Vermögen ebenfalls um 20 Millionen Euro (von 234 Millionen Euro auf 214 Millionen Euro). Basierend auf diesem Vermögensabbau, erhöht sich der Kapitalumschlag deutlich von 2,31 auf 2,52. Die Änderung des ROI ist ebenfalls beachtlich. Dieser steigt von 12,82 % auf 14,03 %. Somit lässt das herangezogene Beispiel folgende Interpretation zu:

5.2 Arten von Kennzahlen

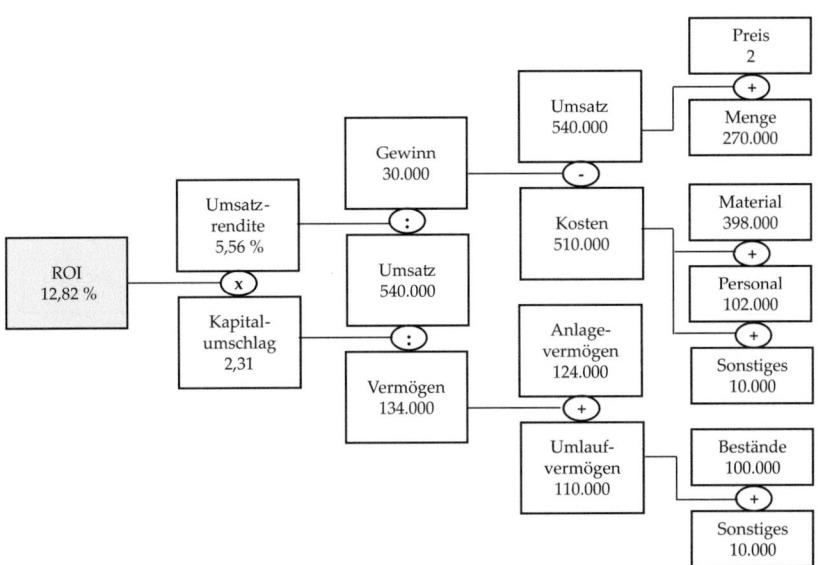

Abb. 5.5 Beispiel zur Berechnung des Return on Investment (Zahlen in T€, ausgenommen Prozentwerte)

Eine Senkung der Vorräte um 20 % verbessert den **ROI um 1,21 % Prozentpunkte** (auf Basis der verwendeten Zahlen). Dies entspricht einer relativen Renditesteigerung von 9,5 %.

Doch es sei nochmals darauf hingewiesen, dass die oben beschriebenen Effekte zur Vorratssenkung nur **ceteris paribus** gelten. Eine Verbesserung der Rendite ausschließlich auf ein Herunterfahren von Beständen zurückführen zu wollen, erscheint nur bedingt sinnvoll: Im obigen Beispiel wurden die Vorräte um 20 % reduziert. Alle übrigen Größen blieben in ihrer Höhe jedoch unverändert.

Diese Annahme erscheint jedoch wenig realistisch. Eine Bestandssenkung „um jeden Preis" ist mit **Trade-off-Effekten** verbunden, da zwischen den Einflussgrößen eine Zielkonkurrenz besteht. Beispielsweise wirken sich Verringerungen der Bestände tendenziell negativ auf Umsatzerlöse, Materialpreise, Frachtkosten und Produktionskosten aus. Folglich könnte das Absenken der Bestände bei diesen Einflusskomponenten Verschlechterungen hervorrufen. Diese negativen Auswirkungen würden sich somit direkt auf den Wurzelknoten ROI auswirken und ihn negativ beeinflussen. In Abb. 5.6 wird dieser Zusammenhang dargestellt.

Der **Finanzmittelüberschuss** eines Unternehmens stellt die Dynamisierung der statischen Liquidität dar. Er ist ein Indikator für die Ertragskraft einer Organi-

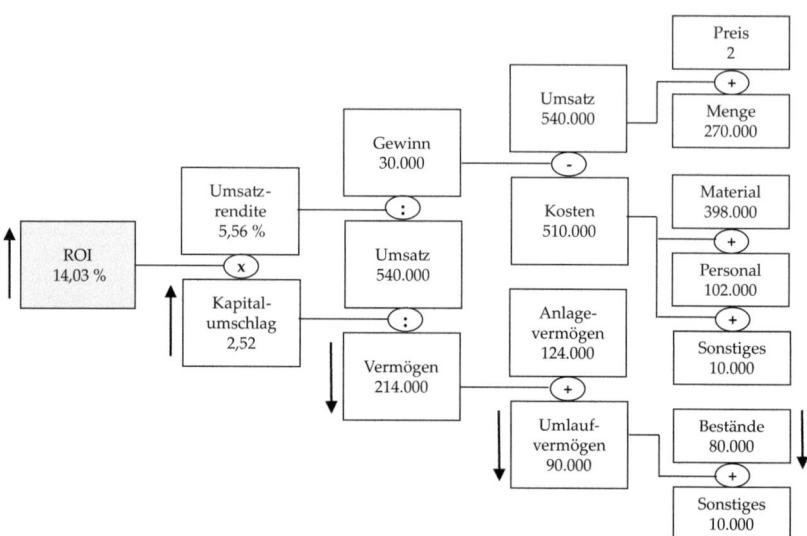

Abb. 5.6 Verbesserung des ROI durch Bestandssenkung (Zahlen in T€, ausgenommen Prozentwerte)

sation. Synonym wird der Finanzmittelüberschuss als Cash Flow bezeichnet. Im einfachen Fall spiegelt der **Cash Flow** die Differenz zwischen Einzahlungen und Auszahlungen. Damit zeigt der Cash Flow die Fähigkeit eines Wettbewerbers auf, Einzahlungsüberschüsse aus dem betrieblichen Leistungsprozess zu generieren. Doch direkte Einzahlungen und Auszahlungen eines Unternehmens sind für einen Dritten nicht unmittelbar einsehbar. Daher dienen andere Indikatoren aus dem Jahresabschluss in der Regel als Grundlage zur Berechnung eines Cash Flow (zum Beispiel Praktiker-Cash-Flow, Indirekter-Cash-Flow).

Der Cash Flow wird in der Supply Chain zur Abbildung von **Finanzströmen** eingesetzt. Eine benachbarte Kennzahl stellt das Working Capital dar, das insbesondere durch den Cash-to-Cash-Cycle in den letzten Jahren eine Renaissance erlebte. Es handelt sich bei einem Cash Flow um keine einheitlich definierte Kennzahl. Vielmehr existieren unterschiedliche Arten und Berechnungsmöglichkeiten. Deshalb ist im Rahmen eines Benchmarkings über den Cash Flow seine Definition zu überprüfen. Der **Praktiker-Cash-Flow** wird im betrieblichen Umfeld häufig eingesetzt. Seine Berechnung findet sich in der nachfolgenden Darstellung (vgl. Lewe und Schneider 2004, S. 41; Probst 2019, S. 59):

5.2 Arten von Kennzahlen

```
   Jahresüberschuss
 ± Abschreibungen/Zuschreibungen
 ± Erhöhung/Verminderungen von Rückstellungen
 = „Praktiker-Cash- Flow"
```

Dieser „Praktiker-Cash-Flow" gibt jedoch nicht wieder, dass ein Supply Chain Management einen mitunter gewichtigen Einfluss auf den Finanzmittelüberschuss ausübt. Daher ist unten der **erweiterte Cash Flow** angegeben. Er berücksichtigt, inwieweit Bestands- und Forderungsänderungen den Finanzmittelüberschuss beeinflussen (vgl. Lewe und Schneider 2004, S. 42).

```
   Jahresüberschuss
 ± Abschreibungen/Zuschreibungen auf Vermögenswerte
 + Veränderungen Rückstellungen
 + Veränderungen Sonderposten mit Rücklageanteil
 + Veränderungen Wertberichtigungen
 - Veränderungen Vorräte
 - Veränderungen Forderungen
 - Veränderungen aktive RAP
 - Aktivierte Eigenleistungen
 = Erweiterter-Cash-Flow
```

Um den Rahmen nicht zu sprengen, wird auf die Beschreibung **weiterer Ermittlungsmöglichkeiten** eines Cash Flow verzichtet. Der Leser sei auf die Fachliteratur verwiesen (vgl. Gleich und Munck 2018; Krüger 2014; Lewe und Schneider 2004; Reinecke et al. 2009; Vollmuth und Zwettler 2019). Dort sind beispielsweise die Größen Discounted (Free) Cash Flow, indirekter Cash Flow, operativer Cash Flow oder Netto Cash Flow definiert.

Schließlich werden nach ihrer Zielrichtung **Wertsteigerungskennzahlen** unterschieden. Der bedeutsamste Vertreter dieser Gattung ist der Economic Value Added (EVA). Mit der Kennzahl Economic Value Added – wie auch den benachbarten Konzepten Market Value Added, Economic Profit, Added Value oder Cash

Value Added – steigt die Transparenz im Wettbewerb. Diese Kennzahlen weisen einen engen Bezug zum Shareholder Value auf.

5.2.3 Strategische und operative Kennzahlen

Strategische Kennzahlen besitzen eine hohe Erfolgswirksamkeit. Sie messen die Effektivität von Maßnahmen. Zumeist sind sie von längerfristiger Natur. **Operative Kennzahlen** hingegen werden zur Bewertung der Effizienz eingesetzt. Sie messen die Wirtschaftlichkeit von Supply-Chain-Aktivitäten. Strategische wie operative Indikatoren können sich entweder auf ein komplettes Netzwerk (extern), oder auf die Abläufe innerhalb eines Unternehmens ausrichten. In Abb. 5.7 wird dieser Zusammenhang dargestellt (vgl. Meyer 2011, S. 125; Weber und Wallenburg 2010, S. 245). Selbstverständlich sind die herangezogenen KPI nur beispielhaft zu verstehen. Sie lassen sich zudem auch nicht binär ausschließlich den zugewiesenen Feldern zuordnen.

5.2.4 Leistungs- und Kostenkennzahlen

Schließlich können Leistungs- und Kostenkennzahlen unterschieden werden. Die **Performance** in Supply Chains bezieht sich zumeist auf die Einhaltung zeitlicher und qualitativer Vorgaben. Ebenso sind in modernen Wertschöpfungsnetzen

Kennzahlart / Supply Ebene	Strategische Kennzahlen	Operative Kennzahlen
Netzwerkkennzahlen	- Gesamtdurchlauf SC - Gesamtkosten SC - Time-to-Market SC - Gesamtlieferzeit SC	- Cash-to-Cash-Cycle - Schnittstellen SC - Kundenkontakte SC
Interne Kennzahlen	- Bestände - Servicegrad - Lieferflexibilität	- Kosten pro Bestellung - Aufträge pro Jahr - Gängigkeit Bestände

Abb. 5.7 Strategische und operative Kennzahlen

5.3 Kennzahlentypologie der Supply Chain

Kennzahlentyp \ Kategorie	Kennzahlenkategorie	Beispiel
Leistungskennzahlen	- Geschwindigkeit - Qualität - Anpassungsfähigkeit - Kooperation - Komplexität	- Durchlaufzeit - Ausschussrate - Einrichtungszeit - Gleiche Datensätze - Zahl Produktvarianten
Kostenkennzahlen	- Prozesskosten - Qualitätskosten - Bevorratungskosten - Abstimmungskosten - Distributionskosten	- Transaktionskosten - Rückrufkosten - Bestandskosten - Kommunikationskosten - Frachtkosten

Abb. 5.8 Leistungs- und Kostenkennzahlen

Leistungskriterien, wie Anpassungsfähigkeit, Komplexität oder Kooperationsbereitschaft, zu bewerten. Die **Kostenindikatoren** beziehen sich beispielsweise auf Prozesskosten, Qualitätskosten, Bevorratungskosten, Abstimmungskosten oder Distributionskosten. In Abb. 5.8 findet sich dieser beschriebene Zusammenhang (vgl. Weber und Wallenburg 2010, S. 243).

5.3 Kennzahlentypologie der Supply Chain

Im Folgenden wird eine zweidimensionale Typologie des Kennzahlenmanagements einer Supply Chain vorgestellt (vgl. Werner 2020, S. 412). Prägend für die Elemente der **ersten Dimension** ist deren Wertschöpfungsbezug. Basierend auf der Zerlegung interner Funktionen einer Supply Chain wird im Folgenden in die Kernbereiche Input, Throughput und Output differenziert. Zusätzlich finden sich Kennzahlen für das Segment Payment. Letzte dienen zur Reduzierung von Opportunitätskosten in der Supply Chain. Somit werden folgende Arten von Supply-Chain-Kennzahlen nach ihrem **Wertschöpfungsbezug** unterschieden:

- **Input**: Kennzahlen der Beschaffung
- **Throughput**: Kennzahlen der Lagerung, der Kommissionierung und der Produktion

- **Output**: Kennzahlen der Distribution
- **Payment**: Kennzahlen der Finanzströme

Die Zunahme an Wertschöpfung über die Stufen Input, Throughput und Output resultiert insbesondere aus den Faktoren Personaleinsatz, Materialverbrauch, logistische Abschreibungen sowie Betriebs- und Hilfsmittelverbrauch. Diese Einflussgrößen reichen von der Materialbeschaffung bis zum Versand der Fertigwarenbestände. Das vorgestellte Kennzahlensystem bezieht sich nicht ausschließlich auf den direkten Sektor (Produktion, Montage). Es kann auch zur Messung von Supply-Chain-Aktivitäten in **indirekten Bereichen** herangezogen werden (Dienstleistungen, Service).

In der **zweiten Dimension** der Typologie sind verschiedene Arten von Kennzahlen aufgeführt. Die Kennzahlen des vorliegenden Systems werden in drei Bereiche unterteilt:

- Generische Kennzahlen
- Kennzahlen zur Produktivitäts- und Wirtschaftlichkeitsbewertung
- Qualitäts- und Service-Kennzahlen

Bei der Beschreibung der verschiedenen **Kennzahlenarten** dieser Typologie ist zunächst der Begriff „generische Kennzahl" zu klären. Unter die **generischen Key Performance Indicators** fallen allgemeine und übergeordnete Größen, welche den jeweiligen Bereich einer Supply Chain prägen.

Die zweite Kategorie unterschiedlicher Kennzahlenarten bezieht sich in der Typologie auf Produktivitäts- und Wirtschaftlichkeitsindikatoren. **Produktivitätskennzahlen** berechnen sich aus dem Verhältnis von Output-Input-Relationen. Häufig wird in diesem Zusammenhang die Arbeits-Produktivität gemessen: Ein Beispiel dafür ist in der Kommissionierung die Größe „Picks pro Stunde". Im Rahmen der Ermittlung von **Wirtschaftlichkeitskennzahlen** bezieht sich die *Bewertung* einer Produktivität über Aufwendungen (Erträge) oder Kosten (Leistungen). Bezogen auf obiges Beispiel zur Kommissionierung kann die Kennzahl „Kosten pro Pick" berechnet werden.

In dem dritten Segment unterschiedlicher Arten von Kennzahlen des Supply Chain Managements finden sich **Qualitäts- und Serviceindikatoren** (Zufriedenheitsindizes). Ein bedeutsamer Vertreter dieser Kategorie ist der Lieferservicegrad.

Diese beiden Dimensionen der Kennzahlentypologie werden in den folgenden Kapiteln mit einer Vielzahl von KPI aufgefüllt. Das vorliegende Konzept erhebt keinen Anspruch auf Vollständigkeit. Auch können die Definitionen der Kennzahlen im Einzelfall variieren. In der Folge wird dennoch der Versuch unter-

5.3 Kennzahlentypologie der Supply Chain

nommen, mit den hier berücksichtigten Größen die **wesentlichen Kennzahlen** zur Abbildung eines modernen Supply-Chain-Performance-Measurements erfasst zu haben. Abb. 5.9 zeigt eine zweidimensionale Matrix, in der sich die oben beschriebenen Inhalte wiederfinden.

5.3.1 Input: Kennzahlen der Beschaffung

Der Input ist ein Sektor der Kennzahlentypologie mit niedrigem Wertschöpfungsbezug, da noch keine Materialveredelung stattgefunden hat. Hinsichtlich der Bestandsstruktur finden sich darin bezogene Rohmaterialien und Fertigungsteile (Kaufteile). Die Kennzahlen dieses Bereichs entstammen der **Beschaffung** und messen damit die Performance von Lieferantenabwicklungen (vgl. zu Kennzahlen der Beschaffung einer Supply Chain Cohen und Roussel 2006, S. 303; Schulte 2017, S. 641; Stollenwerk 2016, S. 91; Strigl et al. 2004, S. 143).

Kennzahlenartart / Wertschöpfung	Generische Kennzahlen	Produktivitäts- und Wirtschaftlichkeitskennzahlen	Qualitäts- und Servicekennzahlen
Input - Beschaffung	I.1	I.2	I.3
Throughput - Lagerung - Kommissionierung - Fertigung	II.1	II.2	II.3
Output - Distribution	III.1	III.2	III.3
Payment - Finanzen	IV.1	IV.2	IV.3

Abb. 5.9 Struktur der Kennzahlentypologie einer Supply Chain

5.3.1.1 Generische Kennzahlen

Zunächst werden die absoluten **generischen Kennzahlen** für den Input einer Supply Chain aufgeführt (vgl. **Feld I.**1 in der Typologie-Box sowie den nachstehenden Kennzahlenblock). Diesen Größen besitzen naturgemäß eine enge Affinität zum Einkauf und zur Disposition:

> Anzahl Einkaufsteile
> Einkaufsvolumen
> Anzahl Bestellpositionen
> Anzahl Lieferanten

Weiterhin finden sich in der Typologie relative generische Kennzahlen zur Bewertung von Lieferantenbeziehungen. Ein Klassiker unter diesen Größen ist der **Preisindex**. Seine begriffliche Klärung erfolgt im nachstehenden Definitionsblock. Ferner fallen in dieses Segment der Typologie die Kennzahlen Volumenstruktur und Maverick-Buying-Quote (auch deren Begriffsfindung ist unten wiedergegeben). Mit Hilfe von Preisindizes wird die Leistung von Einkäufern gemessen (Commodity-Leiter). Bei der Kalkulation sind Einflussfaktoren herauszurechnen, welche der Einkäufer nicht direkt verhandeln kann. Dazu zählen Währungseffekte, der Anteil von Börsenmaterial und Maut:

$$\text{Preisindex}\,(\%) = \frac{\text{Preis gezahlt} \times 100}{\text{Preis budgetiert}}$$

Der Key Performance Indicator **Volumenstruktur** steigert die Transparenz von Beschaffungsaktivitäten, indem das komplette Commodity-Volumen in mehrere Einkaufsbereiche heruntergebrochen wird. Der Aussagegehalt der Kennzahl kann gesteigert werden, wenn man sie auf unterschiedliche Beschaffungswege ausrichtet (Hersteller, Großhändler, Einzelhändler, Agenturen):

$$\text{Volumenstruktur}\,(\%) = \frac{\text{Einkaufsvolumen pro Materialart} \times 100}{\text{Totales Einkaufsvolumen pro Jahr}}$$

Der Begriff **Maverick Buying** meint eine Warenbeschaffung, die sich nicht auf bestehende Rahmenverträge ausrichtet. Es ist eine „Wilde Beschaffung", die zum

5.3 Kennzahlentypologie der Supply Chain

Beispiel darin begründet ist, dass die im Rahmenvertrag vereinbarten Preise als unvorteilhaft eingestuft werden. Ein weiterer Grund für eine Wilde Beschaffung kann das Kompetenzgerangel in einem Unternehmen sein. Die Effekte von Maverick Buying sind in der Regel negativ für eine Organisation: Die Beschaffungskosten steigen durchschnittlich um 10 % bis 15 %. Sie lassen sich über Total-Cost-of-Ownership berechnen:

$$\text{Maverick-Buying-Quote (\%)} = \frac{\text{Einkaufsvolumen RV} \times 100}{\text{Totales Einkaufsvolumen}}$$

5.3.1.2 Produktivitäts- und Wirtschaftlichkeitskennzahlen

In **Feld I.2** der Matrix treffen die beiden Dimensionen Input sowie **Produktivitäts- und Wirtschaftlichkeitskennzahlen** aufeinander. Die hier charakterisierten Indikatoren zur Leistungsmessung sind Sendungen pro Tag, Warenannahmezeit je Sendung, Wareneingangskontrollen pro Tag, Warenannahmekosten je Sendung sowie Wareneingangskontrollkosten pro Tag.

Die Kennzahl **Sendungen pro Tag** misst die Produktivität der Mitarbeiter in der Warenannahme. Im Rahmen eines Kennzahlenvergleichs von Sendungen pro Tag, ist die Bedeutung unterschiedlicher Hilfsmittel zur Warenvereinnahmung herauszustellen (Barcode, RFID). Diese beeinflussen die Wirtschaftlichkeit von Supply-Chain-Aktivitäten unmittelbar:

$$\text{Sendungen pro Tag} = \frac{\text{Anzahl eingehender Sendungen pro Tag}}{\text{Anzahl Mitarbeiter pro Tag}}$$

Ein weiterer Vertreter zur Beurteilung einer Produktivität innerhalb der Wertschöpfungskette ist die **Warenannahmezeit pro Sendung**. Lange Warenvereinnahmungen treiben die Prozesskosten in die Höhe. Daher sind die Gründe für eine niedrige Produktivität in der Warenannahme herauszuarbeiten und diese Defizite abzustellen:

$$\text{Warenannahmezeit pro Sendung} = \frac{\text{Warenannahmezeit insgesamt}}{\text{Anzahl eingehender Sendungen}}$$

Die Durchführung von **Wareneingangskostrollen (WEK)** ist teuer. Es fallen Personalkosten und Handlingskosten an. Daher reduzieren „mächtige" OEM ihre Anzahl bewusst. Sie lagern diese Tätigkeiten an ihre direkten Lieferanten aus (Tier 1), die ihrerseits ihre Warenausgangskontrollen verstärken müssen:

$$\text{WEK pro Tag} = \frac{\text{Anzahl Wareneingangskontrollen}}{\text{Anzahl Wareneingänge pro Tag}}$$

Der Wirtschaftlichkeitsindikator **Warenannahmekosten je Sendung** bezieht sich auf Prozesskosten und Transaktionskosten. Über ihre Höhe entscheidet der Automatisierungsgrad im Wareneingang. Tendenziell gilt: Eine Zunahme an Automatisierung führt zur Absenkung von Kosten in der Warenannahme:

$$\text{Warenannahmekosten je Sendung} = \frac{\text{Kosten Warenannahme insgesamt}}{\text{Anzahl eingehende Sendungen je Tag}}$$

Schließlich sind die **Wareneingangskontrollkosten pro Tag** zu berechnen. Diese Wirtschaftlichkeitskennzahl ist wichtig für die Ermittlung von Transaktionskosten innerhalb eines Supply Chain Managements. Mit Hilfe einer intensivierten Zulieferintegration (teilweise verbunden mit der Möglichkeit, Aktivitäten des Kunden auf den Lieferanten zu verlagern) wird derzeit in der Unternehmenspraxis der Versuch unternommen, die Kosten für Wareneingangskontrollen zu senken:

$$\text{Kosten für Wareneingangskontrollen} = \frac{\text{Kosten je Kontrolle Wareneingang}}{\text{Anzahl eingehende Waren je Tag}}$$

5.3.1.3 Qualitäts- und Servicekennzahlen

Schließlich erfolgt unter diesem Gliederungsabschnitt für den Bereich Input eine Beschreibung von **Qualitäts- und Servicekennzahlen** (vgl. in der Kennzahlentypologie **Feld I.3**). Der „König" unter diesen Größen ist der Lieferservicegrad. Im Allgemeinen misst er den Prozentsatz an Aufträgen, die ein Lieferant vereinbarungsgemäß abarbeiten konnte. Dabei sind qualitative, quantitative und zeitliche Abweichungen von Zielvorgaben möglich.

5.3 Kennzahlentypologie der Supply Chain

Der *eingehende* **Servicegrad** misst den Prozentsatz termin-, mengen- oder qualitätsgerechter Anlieferungen. Diese Kennzahl bewertet die Warenverfügbarkeit des Kunden:

$$\text{Servicegrad (\%)} = \frac{\text{Anzahl auftragsgerechte Bestellpositionen} \times 100}{\text{Anzahl Bestellpositionen insgesamt}}$$

Als „Unterkennzahlen" des eingehenden Servicegrads finden die Zurückweisungsquote und die Verzögerungsquote Einsatz. Deren nähere Kennzeichnung erfolgt nachstehend. Beide Indikatoren stehen für die *Güte* von Lieferantensendungen. Die **Zurückweisungsquote** gibt den Prozentsatz für Lieferungen an, welche unter qualitativen, quantitativen oder zeitlichen Defiziten leiden. Diese Schwierigkeiten müssen nicht unbedingt die Ware selbst betreffen. Sie können beispielsweise auch in einer beschädigten oder verdreckten Verpackung begründet liegen:

$$\text{Zurückweisungsquote (\%)} = \frac{\text{Anzahl Zugänge abgewiesen} \times 100}{\text{Anzahl Zugänge insgesamt}}$$

Die **Verzögerungsquote** bemisst ausschließlich die zeitliche Güte eingehender Warenlieferungen. Dieser Performance Indicator bewertet den Prozentsatz von Lieferrückständen („Backlogs"):

$$\text{Backlogs (\%)} = \frac{\text{Anzahl Zugänge verspätet} \times 100}{\text{Anzahl Zugänge insgesamt}}$$

5.3.2 Throughput: Kennzahlen der Lagerung, der Kommissionierung und der Produktion

Nachdem die Kennzahlen für den Input oben näher gewürdigt wurden, findet im Anschluss eine Charakterisierung des Bereichs **Throughput** statt. Im Sinne steigender Wertschöpfung, werden darunter die drei Segmente Lagerung, Kommissionierung sowie Produktion subsumiert. Dabei ist die Produktion hier begrifflich nicht eng auszulegen. Im Gegenteil, auch Bezüge der Montage sind unter den Bereich Throughput gefasst. Zu möglichen Kennzahlen des Bereichs Throughput vgl. Cohen und Roussel 2006, S. 305; Krüger 2014, S. 87; Reinecke et al. 2009, S. 113; Schulte 2017, S. 650; Strigl et al. 2004, S. 165.

5.3.2.1 Generische Kennzahlen

Die Beschreibung der Kosten- und Leistungsindikatoren für den Throughput beginnt wiederum mit den **generischen Kennzahlen** (vgl. **Feld II.1** in der Kennzahlentypologie). Analog zur Diskussion um die Inhalte für den Input finden sich im nachstehenden Kennzahlenblock zunächst einige absolute Werte:

> Anzahl gelagerter Artikel
> Anzahl Verpackungseinheiten
> Menge gelagerter Teile
> Anzahl Lagervorgänge
> Auftragsvolumen
> Anzahl Artikel Disposition
> Anzahl Auftragseingänge

Bei der Charakterisierung relativer Größen der **Lagerwirtschaft** ragen zwei Indikatoren heraus: Die Umschlagshäufigkeit und die Reichweite des Lagers. Die **Lagerumschlagshäufigkeit** (*Turn Rate*) stellt eine strategische Kennzahl dar, welche für das (Top-) Management und die Logistikleitung von großer Bedeutung ist. Für das Tagesgeschäft hingegen ist die Turn Rate nur von geringem Nutzen, da sie eine Verdichtung von Sachnummern darstellt (zum Beispiel auf Produktlinienebene). Daher erweist diese Größe den Disponenten in ihrem operativen Tätigkeitsfeld kaum Dienste.

Eine **Turn Rate** gibt an, wie oft die Bestände pro Periode – zumeist bezogen auf ein Geschäftsjahr – im Lager ausgetauscht werden (sich „umschlagen"). In ihre Berechnung gehen Größen der Gewinn- und Verlustrechnung (Umsatz, Herstellungskosten des Umsatzes) sowie der Bilanz (durchschnittlicher Lagerbestand) gleichermaßen ein. Die Vorräte sind möglichst im Durchschnitt anzugeben, weil ein Absolutwert zum Jahresabschluss zu einer Verfälschung der tatsächlichen Verhältnisse führt. Da der Umsatz und der Lagerbestand aus dem Geschäftsbericht leicht abzulesen sind (zumindest gilt dies für Kapitalgesellschaften), findet die unten dargestellte Berechnung einer Turn Rate für **Investor-Relations-Überlegungen** häufig Anwendung:

5.3 Kennzahlentypologie der Supply Chain

$$\text{Turn Rate (Investor Relations)} = \frac{\text{Umsatz (Herstellungskosten)}}{\text{(Durchschnittlicher) Lagerbestand}}$$

Ein **Beispiel** zur Ermittlung der Turn Rate unterstreicht diese Überlegungen: Ein mittelständischer Automobilzulieferer erzielt einen Umsatz von 500 Millionen Euro. In der Bilanz verbucht diese Organisation einen (durchschnittlichen) Bestand von 60 Millionen Euro. Daraus errechnet sich eine Lagerumschlagshäufigkeit von 8,3 pro Jahr:

$$8{,}3 \text{ Turns} = \frac{\text{Umsatz } (500.000.000 \text{ €})}{\text{Bestand } (60.000.000 \text{ €})}$$

Für interne Ermittlungen der Turn Rate kann in der Berechnungsformel im Zähler der **Wareneinsatz** (Materialverbrauch) den Umsatz ersetzen. Wenn diese Berechnung vielleicht auch „schärfer" erscheinen mag, verschließt sie jedoch die Möglichkeit eines externen Kennzahlenvergleichs, da der Wareneinsatz für einen Dritten nicht ersichtlich ist:

$$\text{Turn Rate (Interne Berechnung)} = \frac{\text{Materialverbrauch}}{\text{Durchschnittlicher Lagerbestand}}$$

Im Gegensatz zur Umschlagshäufigkeit stellt die **Reichweite des Lagers** (*Days on Hand, Ranges*) eine operative Kennzahl des Warehouse Managements dar. Weil dieser Indikator bis auf die einzelne Sachnummer herunter gebrochen ermittelt wird, hilft er dem Disponenten bei der täglichen Steuerung seines Vorratsvermögens. Von der Semantik her leicht ableitbar, gibt diese Kennzahl an, wie viele Tage (Wochen/Monate) der Vorrat einer Materialart auf Lager „ausreicht". Zum Teil finden sich in der Literatur synonym die Bezeichnungen „Lagerdauer" oder „Eindeckzeit" (vgl. Krüger 2014, S. 129). Analog zur Umschlagshäufigkeit ist zunächst wiederum die externe Berechnungsmethode (**Investor-Relations**) aufzuzeigen. Anschließend werden zwei interne Möglichkeiten zur Definition von Lagerreichweiten diskutiert: Die vergangenheitsorientierte und die zukunftsorientierte Eindeckzeit. Die externe Lagerreichweite wird reziprok zur Umschlagshäufigkeit berechnet (vgl. unten):

$$\text{Ranges (Investor Relations)} = \frac{\text{Durchschnittlicher Lagerbestand}}{\text{Umsatz (Umsatzkosten)}}$$

Das herangezogene **Beispiel** zur Kalkulation einer Lagerumschlagshäufigkeit wird hier aufgegriffen und fortgeführt. Dazu ist der durchschnittliche Bestand mit den Kalendertagen (oder Wochen) eines Jahres zu multiplizieren und durch den Umsatz zu dividieren. Die Reichweite der Vorräte beträgt durchschnittlich 43,2 Tage. Schließlich kann eine **Probe** vorgenommen werden: Die Umschlagshäufigkeit (8,3) wird mit der Reichweite (43,2) multipliziert. Das Ergebnis von 360 ergibt die Kalendertage eines gesamten Jahres:

$$43{,}2 \text{ Tage} = \frac{\text{Bestand (}60.000.000 \text{ €) x 360 Tage}}{\text{Umsatz (}500.000.000 \text{ €)}}$$

Die Heranziehung einer **vergangenheitsfokussierten Reichweite** bietet sich für Unternehmen an, deren Geschäft saisonalen, trendgetriebenen oder konjunkturbedingten Schwankungen unterworfen ist. Der vergangene Verbrauch bezieht sich auf die im Rahmen einer Fertigung oder Montage bereits verbauten Materialien:

$$\text{Interne Reichweite des Lagers (retrospektiv)} = \frac{\text{Bestand}}{\text{Verbrauch}}$$

Ein Bedarf ermittelt sich hingegen bei der **zukunftsorientierten Reichweite** aus den Liefer- und den Feinabrufen. Für „schwierige" Kunden, die ihre Bestellungen häufig ändern und somit nur über eine geringe Absatzprognosegenauigkeit verfügen, ist die Bestandssteuerung über eine zukunftsgerichtete Reichweite jedoch nicht zu empfehlen:

$$\text{Interne Reichweite des Lagers (prospektiv)} = \frac{\text{Bestand}}{\text{Bedarf}}$$

Die Lagerumschlagshäufigkeit und die Lagerreichweite sind zwei wichtige Indikatoren zur Leistungsmessung des Warehouse Managements. In den nachstehenden Definitionsblöcken werden zusätzliche generische Kennzahlen vor-

5.3 Kennzahlentypologie der Supply Chain

gestellt, welche das **Lagerwesen** flankieren (vgl. Krüger 2014, S. 95; Schulte 2017, S. 652). Eine wichtige Einflusskomponente der Lagerbewirtschaftung sind die Handlingskosten. Opportunitätskosten (entgangene Zinsgewinne) und Fehlmengenkosten (auf Grund von Unterbeständen) werden bei der Ermittlung des Lagerkostensatzes hingegen nicht berücksichtigt. Darunter leidet die Aussagekraft dieser Kennzahl. Folglich sollte die konventionelle Berechnung von **Lagerkostensätzen** (die Division von Lagerkosten zu durchschnittlichen Lagerbeständen) um Zinskosten und Fehlmengenkosten erweitert werden:

$$\begin{aligned} & \text{Kostensatz Lagerung} \\ + \ & \text{Zinssatz (des gebundenen Kapitals)} \\ \pm \ & \text{Kosten für Fehlmengen} \\ \hline = \ & \text{Lagerkostensatz erweitert} \end{aligned}$$

Der **Flächennutzungsgrad** ist ein Indikator für die Fixkostenbelastung des Lagers: Ein geringer Flächenauslastungsgrad (hervorgerufen durch hohen Leerstand) zeugt von einer überproportionalen Fixkostenbelastung durch Mieten oder Abschreibungen. Die Fixkosten werden nämlich auf relativ wenige Produktionseinheiten umgelegt. Außerdem weist ein ausgeprägter Flächennutzungsgrad auf die Notwendigkeit zur Lagererweiterung oder zum Outsourcing hin:

$$\text{Flächennutzungsgrad (\%)} = \frac{\text{Lagerauslastung (belegte Regalfläche)} \times 100}{\text{Lagerkapazität (Gesamtfläche)}}$$

Mit Hilfe des **Lagerflächenanteils** wird die Bedeutung einer Lagerfläche ermittelt. Die Relation der Fertigungsfläche zur Lagerfläche liegt in der Praxis zumeist zwischen 0,6 und 1,6. Mit einer Verringerung der Lagerfläche wird die verbesserte Flächennutzung erreicht, welche zur Effizienzsteigerung der Produktionssteuerung führt:

$$\text{Lagerflächenanteil (\%)} = \frac{\text{Fertigungsfläche} \times 100}{\text{Lagerfläche}}$$

Die Kennzahl **Vorratsquote** ist eine Hybridgröße und steht zwischen den Welten der Logistik („Anzahl bevorrateter Güter" im Zähler) und des Einkaufs („Anzahl beschaffter Artikel" im Nenner). Der Nachteil dieser Größe ist, dass sie zwar über die Menge bevorrateter wie beschaffter Artikel Aufschluss gibt, doch deren jeweiligen Wert vernachlässigt. Deshalb ist diese Kennzahl um die Lagerreichweite oder die Lagerumschlagshäufigkeit zu ergänzen:

$$\text{Vorratsquote (\%)} = \frac{\text{Anzahl bevorrateter Güter} \times 100}{\text{Anzahl beschaffter Artikel}}$$

Im Anschluss an die Darstellung generischer Kennzahlen des Warehouse Managements erfolgt in den weiteren Ausführungen eine Diskussion ausgewählter generischer Indikatoren einer **Kommissionierung** (vgl. die nachstehenden Definitionsblöcke „Kommissionierungs-Positionen pro Auftrag", „Automatisierungsgrad der Kommissionierung"). Den Manager einer Wertschöpfungskette interessiert nicht nur die bloße **Anzahl der Kommissionierungen** an sich, sondern auch ihre Zuordnung zu den jeweiligen Aufträgen: Um beispielsweise auf Basis dieser Informationen spätere durchschnittliche Bearbeitungszeiten pro Mitarbeiter zu errechnen.

$$\text{Picks pro Auftrag} = \frac{\text{Picks insgesamt}}{\text{Anzahl Aufträge}}$$

Die Kennzahl **Automatisierungsgrad der Kommissionierung** gibt Aufschluss über den Anteil „händischen" Eingreifens im Rahmen der Bereitstellung. Ein niedriger Automatisierungsgrad in der Bereitstellung lässt auf hohe Personal- und Handlingskosten für Pick-Vorgänge schließen:

$$\text{Automatisierungsgrad Kommissionierung} = \frac{\text{Picks automatisiert} \times 100}{\text{Picks insgesamt}}$$

Schließlich sind für das Segment Throughput noch die generischen Key Performance Indicators einer **Produktion** zu untersuchen. Die erste hier vorgestellte Kennzahl „Flächenanteil der Verkehrswege" stellt den direkten Übergang zum zuvor charakterisierten Bereich der Kommissionierung dar (diese Größe könnte ebenso unter die Bereitstellung gefasst sein).

5.3 Kennzahlentypologie der Supply Chain

Je großzügiger die **Flächenanteile der Verkehrswege** in der Halle gewählt werden, desto weniger Raum stehen für die Produktion und die Logistik zur Verfügung. Über Simulationen lassen sich die Verkehrswege im Lagerbereich optimieren:

$$\text{Flächenanteil (\%)} = \frac{\text{Fläche der Verkehrswege} \times 100}{\text{Produktionsfläche}}$$

Die **Fertigungstiefe** beziffert den Anteil der Selbsterstellung (Eigenfertigung) am Umsatz. Anders ausgedrückt, gibt sie die Rate für ein Outsourcing (Offshoring) einer Organisation an. Zur Ermittlung der Wertschöpfung sind die Vor- und die Fremdleistungen von den selbst erstellten Leistungen zu subtrahieren:

$$\text{Fertigungstiefe (\%)} = \frac{\text{Wertschöpfung} \times 100}{\text{Umsatz}}$$

Eine **Upside Production Flexibility** (Lieferflexibilität) ist integrativer Bestandteil von SCOR (Supply Chain Operations Reference Model). Sie bemisst die Zeitspanne in Tagen, welche ein Unternehmen zur Befriedigung eines ungeplanten Nachfrageschubs benötigt. SCOR geht von einer nicht vorhersehbaren Steigerung der Kundenbestellungen um 20 % aus. Kennzahlenvergleiche zeigen auf, dass in Zeiten moderner IT – verbunden mit den Möglichkeiten zur unternehmensübergreifenden Kommunikation – die Marktpartner zur Befriedigung der plötzlichen Nachfrage nur noch wenige Wochen benötigen.

Ende der fünfziger Jahre maß Forrester (**Forrester-Aufschaukelung**), dass Organisationen circa ein Jahr daran arbeiteten, um auf einen ungeplanten Nachfrageschub adäquat zu reagieren. Der **Bullwhip-Effekt** ist mit Hilfe moderner IT (welche einem verbesserten Informationstransfer zwischen den Partnern dient) demnach zwar nicht besiegt, aber er ist zumindest eingedämmt. Ein Bullwhip-Effekt beschreibt den logistischen Peitschenschlag: Über die Stufen einer Logistikkette schaukeln sich Bestände stufenweise hoch. Angebot und Nachfrage befinden sich nicht im Abgleich. Mögliche Gründe für das Entstehen eines logistischen Peitschenschlags liegen in fehlerhaften Absatzprognosen, sprunghaftem Bestellverhalten der Kunden (zum Beispiel über Verkaufsförderungsmaßnahmen hervorgerufen), angesammelten Bestellvorgängen sowie Rabattaktionen des Handels:

> Upside Production Flexibility (%) = Zeitspanne in Tagen, zur Deckung einer nicht geplanten Steigerung der Nachfrage von 20 %

Nicht nur die Kennzahlen der Versorgung dienen zur Bewertung von Produktionsprozessen. Auch KPI für Entsorgung und Recycling finden hier Einsatz. So beispielsweise die **Recyclingquote**. Mit ihr ist der Anteil verwendeter oder verwerteter Materialien zu ermitteln, welche in den Produktionsprozess zurückgeführt werden. In manchen Branchen steigt dieser Wert zusehends. Hervorgerufen wird dieser Effekt auf Grund der Verknappung oder der Verteuerung von Ressourcen (Sustainable Supply Chain, Green Supply Chain):

$$\text{Recyclingquote} = \frac{\text{Anteil recyceltes Material} \times 100}{\text{Materialverbrauch insgesamt}}$$

5.3.2.2 Produktivitäts- und Wirtschaftlichkeitskennzahlen

Die Inhalte dieses Gliederungsabschnitts widmen sich **Feld II.2** der Kennzahlentypologie. Hier treffen die beiden Dimensionen „Throughput" sowie „Produktivitäts- und Wirtschaftlichkeitskennzahlen" aufeinander. Im ersten Schritt werden diverse **Lagerkennzahlen** dieses Segments beschrieben. Im Anschluss findet eine nähere Untersuchung von KPI der Kommissionierung und der Produktion statt.

Mit der Kennzahl **Lagerbewegungen je Mitarbeiter** wird die Produktivität der Mitarbeiter des Lagers bewertet. Für ein Benchmarking über diese Kennzahl ist zu beachten, dass den Mitarbeitern sehr unterschiedliche Hilfsmittel (Förderzeuge) zur Verfügung stehen können, wodurch die Gefahr „Äpfel mit Birnen" zu vergleichen besteht:

$$\text{Lagerbewegungen je Mitarbeiter} = \frac{\text{Anzahl Lagerbewegungen insgesamt}}{\text{Anzahl Mitarbeiter im Lager}}$$

Der **Raumnutzungsgrad** zeigt an, wie effizient die zur Verfügung stehende Lagerfläche in Anspruch genommen wird. Ein wesentlicher Einflussfaktor ist der Stapelfaktor der Waren selbst oder ihrer Verpackungsträger. Als wesentliche Entscheidungsalternativen bieten sich Großladungsträger (GLT) oder Kleinladungsträger (KLT) an:

5.3 Kennzahlentypologie der Supply Chain

$$\text{Raumnutzungsgrad des Lagers (\%)} = \frac{\text{Lagergutvolumen} \times 100}{\text{Lagerraumvolumen}}$$

Die **durchschnittlichen Lagerplatzkosten** ermitteln die Wirtschaftlichkeit des Lagers. Allerdings sollte diese Kennzahl mit dem Raumnutzungsgrad (vgl. oben) kombiniert berechnet werden, da ansonsten das Volumen der zur Verfügung stehenden Lagerplätze nicht deutlich wird:

$$\text{Durchschnittliche Lagerplatzkosten} = \frac{\text{Kosten Interieur Lager insgesamt}}{\text{Lagerplätze insgesamt}}$$

Der Zähler der Kennzahl **Kosten pro Lagerbewegung** leitet sich insbesondere aus Personal- und Sachkosten der Lagerwirtschaft ab. Der Indikator gibt an, welche Aufträge in ihrer Art oder ihrer Größe besonders hohe Kosten verursachen:

$$\text{Kosten pro Lagerbewegung} = \frac{\text{Lagerkosten}}{\text{Zugang Lager / Abgang Lager}}$$

Im Anschluss an die Kennzeichnung ausgewählter Lagerkennzahlen werden nachstehend Key Performance Indicators für eine **Kommissionierung** diskutiert, welche zur Bestimmung der Produktivität oder der Wirtschaftlichkeit dienen (Kommissionierungen je Mitarbeiter, Kommissionierungs-Aufträge pro Mitarbeiter, Kosten pro Kommissionierungs-Auftrag).

Ein Kommissionierungs-Vorgang wird auch als „Picken" bezeichnet. Daher ist die folgende Kennzahl synonym als **Picks pro Mitarbeiter** bekannt. Sie misst die Produktivität der Mitarbeiter des Lagers. In Kombination mit dem Automatisierungsgrad, der auch pro Mitarbeiter gemessen werden kann (vgl. oben), gewinnt diese Größe an Gewicht:

$$\text{Picks je Mitarbeiter} = \frac{\text{Picks} \times 100}{\text{Lagermitarbeiter}}$$

Als Ergänzung zu den „Picks pro Mitarbeiter" dient der Key Performance Indicator **Kommissionierungs-Aufträge pro Mitarbeiter**. Die Kennzahl misst die abgearbeiteten Aufträge je Mitarbeiter. Sie gibt Aufschluss über den Umfang eingehender Kundenbestellungen:

$$\text{Kommissionierungs-Aufträge je Mitarbeiter} = \frac{\text{Bearbeitete Picks je Mitarbeiter}}{\text{Lagermitarbeiter}}$$

Wie wirtschaftlich gestaltet sich ein jeweiliger Kommissioniervorgang? Mit Hilfe der **Kosten pro Kommissionierungs-Auftrag** wird eine Antwort auf diese Frage gegeben. Dabei ist zu beachten, dass die Komplexität und die Kompliziertheit eines Kommissionierungs-Auftrags signifikanten Einfluss auf die Kostenstruktur dieser Aktivität ausüben:

$$\text{Kosten pro Kommissionierungs-Auftrag} = \frac{\text{Kosten Bereitstellung insgesamt}}{\text{Anzahl Aufträge Bereitstellung}}$$

Schließlich sind die Produktivität und die Wirtschaftlichkeit einer im Anschluss an die Kommissionierung stattfindenden **Produktion** zu messen. Die erste Kennzahl zur Leistungsbewertung in dem betrachteten Segment ist die **Anzahl der bearbeiteten Auftragseingänge je Mitarbeiter**. Diese Größe gibt Aufschluss hinsichtlich der Produktivität und des Auslastungsgrads von Mitarbeitern innerhalb der Disposition. Für einen Kennzahlenvergleich ist zu berücksichtigen, dass die Anzahl der bearbeiteten Aufträge gegebenenfalls stark vom jeweiligen Equipment und dem Automatisierungsgrad des Arbeitsplatzes abhängt (beispielsweise der IT-Ausstattung der Arbeitsstätte):

$$\text{Auftragseingänge bearbeitet pro Mitarbeiter} = \frac{\text{Bearbeitete Aufträge je Mitarbeiter}}{\text{Mitarbeiter der Auftragsabwicklung}}$$

Ergänzend zur Größe „Anzahl bearbeiteter Auftragseingänge pro Mitarbeiter" dient die **Häufigkeit gepflegter Bestandskonten je Mitarbeiter** zur Aufdeckung der Produktivität innerhalb der Disposition. Die einzelnen Auftragseingänge können vom Umfang her sehr verschieden sein. Zur Nivellierung dieses Ungleichgewichts wird die Anzahl der durch einen Mitarbeiter gepflegten Bestandskonten zusätzlich in die Analyse einbezogen:

$$\text{Gepflegte Bestandskonten je Mitarbeiter} = \frac{\text{Bestandskonten insgesamt}}{\text{Mitarbeiter zur Bestandsführung}}$$

5.3 Kennzahlentypologie der Supply Chain

Eine **Maschinennutzungsintensität** bemisst die Arbeits-Produktivität innerhalb einer Supply Chain. Sie ist als Indikator für die Auslastung der Potenzialfaktoren eines Unternehmens zu verstehen. Die Größe gewinnt an Aussagekraft, wenn sie mit dem Indikator „Reparaturzeit pro Maschine" in Kombination betrachtet wird:

$$\text{Maschinennutzungsintensität} = \frac{\text{Produktionsmenge}}{\text{Maschineneinsatz (Stunden)}}$$

Mit Hilfe der **Bearbeitungskosten pro Auftragseingang** wird die Wirtschaftlichkeit einer Produktionssteuerung bewertet. Sie kann zur Kosten-Nutzen-Bestimmung der Auftragsabwicklung dienen. Dazu sind die Bearbeitungskosten eines Auftragseingangs im Idealfall in eine Transaktionskostenanalyse einzubeziehen:

$$\text{Bearbeitungskosten pro Auftragseingang} = \frac{\text{Abwicklungskosten je Auftrag}}{\text{Auftragseingänge bearbeitet}}$$

Überproportional hohe **Kosten je Dispositionsaktivität** zeugen von einer wenig wirtschaftlichen Produktionsplanung. Die Kennzahl wird synonym „Kosten je Bestellung" genannt. Dieses Manko kann durch Ineffizienzen im Einsatz technologischer Ressourcen (wie IT) oder in einer mangelnden Kommunikation mit benachbarten Funktionsbereichen begründet liegen:

$$\text{Kosten je Dispositionsaktivität} = \frac{\text{Bestellkosten}}{\text{Anzahl Bestellungen}}$$

Schließlich wird die Kennzahl **Bearbeitungskosten je Produktionsauftrag** vorzugsweise im Rahmen einer Prozesskostenermittlung herangezogen. Für Kennzahlenvergleiche gilt jedoch, dass eine unterschiedliche Heterogenität der Fertigungsstruktur signifikanten Einfluss auf die Bearbeitungskosten von Fertigungsaufträgen ausüben:

$$\text{Bearbeitungskosten je Produktionsauftrag} = \frac{\text{Bearbeitungskosten insgesamt}}{\text{Anzahl Produktionsaufträge}}$$

5.3.2.3 Qualitäts- und Servicekennzahlen

In dem **Feld II.**3 der Kennzahlenmatrix treffen die beiden Dimensionen „Throughput" sowie „Qualitäts- und Servicekennzahlen" aufeinander. Unter Beibehaltung der bisherigen Vorgehensweise sind zunächst Kennzahlen der **Lagerung** zu nennen. Nach ihrer Diskussion erfolgt die Einordnung von Schlüsselkennzahlen der Kommissionierung in dieses Feld der Matrix. Der Abschluss dieser Ausführungen widmet sich den Fertigungskennzahlen.

Auf Basis der vergangenheitsorientierten Reichweite werden Bestände in die drei Bereiche „gängig", „zum Teil ungängig" (Excess) und „völlig ungängig" (Obsolete) zerlegt. Die Kennzahl **Excess-and-Obsolete-Ratio** gibt den Anteil sich nur langsam umschlagender oder gar nicht mehr drehender Vorräte an. Zur Differenzierung wird die vergangenheitsbezogene Lagerreichweite herangezogen. Im schlimmsten Fall droht eine **Verschrottung** dieser Sachnummern. Diese belastet den EBIT unmittelbar. Die Excess-and-Obsolete-Ratio (quantitative Betrachtung) sollte um Gründe für die Entstehung von Ungängigkeit ergänzt werden (qualitative Betrachtung):

$$\text{Ungängigkeit (\%)} = \frac{\text{Ungängiger Bestand} \times 100}{\text{Gesamtbestand}}$$

Ein **Lagerverlust** entsteht insbesondere durch Schwund und Verderb. Diebstahl und mangelhaft gekühlte Waren sind symptomatisch für einen *Schwund* an Vorräten. Insbesondere der Handel leidet unter *verderblichen* Waren (Obst und Gemüse):

$$\text{Lagerverlust pro Periode (\%)} = \frac{\text{Verlust an Lagerbestand} \times 100}{\text{Gesamtbestand}}$$

Nachdem einige Kennzahlen der Lagerung genannt wurden, sind in der Folge Werttreiber der **Kommissionierung** herauszuarbeiten. Diese werden einerseits in den Bereich Supply-Chain-Throughput eingeordnet. Andererseits handelt es sich um Qualitäts- oder Servicekennzahlen. Dazu werden nachstehend drei KPI näher betrachtet: Der interne Servicegrad, die interne Zurückweisungsquote und die interne Verzögerungsquote.

Diese Größen wurden als Qualitäts- und Servicekennzahlen im Bereich Input (der Beschaffung) in Feld I.3 der Matrix bereits vorgestellt und dort, unter dem

5.3 Kennzahlentypologie der Supply Chain

Blickwinkel des Lieferantenbezugs, beschrieben. Unter diesem Gliederungspunkt erfolgt nun die unternehmensinterne Leistungsmessung von Supply-Chain-Indikatoren.

Im Rahmen der Berechnung des **internen Servicegrads** sind zeitliche, mengenmäßige und qualitative Defizite der Kommissionierung in Richtung Kunde denkbar. Doch auch örtliche Fehler können im Rahmen der Bereitstellung auftreten: Wie die defizitäre Zuordnung von Materialien zu ihren Bereitstellungszonen:

$$\text{Interner Servicegrad (\%)} = \frac{\text{Auftragsgerechte Kommissionierungen} \times 100}{\text{Kommissionierungen insgesamt}}$$

Die **interne Zurückweisungsquote** ist eine Sub-Kennzahl des internen Servicegrads. Viele Fehler der Kommissionierung werden in der folgenden Produktion per se aufgedeckt, indem sie diese „ausbremsen" und vielleicht sogar einen Bandstillstand heraufbeschwören. Besonders problematisch sind schleichende Kommissionierungsfehler, die erst nach der Warenauslieferung zum Kunden aufgedeckt werden (und zu Retouren führen):

$$\text{Interne Zurückweisungen (\%)} = \frac{\text{Abgewiesene Kommissionierungen}}{\text{Kommissionierungen insgesamt}}$$

Weiterhin steht die **interne Verzögerungsquote** für verspätete Produktionsprozesse, die – auf Grund einer fehlerhaften Kommissionierung – nicht rechtzeitig eingeleitet werden. Folglich führen Bereitstellungsfehler häufig zu eingeschränkten Belegungszeiten der Maschinen:

$$\text{Interne Back-Logs (\%)} = \frac{\text{Verspätete Produktionsstunden} \times 100}{\text{Produktionsstunden insgesamt}}$$

Abschließend werden unter diesem Gliederungspunkt die Qualitäts- und die Servicekennzahlen einer **Produktion** aufgelistet. Die erste diesbezüglich diskutierte Größe ist die **Verbrauchsabweichung**. Sie ist ein wichtiger Vertreter der Leistungsmessung qualitätsgetriebener Produktionsvorgänge. Signifikante Verbrauchsabweichungen sind Indikatoren für Ineffizienzen entlang des Fertigungsprozesses und belasten den EBIT unmittelbar:

$$\text{Verbrauchsabweichung (\%)} = \frac{\text{Tatsächlicher Verbrauchswert} \times 100}{\text{Geplanter Verbrauchswert}}$$

Überproportional hohe Raten für **Ausschuss und Nacharbeit** (Scrap and Rework) sind Spiegelbilder für Fertigungsdefizite. Allerdings besagen diese Kennzahlen nicht, an *welchen* Produktionsstufen die Fehler aufgetreten sind:

$$\text{Ausschuss- oder Nacharbeitsquote (\%)} = \frac{\text{Maschinenausfallzeit} \times 100}{\text{Gesamtlaufzeit pro Maschine}}$$

Ausfallzeiten (auch „Brachzeiten" genannt) und **Reparaturzeiten** der Maschinen mindern die Produktivität innerhalb einer Wertschöpfungskette. Allerdings erlaubt diese Größe keine Aussage über die Gründe eines potenziellen Bandstillstands. Um den Aussagegehalt der Kennzahlen zu steigern, sind zusätzlich Ausfallkosten oder Reparaturkosten (vgl. unten) von Maschinen zu ermitteln:

$$\text{Maschinenausfallzeit (\%)} = \frac{\text{Maschinenausfallzeit} \times 100}{\text{Gesamtlaufzeit pro Maschine}}$$

Der Leistungstreiber **Ausfall-/Reparaturkosten pro Maschine** ist eine direkte Ergänzung der oben beschriebenen Kennzahl Ausfallzeit (Reparaturzeit) pro Maschine. Durch eine Kombination beider Indikatoren wird eine simultane Zeit- *und* Kostenbetrachtung ermöglicht:

$$\text{Maschinenausfallkosten} = \frac{\text{Maschinenausfallkosten} \times 100}{\text{Gesamtkosten pro Maschine}}$$

5.3.3 Output: Kennzahlen der Distribution

Der Bereich Output richtet sich zum externen Kunden aus. Moderne Lieferketten orientieren sich häufig am Pull-Prinzip („Make-to-Order", „Engineer-to-Order"). Der Wertschöpfungsbeitrag dieses Bereichs ist ausgeprägt, da die Bestandsveredelung bereits abgeschlossen ist. Für den Output sind Fertigwarenbestände

5.3 Kennzahlentypologie der Supply Chain

symptomatisch. Zu den Kennzahlen der Distribution vgl. Cohen und Roussel 2006, S. 310; Krüger 2014, S. 147; Schulte 2017, S. 659; Strigl et al. 2004, S. 171. Eine vornehmliche Aufgabe des Supply Chain Managements besteht in einer adäquaten **Warenzustellung in Richtung Kunde**. Diesbezüglich führt eine geringe Absatzprognosegenauigkeit (beispielsweise auf Grund kurzfristiger Nachfrageschwankungen) zu Ineffizienzen in der Wertschöpfungskette. Daraus resultieren häufig Vorratserhöhungen. Für den Hersteller besteht die Gretchenfrage im Ausloten des latenten Balanceakts zwischen hohem Servicegrad (um auch ungeplante Nachfrageschübe befriedigen zu können) und niedrigem Lagerbestand.

Es sei an dieser Stelle erwähnt, dass unter dem Begriff „Kunde" nicht zwangsweise der ultimative Endverbraucher zu verstehen ist (B2C-Anbindung). Auch zwischengeschaltete Handelsstufen (B2B-Abwicklung, wie der Einzel- oder der Großhandel) stellen ausgewählte Formen einer Kundenanbindung dar. Die Kennzahlen für den Bereich Output werden, analog zu den bisherigen Ausführungen, in die drei Bereiche generische Kennzahlen, Produktivitäts- und Wirtschaftlichkeitskennzahlen sowie Qualitäts- und Servicekennzahlen untergliedert.

5.3.3.1 Generische Kennzahlen

Auf Basis der Kennzahlentypologie beziehen sich die generischen Kennzahlen einer Distribution auf das **Feld III.1**. Wie auch für die Segmente Input und Throughput sind für den Output zunächst absolute **generische** Key Performance Indicators anzugeben. Der folgende Kennzahlenblock zeigt diese Größen in übersichtlicher Form:

> Kundenanzahl (aktuell/potenziell)
> Anzahl Auslieferungen
> Anzahl (Zwischen-) Lagerstätten
> Auftragsvolumen
> Entfernung zwischen Lagerstufen
> Anzahl Lieferanten

Zu den relativen generischen Kennzahlen der Distribution zählen: Umsatz pro Kunde, Eigentransportquote, Order Fulfillment Time, Durchlaufzeit sowie Lagerumschlag Fertigwarenbestand. In dieser Reihenfolge werden die Indikatoren unten beschrieben.

Der **Umsatz pro Kunde** bemisst die Bedeutung des Abnehmers. Die Kennzahl kann für aktuelle und potenzielle Kunden gleichermaßen berechnet werden. Dieser

KPI stellt eine wichtige Größe des Category Managements dar (Warengruppen-Management). Allerdings erfasst diese Kennzahl nicht die Kosten, welche in eine diesbezügliche Analyse einzubeziehen wären. Daher ist der Umsatz pro Kunde möglichst zum *Deckungsbeitrag pro Kunde* zu erweitern. Im B2B-Bereich ist dieser Indikator recht einfach zu berechnen. Sehr viel schwieriger fällt dies für B2C-Abwicklungen:

$$\text{Umsatz pro Kunde (\%)} = \frac{\text{Gesamtumsatz}}{\text{Kundenanzahl}}$$

Die **Eigentransportquote** ist ein wichtiger Leistungstreiber des Flottenmanagements (*Fleet*). Sie gibt den Prozentsatz der Eigentransporte in Richtung Kunde an. Jedoch blendet dieser Key Performance Indicator die jeweils distribuierte Menge aus:

$$\text{Eigentransportquote} = \frac{\text{Anzahl Eigentransporte} \times 100}{\text{Anzahl Fremdtransporte}}$$

Im Rahmen der Ermittlung einer Liefervorlaufzeit **(Order Fulfillment Time)** ist im Rahmen der Warendisposition die Wiederbeschaffungszeit zu beachten. In diesen Key Performance Indicator können – quasi als Unterkennzahlen – die Größen „Perfect Order Fulfillment" sowie „Fill Rate" einfließen. Mit Hilfe der *Lieferbeschaffenheit* (Perfect Order Fulfillment) wird eine Lieferung, neben ihrer zeitlichen Treue, über weitere Faktoren gemessen, die einem Kunden Grund zur Beanstandung geben könnten (Mengen, Spezifikationen, Dokumentationen, Beschädigungen). Die *Lieferbereitschaft* (Fill Rate) gibt hingegen an, inwieweit ein Anbieter in der Lage ist, direkt aus seinem Lager zu distribuieren. Folglich befindet sich eine Fill Rate in einem kontinuierlichen Spannungsfeld zwischen drohenden Lieferengpässen und kapitalintensiver Lagerbevorratung (Opportunitätskosten):

Liefervorlaufzeit = Zeitspanne in Stunden (Tagen/Wochen) zur kompletten Bearbeitung eines Auftrags des Kunden

Die totale **Durchlaufzeit** (Total Cycle Time) bemisst sich vom Auftragseingang bis zur Warendistribution. In diese Kennzahl geht die reine Produktionszeit ein, welche synonym als „Durchlaufzeit im engen Sinn" bezeichnet wird. Wichtige

5.3 Kennzahlentypologie der Supply Chain

Stellhebel der Durchlaufzeit sind: Eigentliche Produktionszeit, Rüstzeit, Ausfallzeit, Aufwärmzeit, Liegezeit, Lagerzeit und Bereitstellungszeit:

> Durchlaufzeit = Zeitspanne in Stunden/Tagen/Wochen) vom Eingang des Auftrags, bis zur Verteilung der Waren.

Eine Zunahme an Fertigwarenbeständen erhöht die Flexibilität von Unternehmen, um rasche Reaktionen auf unerwartete Kundennachfragen bieten zu können. Dieser Zugewinn an Servicegrad wird jedoch – auf Grund einer höheren Kapitalbindung – teuer erkauft. Dieser Zusammenhang kann mit dem **Lagerumschlag Fertigwarenbestand** gemessen werden:

$$\text{Lagerumschlag Fertigwarenbestand} = \frac{\text{Umsatz (Umsatzkosten)}}{\text{Fertigwarenbestand}}$$

5.3.3.2 Produktivitäts- und Wirtschaftlichkeitskennzahlen

In dem **Feld III.2** der Kennzahlentypologie des Supply Chain Managements treffen die beiden Dimensionen Output sowie Kennzahlen zur Messung der **Produktivität und der Wirtschaftlichkeit** aufeinander. Diesbezüglich findet zunächst eine nähere Beschreibung der Auftragsabwicklungsquote statt.

Die **Auftragsabwicklungsquote** dient einer Ermittlung der Produktivität von Mitarbeitern der Disposition. Eine Modifizierung oder eine Ergänzung erfährt dieser Größe, indem im Zähler die Anzahl bearbeiteter Auftrags*positionen* Berücksichtigung findet:

$$\text{Auftragsabwicklungsquote (\%)} = \frac{\text{Bearbeitete Aufträge} \times 100}{\text{Mitarbeiter Auftragsdisposition}}$$

Eine **Versandabwicklungsquote** erhöht den Aussagewert der zuvor diskutierten Auftragsabwicklungsquote. Denn ein abgewickelter Auftrag muss auch zu seiner späteren Versendung gelangen. Doch das bloße Wissen um die Quote von Versendungen besagt nichts hinsichtlich der Schwierigkeiten von Distributionsvorgängen:

$$\text{Versandabwicklungsquote (\%)} = \frac{\text{Anzahl Sendungen} \times 100}{\text{Arbeitstage}}$$

Die nächste herangezogene Kennzahl misst den Kapazitätsauslastungsgrad interner wie externer Transportmittel und Förderzeuge. Mit steigendem **Transportmittelnutzungsgrad** verbessert sich die Fixkostenverteilung durchgeführter Distributionsvorgänge (Skaleneffekt):

$$\text{Transportmittelnutzungsgrad} = \frac{\text{Tatsächliches Transportvolumen}}{\text{Mögliches Transportvolumen}}$$

Mit Hilfe der **Auftragsabwicklungskosten** wird die Wirtschaftlichkeit innerhalb der Distribution gemessen. Mögliche *Kostentreiber* der Auftragsabwicklung sind Personalkosten, IT-Kosten (inklusive Abschreibungen), Mieten und Energiekosten:

$$\text{Auftragsabwicklungskosten} = \frac{\text{Gesamtkosten Auftragsabwicklung}}{\text{Umsatz (pro Monat/pro Jahr)}}$$

Eine Alternative zur Messung der Wirtschaftlichkeit im Output-Bereich liefert die **Versandkostenquote**. Sie dient – insbesondere in Kombination mit den zuvor charakterisierten Auftragsabwicklungskosten – zur Steigerung der Transparenz innerhalb der Distribution. Jedoch empfiehlt es sich, diese rein auf die Kosten ausgerichtete Kennzahl um Mengenangaben zu ergänzen:

$$\text{Versandkostenquote} = \frac{\text{Versandkosten insgesamt}}{\text{Durchgeführte Sendungen}}$$

5.3.3.3 Qualitäts- und Servicekennzahlen

Den Abschluss der Beschreibung von Output-Werttreibern innerhalb einer Supply Chain bilden die **Qualitäts- und Servicekennzahlen** (vgl. Feld III.3 in der Matrix). Grundsätzlich liegt eine umgekehrte Betrachtung der qualitäts- und serviceorientierten Kennzahlen aus dem Bereich Input zu Grunde: Unter Feld I.3 wurde die Lieferantenleistung über Qualitäts- und Servicegrößen gemessen. Unter die-

5.3 Kennzahlentypologie der Supply Chain

sem Gliederungspunkt findet eine umgekehrte Betrachtung statt: Jetzt wird die Liefergüte des Herstellers selbst durch seine Kunden bewertet.

Bezüglich den Möglichleiten zur **Messung** unterscheiden sich die Qualitäts- und die Servicekennzahlen zwischen Beschaffung und Distribution. Die Bestimmung der Lieferantenleistung bereitet keine größeren Probleme, da ein Hersteller die eingehende Leistung seiner Lieferanten jederzeit direkt messen kann. Umgekehrt ist der Hersteller bei der Bewertung seiner ausgehenden Lieferleistungen auf das Feedback des Kunden angewiesen. Erfolgt keine Rückkoppelung, geht der Hersteller in der Regel davon aus, dass seine Lieferung auftragsgemäß abgewickelt wurde.

Der ausgehende **Lieferservicegrad** beschreibt den Prozentsatz fehlerfreier Warensendungen in Richtung Kunde. Gemessen wird die zeitliche, die mengenmäßige und die qualitative Güte:

$$\text{Lieferservicegrad (\%)} = \frac{\text{Auftragsgerechte Auslieferpositionen} \times 100}{\text{Auslieferposition insgesamt}}$$

Eine **Zurückweisungsquote** ermittelt den Prozentsatz an Auslieferungen bezüglich qualitativer, quantitativer oder zeitlicher Defizite der Auslieferungsleistung:

$$\text{Zurückweisungsquote (\%)} = \frac{\text{Zurückgewiesene Auslieferungen} \times 100}{\text{Ausgehende Lieferungen insgesamt}}$$

Die **Verzögerungsquote** zielt ausschließlich auf die *zeitliche* Güte ausgehender Warenlieferungen. Sie bemisst den Prozentsatz verspäteter Distributionsvorgänge:

$$\text{Verzögerungsquote (\%)} = \frac{\text{Verspätete Auslieferungen} \times 100}{\text{Ausgehende Lieferungen insgesamt}}$$

5.3.4 Payment: Kennzahlen der Finanzprozesse

Im Rahmen der Charakterisierung des Supply Chain Managements im Allgemeinen, wie auch bei der Beschreibung des Order-to-Payment-S im Besonderen, wurde die Bedeutung der Finanzströme für ein modernes Lieferkettenmanagement deutlich. In zeitgemäßen Supply Chains spielt die Reduzierung von **Opportunitätskosten** eine große Rolle (entgangene Gewinne). Diesbezüglich fordern die Hersteller zeitnahe Zahlungseingänge von Kundenrechnungen ein. Der Erfolg derartiger Maßnahmen hängt von der Machtkonstellation einer Lieferanten-Kunden-Beziehung ab. Bleiben die Kundenzahlungen über Wochen oder gar Monate aus, findet durch den Hersteller eine Art Vorfinanzierung in Richtung Kunde statt: Es wird quasi ein zinsloser Kredit gewährt.

Bei näherer Betrachtung von Kennzahlen und Kennzahlensystemen der Supply Chain fällt auf, dass sich diese den Finanzströmen kaum oder gar nicht widmen (vgl. Krüger 2014; Reichmann 2017; Schulte 2017). In diese **Lücke** stößt die vorliegende Kennzahlentypologie. Unter Berücksichtigung dieses Wissens werden im Folgenden einige Kennzahlen des Supply Chain Managements näher gewürdigt, welche zur **Bewertung von Finanzströmen** dienen. Analog zu den bisherigen Ausführungen zur Kennzahlentypologie, sind diese Größen in die drei Felder generische Kennzahlen, Produktivitäts- und Wirtschaftlichkeitskennzahlen sowie Qualitäts- und Servicekennzahlen einzuteilen.

5.3.4.1 Generische Kennzahlen

Zu den **generischen Größen** der Finanzströme einer Supply Chain zählen Supply-Chain-Kosten, Skontoquote, Rabattstruktur, Bestellobligo, Liquidität, erweiterter Cash Flow, Working Capital, Cash-to-Cash-Cycle, Economic Value Added (EVA) und Return on Capital Employed (ROCE). In dem **Feld IV.1** der Kennzahlenmatrix finden diese Indikatoren ihren Eingang.

Die gesamten **Supply-Chain-Kosten** sind in Relation zum Umsatz zu messen: Eine absolute Erhöhung der Umsätze bedingt zumeist auch eine Zunahme an Supply-Chain-Kosten. Bei der folgenden Definition ist zu beachten, dass die Auftragsabwicklungskosten, Materialbeschaffungskosten und Bestandskosten voll in die totalen Supply-Chain-Kosten eingehen. Die Finanzierungskosten, Planungskosten und IT-Kosten werden jedoch nur anteilig verrechnet. Zur ihrer Ermittlungsgrundlage wird die *innerbetriebliche Leistungsverrechnung* herangezogen. Doch stellt sich die Frage, welcher prozentuale Anteil dieser Kosten im Einzelfall (pro Organisation) auf die Supply Chain umzulegen ist.

Kennzahlenvergleiche gesamter Supply-Chain-Kosten über ein komplettes Netzwerk sind daher mit Vorsicht zu genießen. Die jeweilige Definition der Supply-Chain-Kosten pro Partner ist diesbezüglich zu hinterfragen. Dennoch wird der Versuch unternommen, Richtwerte für die Praxis zu geben. Gemäß der obigen Begriffsklärung erzielen branchenübergreifend Best-in-Class-Unternehmen *Benchmarks* ihrer Supply-Chain-Kosten zu den Umsätzen zwischen 4 % und 6 %. Durchschnittliche Unternehmen pendeln sich diesbezüglich zwischen 8 % und 11 % ein:

5.3 Kennzahlentypologie der Supply Chain

```
  Auftragsabwicklungskosten
+ Materialbeschaffungskosten
+ Bestandskosten
+ Finanzierungskosten (anteilig)
+ Planungskosten (anteilig)
+ IT-Kosten (anteilig)
= Supply-Chain-Kosten
```

Die **Skontoquote** steht für den Anteil von Einkäufen mit Skontoabzug, welche mit der gesamten Anzahl getätigter Einkäufe einer Organisation ins Verhältnis gesetzt werden. Mit diesem Key Performance Indicator ist zu überprüfen, ob bei der Bezahlung von Lieferantenrechnungen ein Skontobetrag abgezogen wurde. Zum Monitoring dieses Vorgangs bietet es sich an, die Zahlungsbedingungen im Unternehmen zu vereinheitlichen. Ansonsten müsste pro Rechnung überprüft werden, ob die Mitarbeiter im Rechnungswesen bei der Begleichung einer Lieferantenrechnung potenzielle Zahlungsabzüge auch wirklich realisiert haben. Diese Kontrollen würden zur Aufschaukelung der Prozesskosten führen:

$$\text{Skontoquote (\%)} = \frac{\text{Einkäufe unter Abzug von Skonto} \times 100}{\text{Einkäufe insgesamt}}$$

Rabattierte Einkäufe werden insbesondere als Mengenrabatte, Umsatzrabatte, Treuerabatte, Saisonrabatte oder Sonderrabatte gewährt. Diese Kennzahl zeigt den Anteil der rabattierten Einkäufe im Verhältnis zu den insgesamt getätigten Einkäufen. Die Höhe der eingeräumten Rabatte wird mit dieser Größe jedoch nicht verdeutlicht. Eine Ergänzung der Kennzahl um diese Information liegt nahe:

$$\text{Rabattstruktur (\%)} = \frac{\text{Einkäufe mit Rabattgewährung} \times 100}{\text{Einkäufe insgesamt}}$$

Ein **Bestellobligo** beschreibt den Zahlungsausstand eines Unternehmens. Basierend auf einem hohen Bestellüberhang, könnte auf Dauer die Liquidität gefährdet sein: Es drohen zukünftig überproportional hohe Lieferantenverbindlichkeiten:

```
  Bestellbestand
+ Bestellwertzugang
+ Bestandskosten
- Rechnungseingang (per Datum)
= Bestellobligo
```

Die **Liquidität 3. Grades** ist ein geeigneter Indikator, um die Finanzströme in Wertschöpfungsnetzen zu bemessen. In der Berechnung werden Forderungen und Bestände berücksichtigt. Eine Erhöhung des Vorratsvermögens schmälert die Liquidität eines Unternehmens. Die erweiterte Betrachtung der Liquidität dritten Grades erfolgt in der nachstehenden Cash-Flow-Betrachtung:

$$\text{Liquidität 3. Grades} = \frac{\text{Liquide Mittel} + \text{Forderungen} + \text{Bestände}}{\text{Kurzfristige Verbindlichkeiten}}$$

Der **Cash Flow** verkörpert als Kennzahl die Dynamisierung einer statischen Liquidität. Die Kennzahl ist ein Indikator für die Ertragskraft und wird synonym als „Finanzmittelüberschuss" bezeichnet. Wie oben bereits erwähnt wurde, wirken sich Veränderungen von Vorräten und Forderungen auf den erweiterten Cash Flow aus:

```
    Jahresüberschuss
±   Abschreibungen/Zuschreibungen auf Vermögenswerte
+   Veränderungen Rückstellungen
+   Veränderungen Sonderposten mit Rücklageanteil
+   Veränderungen Wertberichtigungen
-   Veränderungen Vorräte
-   Veränderungen Forderungen
-   Veränderungen aktive RAP
-   Aktivierte Eigenleistungen
=   Erweiterter Cash Flow
```

Eine weitere Kennzahl, welche zur Messung der Liquidität eines Unternehmens herangezogen wird, ist das **Working Capital** (hier die Berechnungsmöglichkeit

5.3 Kennzahlentypologie der Supply Chain

Current Ratio). Tendenziell gilt: Je höher das Working Capital ausfällt, desto gesicherter ist die Liquidität. Das Supply Chain Management wirkt insbesondere auf den Zähler. Bestände und Forderungen stellen Komponenten des Umlaufvermögens dar. Ihre Zunahme oder Abnahme beeinflusst direkt das Working Capital. Allerdings werden Bestände (Excess and Obsolete) und Forderungen (Disputes) mit einer Laufzeit größer einem Jahr nicht unter das Working Capital gefasst:

$$\text{Working Capital (\%)} = \frac{\text{Umlaufvermögen (<1 Jahr) x 100}}{\text{Kurzfristige Verbindlichkeiten}}$$

Ein wichtiger Vertreter des Working Capital Managements ist der **Cash-to-Cash-Cycle**. Er bemisst den *Liquiditätskreislauf* in Tagen. Die Zahl soll möglichst klein sein, im Idealfall sogar negativ. In Supply Chains werden durchschnittliche Cash-to-Cash-Zyklen von zwei bis drei Monaten gemessen (vgl. Bartelotti 2021; Heesen 2016). Dieses Ergebnis spiegelt sicher nicht die im Lieferkettenmanagement gern zitierte „Win-Win-Situation". Eher entsteht der Eindruck, dass manche Akteure ihre Marktmacht ausspielen. Sie lassen sich rasch durch ihre Kunden bezahlen, begleichen ihrerseits jedoch die Lieferantenrechnungen erst nach etlichen Wochen oder Monaten. In der Zwischenzeit finanziert der Lieferant den Kunden zinslos vor. Für den Lieferanten ergeben sich Opportunitätskosten, da dieser das Geld zwischenzeitlich nicht anlegen kann.

Neben dem Debitorenmanagement (Days Sales Outstanding) und dem Kreditorenmanagement (Days Payables Outstanding) leitet sich der Liquiditätskreislauf aus der Lagerreichweite (Days on Hand) ab:

> Cash-to-Cas-Cycle = Zeitspanne in Tagen, die sich aus Zahlung des Kunden, Reichweite des Lagers und Rechnung des Lieferanten ableitet (synonym „Kreislauf der Liquidität")

Der **Economic Value Added (EVA)** ist eine absolute Kennzahl im Management von Wertsteigerungen und damit in die Philosophie um den Shareholder Value eingebettet. EVA steht für den Wertbeitrag, den eine Organisation pro Jahr generiert (die Kennzahl EVA weist einen positiven Betrag auf) oder vernichtet (das Ergebnis der EVA-Kalkulation ergibt eine negative Zahl). Das Management innerhalb einer Supply Chain hat unterschiedliche Auswirkungen auf den Economic Value Added.

Dies gilt einerseits für den Net Operating Profit After Tax *(NOPAT)*. Zum Beispiel beeinflussen Materialpreise, Abwertungen auf Bestände, Frachtkosten oder

Abschreibungen auf logistische Assets den operativen Geschäftserfolg direkt. Andererseits übt ein Supply Chain Management Einfluss auf das *Capital* aus. Beispielhaft dafür stehen Make-or-Buy-Entscheidungen im Fleet-Management, Verfahren für Sale-and-Buy-Back oder Sale-and-Lease-Back logistischer Anlagen, sowie Bestands- und Forderungsmanagement:

$$\text{Economic Value Added} = \text{NOPAT} - (\text{Capital} \times \text{WACC})$$

Der **Return on Capital Employed** (Kapitalrendite) ist stellvertretend für die Renditekennzahlen in die Kennzahlentypologie aufgenommen worden. Aus Sicht des Supply Chain Managements sind die Stellhebel zur Beeinflussung von ROCE sowohl im Zähler als auch im Nenner der Kennzahl zu suchen. Ähnlich wie für EVA gilt, dass ein Supply Chain Management auf das Ergebnis der gewöhnlichen, betrieblichen Geschäftstätigkeit (*EBIT*) durch Vorratsabwertungen, Ausschuss- und Nacharbeitsraten, Materialpreise, Abschreibungen sowie Frachtkosten wirkt. Bezogen auf das *eingesetzte Kapital* sind über ein Supply Chain Management Auswirkungen auf Cash-to-Cash-Cycle, Vorratsmanagement oder logistische Sachanlagen abzubilden (zum Beispiel Outsourcing-Entscheidungen im Fuhrpark):

$$\text{ROCE} = \frac{\text{EBIT} \times 100}{\text{Eingesetztes Kapital}}$$

5.3.4.2 Produktivitäts- und Wirtschaftlichkeitskennzahlen

In dem **Feld IV.2** der Kennzahlentypologie einer Supply Chain werden die Inhalte aus dem Bereich Payment zur Erzielung einer **Produktivität oder einer Wirtschaftlichkeit** untersucht. Als erster Indikator wird die Fakturierungsquote näher betrachtet.

Die **Fakturierungsquote** ist ein Indikator für die Produktivität der Finanzströme. Sie bemisst den Prozentsatz ausgestellter und versendeter Kundenrechnungen. Über den Eingang potenzieller Kundenzahlungen gibt die Fakturierungsquote keinen Aufschluss. Daher bietet es sich an, die Fakturierungsquote um die Kennzahl Cash-to-Cash-Cycle zu ergänzen:

$$\text{Fakturierungsquote (\%)} = \frac{\text{Fakturierte Kundenrechnungen} \times 100}{\text{Kundenrechnungen insgesamt}}$$

5.3 Kennzahlentypologie der Supply Chain

Die Herstellungskosten von Unternehmen setzen sich insbesondere aus Materialeinzel- und Materialgemeinkosten sowie Fertigungseinzel- und Fertigungsgemeinkosten zusammen. Sie sind in der Gewinn- und Verlustrechnung abzulesen (direkt unter dem Umsatz). Mit Hilfe der **Materialintensität** wird die Wirtschaftlichkeit des Wareneinsatzes gemessen. Zum Beispiel kann diese überproportional im Vergleich zu den Fertigungskosten ausfallen:

$$\text{Materialintensität} = \frac{\text{Materialkosten} \times 100}{\text{Herstellungskosten}}$$

5.3.4.3 Qualitäts- und Servicekennzahlen

Schließlich wird mit **Feld IV.3** der zwölfte und letzte Bereich der Kennzahlenmatrix einer Supply Chain mit Leben gefüllt. Hier treffen die beiden Dimensionen Payment sowie **Qualitäts- und Servicekennzahlen** aufeinander. Diesbezüglich sind im Folgenden drei KPI näher zu würdigen: Supply Chain Disputes, Cost-Charge-Back-Ratio sowie Inventory Reserve.

In die deutsche Sprache übertragen, ist der Begriff **Disputes** mit „zweifelhaften Forderungen" oder „dubiosen Forderungen" gleichzusetzen. Diese Forderungen besitzen eine lange Restlaufzeit: Treten Fehler in der Supply Chain in Richtung Kunde auf, können Disputes entstehen. Das Ausfallrisiko dieser Forderungen ist größer als 0 % und kleiner als 100 %. Ein Beispiel dafür ist ein Verpackungsschaden: Wenn sich eine Kundenrechnung auf 10.000 Euro beläuft, der Kunde jedoch auf Grund eines Verpackungsschadens nur 8000 Euro überweist, schlagen beim Hersteller Disputes in Höhe von 2000 Euro zu Buche. In der Folge ist abzuklären, ob diese Forderung in Richtung Kunde tatsächlich nicht einholbar ist. Zur Wahrung des kaufmännischen Vorsichtsprinzips und der periodengerechten Ermittlung müssen für dubiose Forderung Wertberichtigungen gebildet werden, die den EBIT direkt belasten:

$$\text{Supply Chain Disputes} = \frac{\text{Supply Chain Disputes} \times 100}{\text{Disputes insgesamt}}$$

Die Kennzahl **Cost-Charge-Back-Ratio** korrespondiert direkt mit den Supply Chain Disputes. Sie kann im Input für Lieferanten und im Output für Kunden bestimmt werden. Zum Teil ist auf Basis eines *Supplier-Rating-Systems* ein Cost-Charge-Back-Verfahren in der Unternehmenspraxis verankert. Dabei entscheidet die Machtkonstellation im Partnergeflecht über die Einsatzmöglichkeiten des Verfahrens. Unter einem Cost-Charge-Back-Verfahren ist zu verstehen, wenn logistische Fehler mit dem Lieferanten zunächst definiert und Strafpunkte („Penaltys") vergeben werden. Auf Basis von Prozesskostensätzen sind diesen Fehlern beim Auftreten automatisch Geldbeträge beizumessen.

Für das *Supply Chain Management* kann ein derartiges Problem in einem defizitären Labeling bestehen. Tritt dieser Fehler auf, wird der vereinbarte Geldbetrag direkt bei der nächsten eingehenden Lieferantenrechnung einbehalten. Dadurch entstehen Disputes erst gar nicht mehr (vgl. oben). Allerdings ist der Kunde zumeist in der Bringschuld, um einen Fehler nachzuweisen:

$$\text{Cost Charge Back Ratio (\%)} = \frac{\text{Einbehaltene Rechnungsbeträge} \times 100}{\text{Wert Lieferantenrechnungen total}}$$

Eine **Inventory Reserve** (Wertberichtigung auf Bestände) wird auf Grund der Ungängigkeit von Vorräten vorgenommen. Diese kann in einer mangelhaften Einlauf- oder Auslaufsteuerung oder einer zu hohen Mindestabnahmemenge begründet liegen. Beispiel: Der Bruttobestand eines Standorts beträgt zehn Millionen Euro. Etliche dieser Vorräte schlagen sich entweder gar nicht mehr (Obsolete) oder nur noch bedingt (Excess) pro Periode um. Für diese Bestände wird eine Wertberichtigung gebildet (hier: zwei Millionen Euro). Folglich beträgt der Nettobestand acht Millionen Euro.

Die *Abwertung* ungängiger Vorräte wirkt sich direkt auf das operative Ergebnis aus (EBIT). Daher ist die Ungängigkeit von Beständen möglichst gering zu halten. Ist der Verkauf von Excess- oder Obsolete-Waren unmöglich, kann in letzter Konsequenz die Verschrottung dieser Sachnummern drohen. Um dabei den Effekt in Richtung EBIT abzufedern, schreibt das kaufmännische Vorsichtsprinzip die Bildung von Wertberichtigungen vor. Die folgende Kennzahl „Inventory Reserve" spiegelt die Höhe dieser **Wertberichtigung** auf Grund von Ungängigkeit:

	Bruttobestand (Gross Inventory)
+	Wertberichtigung (Inventory Reserve)
=	Nettobestand (Net Inventory)

5.3.5 Kennzahlentypologie im Überblick

Die hier vorgeschlagene Typologie zur Einordnung von Kennzahlen des Supply Chain Managements besitzt **zwei Dimensionen**:

5.3 Kennzahlentypologie der Supply Chain

- Eine erste Perspektive zeigt den Bezug der Kennzahlen zur **Wertschöpfung** auf. Mit steigender Wertgenerierung werden die Supply-Chain-Segmente Input (Beschaffung), Throughput (Lagerung, Kommissionierung, Produktion) sowie Output (Distribution) unterschieden. Diese werden um eine Payment-Betrachtung erweitert: Denn in einer Wertschöpfungskette sind auch die Finanzströme zu berücksichtigen (Vermeidung von Opportunitätskosten).
- Unter die zweite Dimension sind unterschiedliche **Arten von Supply-Chain-Kennzahlen** gefasst. Sie setzen sich aus generischen Indikatoren (Strukturindikatoren), Produktivitäts- und Wirtschaftlichkeitsgrößen sowie Kennzahlen zur Bewertung von Supply-Chain-Qualität und Supply-Chain-Service zusammen.

Aus diesen beiden Betrachtungsebenen ergeben sich in einer **Matrix** zur Supply-Chain-Typisierung zwölf verschiedene Betrachtungsfelder. Abb. 5.10 fasst die oben ausführlich beschriebenen Einzelkennzahlen in übersichtlicher Weise zusammen. Es versteht sich, dass dieser Ansatz keinen Anspruch auf Vollständigkeit

Wertschöpfung \ Kennzahlenart	Generische Kennzahlen		Produktivitäts- und Wirtschaftlichkeitskennzahlen	Qualitäts- und Servicekennzahlen
Input - Beschaffung	- Einkaufsteile - Einkaufsvolumen - Lieferantenanzahl	- Preisindex - Volumenstruktur - Maverick Buying	- Sendungen täglich - Annahmezeit - WEK pro Tag - WEK-Kosten	- Servicegrad (extern) - Zurückweisungsquote - Verzugsquote
Throughput - Lagerung - Beistellung - Fertigung	- Sachnummern - Kommissionierungen - Flächennutzung - Disponierte Teile - Lagerkostensatz - Auftragseingänge - Upside Prod. Flexib. - Lagerflächenanteil - Automatisierungsgrad - Auftragsvolumen	- Gelagerte Teile - Reichweite - Lagerumschlag - Vorratsquote - Recyclingquote - Fertigungstiefe - Flächenanteil - Lagervorgänge - Verpackungen	- Lagerbewegungen - Raumnutzungsgrad - Lagerplatzkosten - Lagerbewegungskosten - Anzahl Kommissionierung - Kosten Kommissionierung - Auftragseingänge - Bestandskonten - Maschinennutzungsgrad - Bearbeitungskosten - Dispositionskosten	- Excess and Obsolete - Lagerverlust - Servicegrad (intern) - Zurückweisungsquote - Verzögerungsquote - Verbrauchsabweichung - Ausschuss oder Nacharbeit - Ausfall oder Reparatur
Output - Distribution	- Umsatz pro Kunde - Auslieferungen - Anzahl Lagerstätten - Auftragsvolumen - Eigentransportquote	- Kundenanzahl - Durchlaufzeit - Lagerumschlag - Order Fulfillment - Lagerstufen	- Auftragsabwicklungskosten - Versendungen pro Tag - Nutzungsgrad - Versandkosten	- Servicegrad (Extern) - Zurückweisungsquote - Verzugsquote
Payment - Finanzen	- Supply-Chain-Kosten - Skontoquote - Rabattierungsquote - Working Capital - Cash-to-Cash-Cycle	- Cash Flow - EVA - ROCE - Liquidität - Bestellobligo	- Fakturierungsquote - Materialintensität	- Supply Chain Disputes - Cost-Charge-Back-Rate - Inventory Reserve

Abb. 5.10 Indikatoren der Kennzahlentypologie einer Supply Chain

erhebt. Je nach Branchenbezug oder spezifischer Problemstellung, kann sich die Notwendigkeit zur **Modifizierung** dieser Typisierung ergeben.

5.4 Ausgewählte Visualisierungsformen des Kennzahlenmanagements

Mit diesem Gliederungspunkt finden die Gedanken des Kennzahlenmanagements in modernen Supply Chains ihre Abrundung. Die oben diskutierte Typisierungsmöglichkeit für ein Lieferkettenmanagement dient der inhaltlichen Einordnung einzelner Leistungstreiber in ein übergeordnetes Kennzahlensystem. Dadurch erschließen sich in der Supply Chain **synergetische Potenziale**: Die Einzelkennzahlen verdichten sich in der Kennzahlenmatrix in zwölf Cluster. Sie gewinnen in Summe an struktureller Relevanz, verglichen mit dem isolierten Aussagewert einzelner Indikatoren.

Einen zusätzlichen Schub an Transparenz erfährt das diskutierte Kennzahlensystem, indem etliche Größen daraus **visualisiert** werden. Dazu sind in den nachstehenden Gliederungspunkten der Werttreiberbaum und der Kennzahlenradar zu beschreiben (vgl. Werner 2020, S. 446). Die Auswahlkriterien für diese beiden grafischen Darstellungsformen des Kennzahlenmanagements sind ihr Pragmatismus und ihr wissenschaftlicher Anspruch.

5.4.1 Werttreiberbaum (Value Driver Tree)

Die Idee zur Generierung von Werttreiberbäumen ist auf das Du-Pont-Schema zurückzuführen, das seinerzeit zur Ermittlung der Größe **Return on Investment** (ROI) entwickelt wurde. Die Erstellung von Werttreiberbäumen ist generisch und funktionsbereichsbezogen denkbar. Neben dem Supply Chain Management können Werttreiberbreiberbäume auch in der Produktion oder dem Vertrieb eingesetzt werden. Ebenso eignet sich der Aufbau von Werttreiberbäumen, wenn es um Darstellungen hinsichtlich des Shareholder Value geht.

▶ Im Rahmen der Erarbeitung moderner **Werttreiberbäume** wurde aus dem ROI-Schema der Grundgedanke abgekupfert, Kennzahlen innerhalb eines Bezugsrahmens analytisch oder sachlogisch miteinander zu verknüpfen. Dabei verdichten sich einzelne Kennzahlen im Werttreiberbaum zu einem Spitzenwert *(„Wurzelknoten")*. Die einzelnen Kennzahlen in dem Baum beeinflussen den Wurzelknoten direkt oder indirekt, sie „treiben" dessen Wert.

5.4 Ausgewählte Visualisierungsformen des Kennzahlenmanagements

Zur Simulation von Supply-Chain-Aktivitäten auf die Entwicklung eines Wurzelknotens bieten sich IT-Lösungen an. Einige Beratungsgesellschaften haben dazu spezielle Software entwickelt. Stellvertretend sei hier auf das Tool „Business Planning and Simulation" von *SAP* verwiesen, welches die **Simulation** von Werttreiberbäumen mit dem Tool *„Business Warehouse – Business Planning Simulation (BW-BPS)"* ermöglicht.

Bei näherer Betrachtung von Werttreiberbäumen tauchen als mögliche Wurzelknoten die **Spitzengrößen** EBIT, Shareholder Value, Economic Value Added, Return on Capital Employed und Discounted (Free) Cash Flow auf. In Abgrenzung zum tradierten ROI-Baum, werden in die Berechnung dieser Wurzelknoten nicht länger rein monetäre Indikatoren einbezogen. Vielmehr können auch „**Non-Financials**" (qualitative Indikatoren) als Einflussgrößen in Werttreiberbäumen berücksichtigt werden. Beispielhaft dafür stehen die „Non-Financials" Kundenbindung, Image, Technologie, Innovation, Mitarbeiter und Qualität. Die Erstellung von Werttreiberbäumen ist eng mit Überlegungen zum **Performance Measurement (Performance Management)** verknüpft. Dieser Tatbestand überrascht nicht sonderlich: Beide Konzepte sind bekanntlich darum bemüht, auch nicht-monetäre Größen in ihre Darstellung einzubeziehen. Anders ausgedrückt, stellt der Werttreiberbaum ein Hilfsmittel dar, das den Beitrag qualitativer Indikatoren zur Schaffung oder Vernichtung finanzieller Ergebnisse („Werte") visualisiert.

In der Folge werden **zwei Beispiele** zur Generierung von Treiberbäumen herangezogen. Der erste Fall ist generisch gehalten. Er bezieht sich auf die rein mathematische Ermittlung eines Economic Value Added (EVA) in einem Werttreiberbaum. Das zweite Beispiel ist speziell auf das Supply Chain Management zugeschnitten, dessen mögliche Wirkungshebel auf den Knoten Return on Capital Employed (ROCE) aufgezeigt werden.

5.4.1.1 Werttreiberbaum über den Knoten EVA

Der Werttreiberbaum zur Berechnung des Wurzelknotens **Economic Value Added** ist in Abb. 5.11 dargestellt. Ausgenommen von Prozentwerten, gelten folgende Zahlenangaben in Millionen Euro. In Summe verdichtet sich der Spitzenwert Economic Value Added (EVA) auf 1,2 Millionen Euro. Mit Hilfe dieses monetären Werttreiberbaums wird das Zustandekommen von EVA visualisiert. Die Überleitung auf den Wurzelknoten ist in fünf verschiedene Arbeitsebenen zu zerlegen:

- **Arbeitsebene 1/Arbeitsebene 2**: Der Wurzelknoten **Economic Value Added** beträgt in Summe 1,2 Millionen Euro. Dieses Resultat berechnet sich aus der Subtraktion der Kapitalkosten (Capital Charge) vom Nettobetriebsergebnis nach Steuern (NOPAT). Dabei arbeiten sich zwei Stränge zur Berechnung von

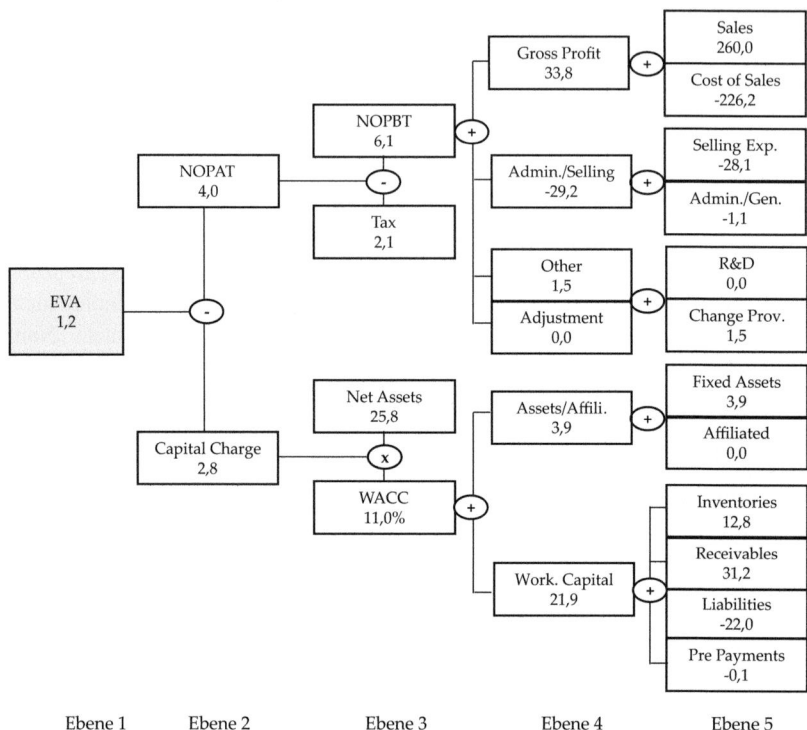

Abb. 5.11 Werttreiberbaum über den Economic Value Added

EVA heraus: Der obere Bereich (NOPAT) berechnet sich aus Werten der Gewinn- und Verlustrechnung. Der untere Zweig (Capital Charge) bezieht sich auf Bilanz-Positionen:

EVA = NOPAT - Capital Charge
EVA = 4,0 - 2,8
EVA = 1,2
Legende: Alle Zahlen in Millionen € (ausgenommen Prozentwerte)

- **Arbeitsebene 3 (oberer Strang)**: Die Größe **NOPAT** berechnet sich aus der Subtraktion der (Ertrag-) Steuern von einem NOPBT (Net Operating Profit be-

5.4 Ausgewählte Visualisierungsformen des Kennzahlenmanagements

fore Tax), dem Nettobetriebsergebnis vor Steuern. In diesem Werttreiberbaum beläuft sich im oberen Zweig der NOPAT auf 4,0 Millionen Euro:

NOPAT = NOPBT - TAX
NOPAT = 6,1 - 2,1
NOPAT = 4,0

Legende: Alle Zahlen in Millionen € (ausgenommen Prozentwerte)

Arbeitsebene 3 (unterer Strang): Bei der Ermittlung von Kapitalkosten (**Capital Charge**) im unteren Strang ist ein Bezug zwischen Net Assets sowie Weighted Average Cost of Capital herzustellen. Die Net Assets leiten sich aus dem insgesamt investierten Kapital ab. Im Rahmen der Gewinnerzielung fallen Kapitalkosten an. Diese spiegeln sich in dem Weighted Average Cost of Capital, dem gewichteten Eigen- und Fremdkapitalkostensatz. Die Net Assets (25,8) wurden mit dem WACC von 11,0 % multipliziert und durch 100 geteilt. Die Kapitalkosten belaufen sich in Summe auf 2,8 Millionen Euro:

$$\text{Capital Charge} = \frac{\text{Net Assets} \times \text{WACC (\%)}}{100}$$

$$\text{Capital Charge} = \frac{25{,}8 \times 11{,}0 \,(\%)}{100}$$

Capital Charge = 2,8

Legende: Alle Zahlen in Millionen € (ausgenommen Prozentwerte)

- **Arbeitsebene 4 (oberer Strang)**: Wie beschrieben entstammen die Zahlen des oberen Zweigs dieses Werttreiberbaums der Erfolgsrechnung. Diesbezüglich ist auf vierter Arbeitsebene die Berechnung der Größe **NOPBT** hervorzuheben. Sie beläuft sich auf 6,1 Millionen Euro. Das Nettobetriebsergebnis vor Steuern setzt sich aus dem Rohertrag (Gross Profit/33,8), allgemeinen Vertriebs- und Verwaltungsaufwendungen (Selling and Administration/-29,2), sonstigen Aufwendungen und Erträgen (Other/1,5) sowie Abgrenzungen (Adjustment/0,0) zusammen:

NOPBT = Gross Profit + Selling/Adm. + Other + Adjustment
NOPBT = 33,8 - 29,2 + 1,5 + 0,0
NOPBT = 6,1
Legende: Alle Zahlen in Millionen € (ausgenommen Prozentwerte)

- **Arbeitsebene 4 (unterer Strang)**: In dem unteren Strang des Werttreiberbaums bedarf die Zusammensetzung der **Net Assets** näherer Betrachtung. Diese addieren sich auf 25,8 Millionen Euro. Sie setzen sich aus dem Anlagevermögen (Fixed Assets/3,9), inklusive den Beteiligungen an verbundenen Unternehmen (Affiliated Companies), sowie dem Working Capital (21,9) zusammen:

Net Assets = Fixed Assets/Affiliated + Working Capital
Net Assets = 3,9 + 21,9
Net Assets = 25,8
Legende: Alle Zahlen in Millionen € (ausgenommen Prozentwerte)

- **Arbeitsebene 5 (oberer Strang)**: Schließlich ist die fünfte Arbeitsebene zu kennzeichnen. Analog zu den bisherigen Darstellungen wird zunächst der obere Zweig der Gewinn- und Verlustrechnung diskutiert. Der Rohertrag (**Gross Profit**/33,8) ergibt sich aus der Verrechnung von Umsatz (Sales/260,0) und Herstellungskosten des Umsatzes (Cost of Sales/-226,2). Wie sich von ihrer Semantik ableiten lässt, berechnen sich die Vertriebs- und allgemeinen Verwaltungsaufwendungen (**Selling and Administration**/-29,2) aus den Vertriebsaufwendungen (Selling/-28,1) sowie den Verwaltungsaufwendungen (General/-1,1). Weiterhin bedürfen die sonstigen Aufwendungen (**Other**/1,5) einer näheren Betrachtung. Sie addieren sich aus Forschungs- und Entwicklungsaufwendungen (Research and Development/0,0) und sonstigen betrieblichen Erträgen (Change in Provision/1,5):

5.4 Ausgewählte Visualisierungsformen des Kennzahlenmanagements

> Gross Profit = Sales + Cost of Sales
> Gross Profit = 260,0 + (-226,2)
> Gross Profit = 33,8
> Selling/Administration = Selling + Administration
> Selling/Administration = (-28,1) + (-1,1)
> Selling/Administration = (-29,2)
> Other = R&D + Change in Provision + Other
> Other 0,0 + 1,5
> Other = 1,5
> Legende: Alle Zahlen in Millionen € (ausgenommen Prozentwerte)

- **Arbeitsebene 5 (unterer Strang)**: Die Bilanzposition **Fixed Assets and Affiliated** (Anlagevermögen und Beteiligungen an verbundenen Unternehmen/3,9) berechnet sich aus eben jenen beiden Größen, wobei sich die Fixed Assets auf den Wert 3,9 und die Investments in Affiliated Companies auf 0,0 belaufen. Das **Working Capital** (21,9) setzt sich aus Beständen (Inventories/12,8), Forderungen (Receivables/31,2), Verbindlichkeiten (Liabilities/-22,0) sowie Vorauszahlungen (Prepayments/-0,1) zusammen:

> Fixed Assets/Affiliated = Fixed Assets + Affiliated
> Fixed Assets/Affiliated = 3,9 + 0,0
> Fixed Assets/Affiliated = 3,9
> Working Capital = Inventories + Receivables + Liabilities + Prepayments + Other
> Working Capital = 12,8 + 31,2 + (-22,0) + (-0,1)
> Working Capital = 21,9
> Legende: Alle Zahlen in Millionen € (ausgenommen Prozentwerte)

Der Werttreiberbaum über den **Economic Value Added** (vgl. Abb. 5.11) ist ein operatives Hilfsmittel des Managements im Allgemeinen und des Supply Chain Controllings im Speziellen. Diese Darstellung untermalt das mathematische Zustandekommen von EVA. Sie ermöglicht auch einem „Nicht-Kaufmann" die rasche Erfassung betriebswirtschaftlicher Sachverhalte. Wenn sich der Economic Value Added als positive, absolute Zahl präsentiert, ist sofort zu erkennen, dass die

Organisation einen Wertzuwachs geschaffen hat (et vice versa). Auf Basis der Dekomposition des Werttreiberbaums ist die Berechnung dieses finanziellen Ergebnisses auf einen Blick ablesbar.

Doch diese stringente und strikt mathematisch-logische Darstellung des Werttreiberbaums über den Wurzelknoten EVA stößt auch an **Grenzen**. Zum Beispiel findet eine Berücksichtigung immaterieller Werte kaum statt. Beispielhaft dafür steht eine mögliche Aktivierung von Forschungs- und Entwicklungsleistungen, welche nicht direkt in diesem Baum abzulesen ist.

Weiterhin erfolgt die Darstellung nur zu einem bestimmten Zeitpunkt. Es ist somit eine **statische Betrachtung** mit Vergangenheitsbezug, die nichts über das Entwicklungspotenzial einer Organisation besagt. Diese Aussage wäre für einen Konkurrenzvergleich jedoch wünschenswert. Schließlich zeigt der Werttreiberbaum nicht, ob ein Cash-out-Syndrom vorliegt: Ob betriebsnotwendige Investitionen unterlassen worden, um EVA künstlich „schönzurechnen".

5.4.1.2 Werttreiberbaum über den Knoten ROCE

Nachdem zuvor ein generischer Werttreiberbaum über den Wurzelknoten Economic Value Added beschrieben wurde, findet sich unter diesem Gliederungspunkt die Diskussion um einen Supply-Chain-spezifischen Ansatz. In Abb. 5.12 sind die Inhalte in übersichtlicher Form dargestellt. Ein wesentlicher Unterschied zu der Berechnung über EVA ist sofort ersichtlich: Der allgemein gültige Werttreiberbaum über EVA ist eine ausschließlich quantitative Darstellung („vollmathematische" Ermittlung). Im Gegensatz dazu finden sich in dem Supply-Chain-affinen Baum über den Wurzelknoten ROCE zusätzlich **qualitative Einflussfaktoren** („weiche Determinanten"). Analog zu dem Wurzelknoten Economic Value Added (EVA) werden im Folgenden die verschiedenen Arbeitsebenen des Werttreiberbaums, mit der Spitzenkennzahl Return on Capital Employed (ROCE), charakterisiert:

- **Arbeitsebene 1/Arbeitsebene 2**: Im Ergebnis beläuft sich der Wurzelknoten Return on Capital Employed (**ROCE**) auf 13,63 %. Dieser Wert errechnet sich aus der Division des operativen Ergebnisses (EBIT, 30,0 Millionen Euro) zum eingesetzten Kapital (Capital Employed, 220,0 Millionen Euro). Wie auch bei der Diskussion um EVA, gibt es zwei Berechnungsstränge. Der obere Zweig über den EBIT basiert auf der Verrechnung von Aufwendungen und Erträgen aus der Gewinn- und Verlustrechnung (Erfolgsrechnung). Im unteren Strang (Capital Employed) finden sich die betriebsnotwendigen Vermögensgegenstände und Kapitalpositionen aus der Bilanz:

5.4 Ausgewählte Visualisierungsformen des Kennzahlenmanagements

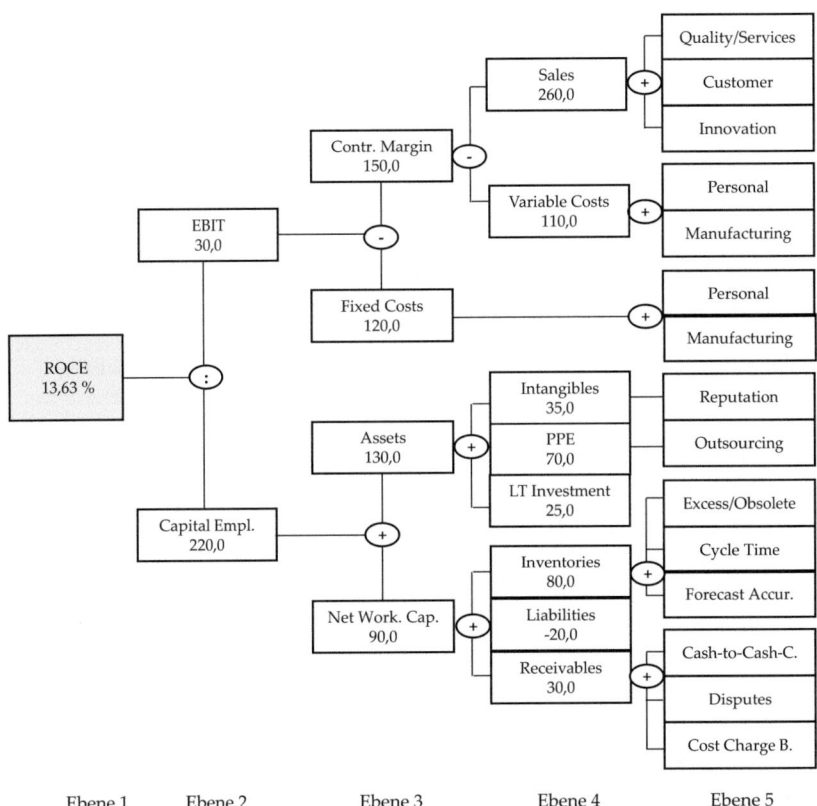

Abb. 5.12 Werttreiberbaum über den Return on Capital Employed

$$ROCE = \frac{EBIT \times 100}{Capital\ Employed}$$

$$ROCE = \frac{30{,}0 \times 100}{220{,}0}$$

ROCE = 13,63 %

Legende: Alle Zahlen in Millionen € (ausgenommen Prozentwerte)

- **Arbeitsebene 3 (oberer Strang)**: Zunächst erfolgt wiederum eine konzise Kennzeichnung des oberen Abschnitts des Treiberbaums. Aus der Gewinn- und Verlustrechnung lassen sich die **Earnings before Interest and Taxes** ablesen. Ihre Ermittlung erfolgt über die Subtraktion der Fixkosten (Fixed Costs/120,0) vom Deckungsbeitrag I (Contribution Margin/150,0). Das Betriebsergebnis beträgt 30,0 Millionen Euro:

EBIT = Contribution Margin - Fixed Costs
EBIT = 150,0 - 120,0
EBIT = 30,0
Legende: Alle Zahlen in Millionen € (ausgenommen Prozentwerte)

- **Arbeitsebene 3 (unterer Strang)**: Das eingesetzte Kapital (**Capital Employed**) setzt sich aus dem Anlagevermögen (Fixed Assets/130,0) sowie dem Net Working Capital (90,0) zusammen. Die Berechnung dieser beiden Werttreiber des eingesetzten Kapitals stammt aus der Bilanz:

Capital Employed = Fixed Assets + Net Working Capital
Capital Employed = 130,0 + 90,0
Capital Employed = 220,0
Legende: Alle Zahlen in Millionen € (ausgenommen Prozentwerte)

- **Arbeitsebene 4 (oberer Strang)**: Auf dieser vierten Arbeitsebene zur Ermittlung der Kennzahl Return on Capital Employed ist die Aggregation des Deckungsbeitrags I (**Contribution Margin**/150,0) erklärungsbedürftig. Dieser berechnet sich durch die Subtraktion der variablen Kosten (Variable Costs/110,0) von den Umsatzerlösen (Sales/260,0):

Contribution Margin = Sales - Variable Costs
Contribution Margin = 260,0 - 110,0
Contribution Margin = 150,0
Legende: Alle Zahlen in Millionen € (ausgenommen Prozentwerte)

5.4 Ausgewählte Visualisierungsformen des Kennzahlenmanagements

- **Arbeitsebene 4 (unterer Strang):** Das Anlagevermögen (**Fixed Assets**/130,0 Millionen Euro) des unteren Bilanzstrangs berechnet sich aus immateriellen Vermögensgegenständen (Intangibles/35,0), Sachanlagen (Property, Plant, Equipment/70,0) sowie Finanzanlagen (Longterm Investments/25,0). Auf diesem Ast des Wertreiberbaums bedarf weiterhin die Zusammensetzung des **Net Working Capital** einer näheren Betrachtung. Das Net Working Capital addiert sich auf 90,0 Millionen Euro. Seine Komponenten sind Bestände (Inventories/80,0), Forderungen (Receivables/30,0) sowie unverzinsliche Verbindlichkeiten (Liabilities/-20,0):

Fixed Assets = Intangibles + Property, Plant, Equipment + Longterm Inv.
Fixed Assets = 35,0 + 70,0 + 25,0
Fixed Assets = 130
Net Working Capital = Inventories + Receivables + Liabilities
Net Working Capital = 80,0 + 30,0 + (-20,0)
Net Working Capital = 90,0
Legende: Alle Zahlen in Millionen € (ausgenommen Prozentwerte)

- **Arbeitsebene 5 (oberer Strang):** Besondere Beachtung gebührt schließlich der fünften Arbeitsebene dieses Werttreiberbaums. Die dort aufgeführten Einflussfaktoren stellen eine Mischung quantitativer sowie qualitativer Leistungstreiber dar. Für das Management einer Supply Chain sind in diesem Kontext zunächst ausgewählte Faktoren für den Umsatz (Sales) herauszuarbeiten. Die erste Einflussgröße auf den Umsatz wird in den qualitäts- wie serviceorientierten Kennzahlen (Quality/Services) Lieferservicegrad, Zurückweisungsquote und Verzögerungsquote gesehen. Die Beschreibung dieser drei Indikatoren erfolgte bereits ausführlich bei der Charakterisierung der Kennzahlentypologie des Supply Chain Managements. Das nächste Feld, welches mit einem Beeinflussungspotenzial für den Umsatz versehen ist, wird als „Customer" bezeichnet. Darunter fallen Indikatoren wie Kundenzufriedenheit und -treue, Kundenakquisitionsrate, Neukunden-Altkunden-Relation, Cross-Selling-Anteil, Marktdurchdringung, Marktanteil, Marktvolumen oder Kundendeckungsbeitrag. Schließlich wird die Einflussdeterminante „Innovation" beeinflusst von der Innovationsakzeptanz durch Kunden, Neuprodukte-Altprodukte-Relation, Floprate, patentierte Erfindungen pro Periode oder umgesetzten Verbesserungsvorschlägen pro Mitarbeiter. So interessant diese weichen Faktoren für ein Supply Chain Management auch sind, fällt es jedoch schwer, sie in ein „Kostenkorsett" zu zwängen. Dieses Problem stellt sich hingegen für die eher klassischen Einflussfaktoren variable Kosten (**Variable Costs**/110,0) und Fixkosten (**Fixed Costs**/120,0) nicht. Diese bestimmen sich jeweils aus den Personalkosten und den Fertigungskosten, wobei letztere einschließlich der Materialpreise zu verstehen sind:

> Sales = Quality/Services + Customer + Innovation
> Variable Costs = Personal + Manufacturing
> Fixed Costs = Personal + Manufacturing

- **Arbeitsebene 5 (unterer Strang)**: Zunächst werden die Bestimmungsgrößen des Anlagevermögens (**Fixed Assets**/130,0 Millionen Euro) detailliert gekennzeichnet, das direkt in die Kalkulation des eingesetzten Kapitals eingeht (der Nenner von ROCE). Die Fixed Assets setzen sich aus Intangibles, Property, Plant, Equipment sowie Longterm Investments zusammen. Hinsichtlich der immateriellen Vermögenswerte (**Intangibles**/35,0) wird ein Beeinflussungspotenzial in der Reputation gesehen. Nicht zuletzt steht und fällt der Goodwill von Organisationen mit ihrem Image (dies kann über „Sustainability" aufpoliert sein). Die Gewinnung von Meinungsführern ist ebenso von Interesse. In einem Supply Chain Management werden die Sachanlagen (**Property, Plant, Equipment**/70,0) durch Aktivitäten in Richtung Outsourcing oder Offshoring beeinflusst. Darunter fallen Fleet Management (Fuhrpark), Sale-and-Buy-Back, Sale-and-Lease-Back logistischer Assets, Facility Management (Gebäude) und Förderzeuge. Schließlich sind die Einflussfaktoren auf das **Net Working Capital** näher zu beschreiben. Dieses besteht aus Inventories, Receivables sowie Liabilities. Auf die erste Komponente, das **Vorratsvermögen** (Inventories/80,0) wirkt die Excess-and-Obsolete-Ratio. Ungängige Bestände belasten das Net Working Capital. Möglichkeiten zur Reduzierung von Slow Movern liegen in der Einlauf- und Auslaufsteuerung sowie niedrigeren Mindestabnahmemengen. Weiterhin bestimmt die Durchlaufzeit (Cycle Time) die Bestandshöhe. Diesbezügliche Optimierungsreserven liegen in Bearbeitungszeiten, Liegezeiten, Rüstzeiten, Lagerzeiten oder Stillstandzeiten. Das Feld Forecast Accuracy (Absatzprognosegenauigkeit) beeinflusst ebenfalls die Vorratshöhe. Dieser Werttreiber zeigt, inwieweit es sich um „schwierige" Kunden handelt, die schlecht planbar sind, indem sie ihre Bestellungen häufig ändern. Für die Supply Chain sind gravierende Schwankungen in den Kundenbestellungen ein großes Problem. Auf die Forderungen (**Receivables**/30,0) wirken die Key Performance Indicators Cash-to-Cash-Cycle, Disputes sowie Cost-Charge-Back:

5.4 Ausgewählte Visualisierungsformen des Kennzahlenmanagements

Intangibles = Reputation
Property, Plant, Equipment = Outsourcing
Inventories = Excess/Obsolete + Cycle T. + Sales Acc. + Cust. Beh.
Receivables = Cash-to-Cash-Cycle + Disputes + Cost-Charge-Back

Der oben beschriebene Werttreiberbaum über den Wurzelknoten **Return on Capital Employed** (ROCE) besitzt eine ausgeprägte Affinität zum Supply Chain Management (vgl. Abb. 5.12). Dies gilt insbesondere für die fünfte Arbeitsebene. Hier finden sich einerseits quantifizierbare Größen, wie Personalkosten oder Fertigungskosten. Andererseits beziehen sich auch qualitative Supply-Chain-Einflussfaktoren auf diesen Bereich. Die Visualisierung dieser Supply-Chain-Stellhebel in einem Werttreiberbaum ist eine interessante Basis für die Einleitung von Kommunikationsprozessen: Der Werttreiberbaum dient als Diskussionsgrundlage.

Mit Hilfe dieser beschriebenen Einflussfaktoren des Supply Chain Managements auf die Rendite eines Unternehmens wird (verglichen mit dem generischen Baum über EVA) ein großer Schritt getätigt: EVA berechnet sich ausschließlich aus quantitativen Werten, welche den Sekundärquellen Erfolgsrechnung und Bilanz zu entnehmen sind. Dadurch ist die Kalkulation des oben beschriebenen Economic Value Added streng monetär geprägt. Weiche Beeinflussungspotenziale blendet der Ansatz aus. In diese Lücke stößt der Werttreiberbaum über den Return on Capital Employed: In der **Kombination qualitativer und quantitativer** Indikatoren liegt sein besonderer Vorteil: Jetzt ist es auch möglich, Attribute des Supply Chain Relationship Managements abzudecken.

Ein **Problem** der Werttreiberermittlung über ROCE stellt sich allerdings ein, wenn diese beschreibenden Faktoren einer „Zwangsquantifizierung" unterworfen sind. Denn für einen „Finanzmann" sind diese Einflussfaktoren des Supply Chain Managements ganz sicher interessant. Der Controller weiß, dass sich die Genauigkeit der Absatzprognose, wie auch das Bestellverhalten von Kunden, auf die Höhe des Vorratsvermögens auswirken. Doch er wird konkret wissen wollen, *in welcher Höhe* sich diese Effekte auf die Rendite auswirken.

5.4.2 Kennzahlenradar

Der Kennzahlenradar ist eine alternative Visualisierungsform im Supply-Chain-Kennzahlenmanagement. Synonym wird er als **„Spinnenbild"** bezeichnet. In einem Kennzahlenradar sind für ausgewählte Indikatoren Abweichungen von Soll-Werten zu Ist-Werten grafisch dargestellt. Um den Betrachter nicht mit Informationen zu überschütten, werden in ein solches „Spinnbild" möglichst nicht mehr als acht Kenngrößen aufgenommen.

Die weiteren Überlegungen beziehen sich auf einen Kennzahlenradar, der sich speziell auf eine Wertschöpfungskette ausrichtet. Seine Erarbeitung ist dem Anspruch größtmöglicher **Ausgewogenheit** geschuldet. So sollen die identifizierten Indikatoren unterschiedliche Ziele in der Supply Chain gleichzeitig abdecken (Kosten, Zeit, Qualität, Agilität). In diesem Kontext werden die nachstehenden acht Key Performance Indicators in den Radar integriert, wobei, je nach Branchenbezug und Wettbewerbssituation, im Einzelfall die Kennzahlen differieren können:

- **Kundenausgerichteter Lieferservicegrad** (qualitative, quantitative sowie zeitliche Messung der Lieferleistung in Richtung Kunde)
- **Frachtkosten** (inklusive Auftragsabwicklungskosten)
- **Turn Rate** (Bestandsindikator)
- **Cash-to-Cash-Cycle** (zur Ermittlung von Opportunitätskosten)
- **Ausschussrate** (als produktionslogistischer Qualitätswert)
- **Preisindex** (die Schnittstelle zum Einkauf)
- **Durchlaufzeit** (gemessen vom Auftragseingang bis zur Warenauslieferung)
- **Eingangseitiger Lieferservicegrad** (das Pendant des kundenausgerichteten Lieferservicegrads, zur Bewertung der Lieferantenleistungen)

In Abb. 5.13 wird deutlich, dass in dem „Spinnbild" die ausgewählten Leistungsgrößen einer Supply Chain jeweils Punkte von „eins" bis „fünf" erzielen können. Dabei gilt folgende **Bewertung**:

- 1 Punkt: Sehr schlecht erfüllt
- 2 Punkte: Schlecht erfüllt
- 3 Punkte: Befriedigend erfüllt
- 4 Punkte: Gut erfüllt
- 5 Punkte: Sehr gut erfüllt

Während die durchgezogene Linie in dem Radar die Plan-Werte visualisiert, steht die gestrichelte Linie für die Ist-Größen. Folgende **Interpretationen** leiten sich für die acht Indikatoren ab:

- **Kundenausgerichteter Servicegrad**: Aus einem Plan – zum Beispiel dem Budget – geht die Forderung nach der Erzielung eines sehr guten Lieferservice-

5.4 Ausgewählte Visualisierungsformen des Kennzahlenmanagements

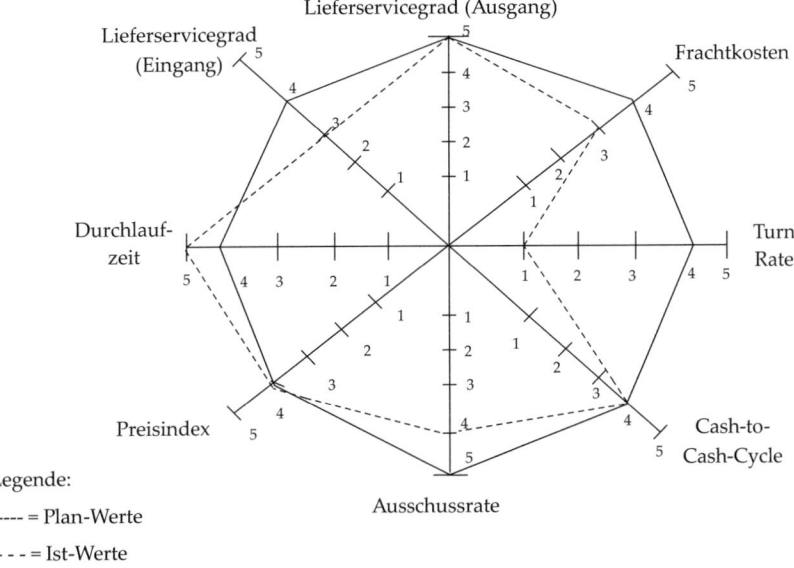

Legende:
----- = Plan-Werte
- - - = Ist-Werte

Abb. 5.13 Kennzahlenradar einer Supply Chain

grads in Richtung Kunde hervor (5 Punkte). Im Actual wurde das anvisierte Ziel erreicht, Plan und Ist sind kongruent.

- **Frachtkosten**: Die aktuell erzielten Werte für die Frachtkosten sind höher als die Plan-Zahlen. Im Radar wurde eine gute Erfüllung von Frachtkosten (4 Punkte) eingefordert. Die Ist-Zahlen zeigen lediglich eine Zielerreichung von 3 Punkten auf („befriedigend erfüllt").
- **Turn Rate**: Das betrachtete Unternehmen hat ein Bestandsproblem. Während in der Planung 4 Punkte gefordert werden, spiegeln die Ist-Zahlen eine sehr schlechte Erfüllung (1 Punkt).
- **Cash-to-Cash-Cycle**: Im Gegensatz zur schlechten Turn Rate ist es der betrachteten Organisation gelungen, bezüglich des Cash-to-Cash-Cycle eine Übereinstimmung zwischen Ist und Soll herzustellen (jeweils 4 Punkte).
- **Ausschussrate**: Die Ausschussrate ist ein Spiegelbild für produktionslogistische Schwierigkeiten. In der Planung wird eine sehr geringe Ausschussrate eingefordert (5 Punkte stehen für eine sehr gute Planerfüllung). Im Actual wurde allerdings die Messlatte gerissen. Der Radar signalisiert eine Ausschussrate von 4 Punkten (gut erfüllt).

- **Preisindex**: Der Indikator Preisindex zeigt mit 4 Punkten Deckungsgleichheit zwischen Plan- und Ist-Werten auf.
- **Durchlaufzeit**: Für den Indikator Durchlaufzeit wird eine positive Abweichung von geplanten 4 Punkten (gut erfüllt) zu erreichten 5 Punkten (sehr gut erfüllt) gemessen.
- **Lieferantenausgerichteter Servicegrad**: Schließlich liegen Lieferantenschwierigkeiten vor. Es werden anstatt der geforderten 4 Punkte aus dem Budget nur 3 Punkte im Actual erreicht.

Der **Vorteil** eines Kennzahlenradars besteht in seiner einfachen Darstellungsform. Komplexe Sachverhalte werden in übersichtlicher Form visualisiert. Die „Brandherde" der Supply Chain erkennt auch der „Nicht-Fachmann" auf einen Blick. Im obigen Beispiel der acht ausgewählten Größen besteht primär ein Bestandsproblem.

Doch jedes Ding hat bekanntlich seine zwei Seiten. In dem Radar werden zwar positive wie negative Abweichungen zwischen Plan-Zahlen und Ist-Zahlen grafisch wiedergegeben. Allerdings erhält der Betrachter keine Informationen hinsichtlich der absoluten oder der relativen Abweichungen. Eine Untergliederung der Skala von einem Punkt bis fünf Punkte wird diesem Anspruch nicht gerecht. Damit ist das **Problem** der Subjektivität verbunden. Das Hilfsmittel bietet je Indikator lediglich eine Skalierung von „sehr gut erfüllt" (5 Punkte) bis „sehr schlecht erfüllt" (1 Punkt). Doch hängt die Einordnung der Kennzahlen in dieses Schema von der bewertenden Person ab (Subjektivität). Schließlich ergeben sich in dem Radar strukturelle Brüche. Gravierend kann sich diese Schwierigkeit bei Aufrundungen oder Abrundungen niederschlagen. Beispielsweise ist der Sprung von 4 Punkten („gut erfüllt") zu 3 Punkten („befriedigend erfüllt") besonders groß, wenn sich die Planung auf 4,4 Punkte belief, die Ist-Zahlen jedoch nur 2,6 Punkte aufweisen. Durch Abrundungen und Aufrundungen suggeriert der Radar eine Diskrepanz von 1,0 Punkten, obwohl die Spannweite der negativen Abweichung 1,8 Punkte beträgt.

5.5 Grenzen des Kennzahlenmanagements einer Supply Chain

Die Überlegungen zu einer möglichen Kennzahlentypologie des Supply Chain Managements wären unvollständig, wenn neben den gezeigten Möglichkeiten nicht auch einige **Grenzen** des Kennzahlenmanagements aufgezeigt würden:

5.5 Grenzen des Kennzahlenmanagements einer Supply Chain

- Unbrauchbarkeit von Kennzahlen für **nicht quantifizierbare Informationen**: Nicht quantifizierbare, oder nur bedingt quantifizierbare Sachverhalte, wie das „Wissen von Mitarbeitern", werden zum Teil in ein Zahlenkostüm gezwängt.
- **Statische Bestandsaufnahme**: Kennzahlen werden immer nur zu einem bestimmten Zeitpunkt (Augenblick) ermittelt. Eine Zeitraumbetrachtung findet nicht statt. Allerdings kann zumindest eine Art Quasi-Dynamisierung dadurch erreicht werden, indem dieselben Kennzahlen zu einem späteren Zeitpunkt erneut berechnet würden.
- Ermittlung von Kennzahlen über **Sekundärquellen**: Viele Indikatoren haben ihre Wurzeln in der Gewinn- und Verlustrechnung sowie der Bilanz. Etliche Werte sind aber bei der Veröffentlichung bereits überholt, da zwischen der Erstellung eines Geschäftsberichts, bis zu seiner Publizierung, in der Regel einige Monate verstreichen.
- **Zahlenwust**: Kennzahlen zu erzeugen, ist keine Kunst. Doch die Auswahl der „richtigen" (zielführenden) Größen ist zum Teil ausgesprochen schwierig. Außerdem verursachen Kennzahlenerhebungen zunächst Kosten. Es bedarf einer näheren Untersuchung, ob sich diese Kosten später amortisieren werden: „Steht der Informationswert von Kennzahlen im Verhältnis zu den notwendigen Kosten?".
- Gefahr der **isolierten Anwendung**: Die isolierte Betrachtung ausgewählter Indikatoren kann zu falschen Einschätzungen und Interpretationen der Gesamtlage eines Unternehmens führen. Ein Kritikpunkt am klassischen Kennzahlenmanagement, der wesentlich zur Entwicklung von Balanced Scorecards führte.
- **Interpretationsschwierigkeiten**: Kennzahlen zeigen immer nur das „*Wo!*" an. Sie liefern jedoch keinen Automatismus für das „*Wie?*". Folglich leiten Kennzahlen keine unmittelbaren Handlungsempfehlungen ab.

Supply Chain Performance und Supply Chain Scorecard

6.1 Allgemeine Charakterisierung

Traditionelle Kennzahlensysteme werden den Ansprüchen eines dynamischen und turbulenten Wettbewerbsumfelds kaum gerecht. Ihnen mangelt es an Zukunftsfokussierung, da sie sich primär aus Zahlen der Vergangenheit berechnen. Ebenso vernachlässigen klassische Kennzahlensysteme „weiche" Faktoren (wie die Kundenzufriedenheit), sie sind im Kern monetär geprägt. Weiterhin fehlt ihnen ein echter Strategiebezug, wie auch die Ableitung von Kausalzusammenhängen. Schließlich leiden klassische Kennzahlensysteme unter einem hohen Aggregationsgrad, indem untere Organisationsebenen darin kaum gewürdigt werden (vgl. Gleich 2021; Werner 2020).

▶ Zur Überwindung der Defizite klassischer Kennzahlensysteme wurden in den frühen 90er-Jahren **Performance-Measurement-Konzepte** entwickelt. Diese messen die Erfolgswirksamkeit bestimmter Leistungsebenen eines Unternehmens. Leistungsebenen stellen Prozesse, Geschäftseinheiten, Funktionsbereiche oder Mitarbeiter dar. Performance-Measurement-Systeme rücken drei Dimensionen von Unternehmensleistungen gleichermaßen in den Fokus: Effektivität, Effizienz und Agilität.

Der **dreidimensionale Raum** stellt einen „Erfolgskorridor" dar. Darin werden einzelne Leistungsebenen – zum Beispiel Supply-Chain-Produktionsprozesse – bewertet. Abb. 6.1 veranschaulicht diesen Zusammenhang. Die langfristige *Effektivitätsmessung* richtet sich in Performance-Measurement-Systemen extern aus. Sie rückt die Supply-Chain-Strategie in den Mittelpunkt. Bei der eher kurz-

Abb. 6.1 Erfolgskorridor des Performance Measurements

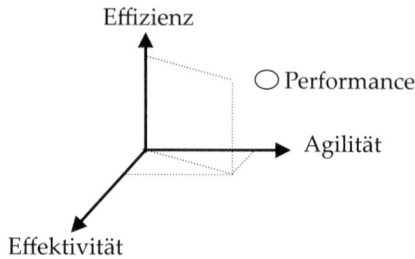

fristig ausgelegten Supply-Chain-*Effizienz* wird die Wirtschaftlichkeit des internen Ressourceneinsatzes bewertet. Bei der *Agilität* geht es um die Anpassungsfähigkeit (Wandlungsmöglichkeit) einer Supply-Chain-Einheit (vgl. Gleich 2021).

Der **Wertbeitrag in Supply Chains** manifestiert sich innerhalb der Performance-Measurement-Systeme gleichermaßen in finanziellen Assets (Bestände, Frachtkosten) sowie nicht-finanziellen Zielen (Lieferservicegrad, Durchlaufzeit, Absatzprognosegenauigkeit). Im Mittelpunkt dieser Ansätze steht die simultane Messung der relevanten Schlüsselfaktoren einer Wertschöpfungskette (Kosten, Zeit, Qualität, Agilität, Service, Information, Innovation, Nachhaltigkeit).

Innerhalb der Performance-Measurement-Systeme einer Supply Chain werden auf den unterschiedlichen Leistungsebenen quantitative und qualitative **Werttreiber** unterschieden. Quantitative Werttreiber sind budgetierbar. Sie dienen dazu, Prozesse innerhalb moderner Wertschöpfungsketten zu bewerten, Gestaltungsalternativen abzugleichen (zum Beispiel Make-or-Buy) und betriebswirtschaftliche Konsequenzen zu ermitteln. In der Supply Chain arbeiten sich sieben Werthebel heraus, die durch geeignete Kosten- oder Leistungskennzahlen zu bewerten sind (vgl. Abb. 6.2). Einige dieser Größen richten sich unternehmensintern aus, andere zielen auf die Bewertung gesamter Netzwerke (vgl. Werner 2014a, S. 45):

- **Effizienzsteigerung**: Mögliche Messgrößen sind Prozesskostensätze (zum Beispiel Kosten pro Versandvorgang), Transaktionskosten (Informations- und Kommunikationskosten wie Anbahnungs- oder Abwicklungskosten), Total-Cost-of-Ownership-Werte (Folgekosten, beispielsweise auf Grund eines Lieferantenwechsels), Produktivität (Arbeits-Produktivität, wie Picks-pro-Stunde).
- **Qualitätsverbesserung**: Aktivitäten zur Qualitätsverbesserung werden über Supply-Chain-Backlogs gemessen (Lieferverzögerungen), Ausschuss/Nacharbeit (PPM, Parts per Million), notwendige Retouren (auf Grund qualitativer Defizite).

6.1 Allgemeine Charakterisierung

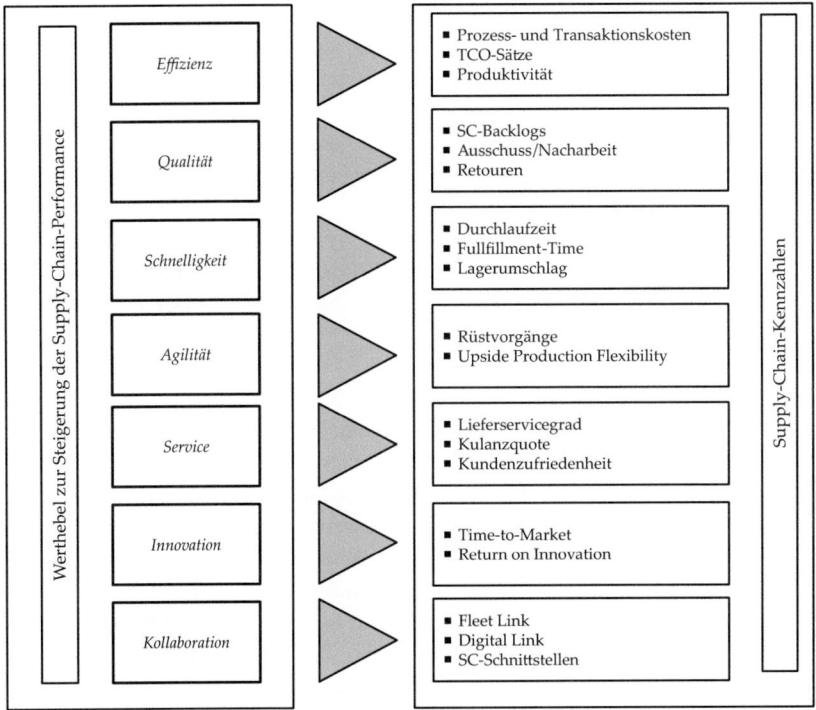

Abb. 6.2 Dimensionen der Unternehmensleistung

- **Schnelligkeit**: Mögliche Indikatoren zur Bewertung der Reaktionsfähigkeit sind Durchlaufzeit (Aufwärmzeit, Rüstzeit, Produktionszeit, Liegezeit, Fehlzeit), Fulfillment-Lead-Time (komplette Bearbeitungszeit von Kundenaufträgen, inklusive After-Sales-Aktivitäten), Lagerumschlag (Turns pro Zeiteinheit).
- **Anpassungsfähigkeit**: Indikatoren zur Bestimmung der Wandlungsfähigkeit sind Rüstvorgänge (mögliche Einrichtungs-Vorgänge pro Zeiteinheit), Upside Production Flexibility (Zeitspanne, die ein Unternehmen benötigt, um auf eine ungeplante Nachfragesteigerung von 20 % zu reagieren).
- **Servicefokussierung**: Hier rückt der Kunde in den Mittelpunkt. Mögliche Kennzahlen sind Lieferservicegrad (qualitative, quantitative und zeitliche Bewertung von Warenzugängen, internen Abläufen oder Kundenauslieferungen), Kulanzquote (wie viel Prozent des Umsatzes fallen für Kulanzvorgänge an?), Kundenzufriedenheit (Reklamationen, Kundentreue).

- **Innovationsausrichtung**: Innovative Supply Chains werden gemessen über Time-to-Market (Zeitspanne von der Produkt- oder Prozessentwicklung bis zum Marktzugang) und Return on Innovation (Innovationsaufwand im Verhältnis zum finanziellen Nutzen).
- **Kollaborationsorientierung**: Schließlich sind mögliche Größen zur Bewertung der Zusammenarbeit Fleet-Link (gemeinsam genutzte Förderzeuge in einem Wertschöpfungsverbund, zum Beispiel in einem Multiple User Warehouse), Digital Link (kooperativ genutzte Systeme und Datenbestände in der Lieferkette), Supply-Chain-Schnittstellen (viele Schnittstellen bedeuten hohe Transaktions- und Prozesskosten, außerdem belasten sie den Volumeneffekt des Einkaufs).

Es gibt eine Reihe von **Anforderungen** an ein zeitgemäßes Performance Measurement in der Supply Chain, die nachstehend charakterisiert werden:

- **Validität**: Die Tiefe und die Genauigkeit des Messens richten sich danach aus, nur das zu bewerten, was auch wirklich bewertet werden soll.
- **Zentralität**: Um einer Überfrachtung vorzubeugen, begrenzt sich das Controlling von Supply-Chain-Aktivitäten auf zentral bedeutsame Effekte.
- **Schlankheit**: Gemäß der Maxime „Keep it Simple" ist die Auswahl an Messindikatoren zu begrenzen (Vermeidung von „Zahlenfriedhöfen").
- **Genauigkeit**: In die Performance-Messung der Supply Chain sind verlässliche Maße und Indikatoren aufzunehmen, die möglichst wenig Interpretationsspielraum bieten.
- **Rechtzeitigkeit**: Die Zahlen müssen rechtzeitig zur Verfügung stehen.
- **Vollständigkeit**: Die Performance wird in allen relevanten Supply-Chain-Dimensionen gemessen (zum Beispiel Kunde, Lieferant, Prozess, Wettbewerber).
- **Vertraulichkeit**: Das System richtet sich rechtskonform aus und respektiert den Datenschutz.
- **Wirtschaftlichkeit**: In dem Performance-Measurement-Ansatz verhalten sich Kosten und Nutzen stimmig zueinander.
- **Legitimität**: Es liegt eine interne und eine externe Akzeptanz gegenüber der Leistungsmessung vor.
- **Kontinuität**: Die Messung erfolgt stetig in festgelegten Intervallen.
- **Strategiebezug**: Die Messgrößen leiten sich aus den Unternehmensstrategien ab.

Ein junges Gebiet von Performance-Measurement-Systemen in Wertschöpfungsketten ist die **qualitative Erfolgsmessung**. Diese „weichen" Werttreiber sind inte-

6.1 Allgemeine Charakterisierung

grativer Bestandteil des *Supply Chain Relationship Managements*. Untersuchungsgegenstand sind nicht länger Material-, Informations- oder Geldflüsse, sondern soziale Verflechtungen. Die Bewertung erstreckt sich beispielsweise auf Faktoren wie Vertrauen, Verbundenheit, Kommunikation und Transparenz. Gestaltungsmöglichkeiten leiten sich aus den Aktivitäten Personalaustausch (Resident Engineering), Informationstransfer (gemeinsam genutzte Datenbestände) oder Lieferantentreffen ab (vgl. Werner 2011a, S. 600; Feliciano und Werner 2019).

In den letzten Jahren hat eine konsequente Weiterentwicklung von Ansätzen des Performance Measurements stattgefunden. Diese wurden integrativer Bestandteil von **Performance-Management-Systemen**. Performance Management ist der übergeordnete Bezugsrahmen, in dem das „Messen" (Measurement) der Erfolgswirksamkeit einzelner Leistungsebenen eingebunden ist. Performance Management Systeme können in folgende Stufen untergliedert werden (vgl. in ähnlicher Form Erdmann 2013, S. 89):

- **Phase 1 (Framework)**: Zunächst sind die grundsätzlichen Ziele der Leistungsebenen zu identifizieren. Diese richten sich im Schwerpunkt auf den Markt aus (Kundenwünsche, Ressourcenverfügbarkeit).
- **Phase 2 (Design)**: Anschließend werden die Zielkomponenten („Oberziele") zwischen den einzelnen Mitgliedern einer Wertschöpfungskette festgelegt. Diese sind beispielsweise Vorgaben für Kapazitätsauslastungsgrade von Produktionsstandorten.
- **Phase 3 (Managing)**: Im nächsten Schritt leiten sich die Austauschprozesse zwischen den Leistungsebenen ab. Dazu werden „Unterziele" für die einzusetzenden Ressourcen determiniert. In diesem Zusammenhang sind kontinuierliche Effizienzsteigerungsprozesse einzuleiten.
- **Phase 4 (Measurement)**: Jetzt erfolgt die eigentliche Messung der zuvor festgelegten Oberziele und Unterziele einer Supply Chain.
- **Phase 5 (Control)**. Schließlich werden in der Supply Chain fortwährende Leistungsüberwachung und Kontrolle abgesichert.

Wie oben deutlich wird, findet die Leistungsbewertung im vierten Arbeitsschritt eines Performance Managements statt: Performance Measurement ist somit einer der prägenden fünf Bausteine eines Performance-Management-Systems (vgl. Abb. 6.3). Im Zeitablauf kristallisierten sich unterschiedliche Ausprägungsformen von **Performance-Measurement-Konzepten** heraus. Diesbezüglich ist die Balanced Scorecard sicherlich der bekannteste Vertreter.

Die Ausarbeitung der Balanced Scorecard basiert zu weiten Teilen auf der **Performance Pyramid**. Diese wurde circa zwei Jahre vor der Scorecard entwickelt

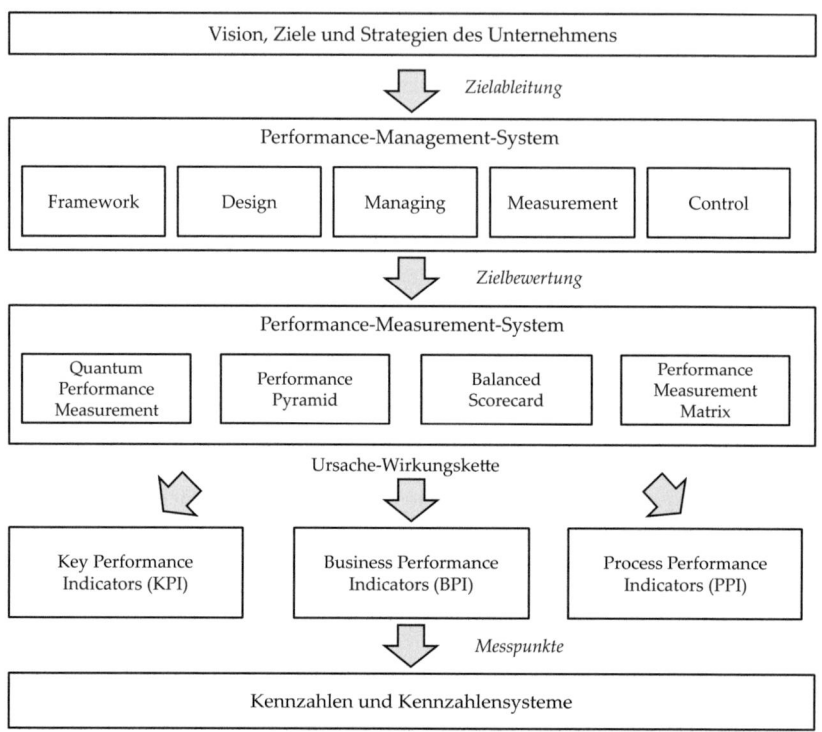

Abb. 6.3 Performance Management in Supply Chains

(vgl. Cross und Lynch 1998). Im Fokus dieses Performance-Measurement-Konzepts stehen die Interessen von Kunden, Anteilseignern und Mitarbeitern. Aus der Vision leiten sich die strategischen Ziele einer Organisation ab. Das Fundament der Pyramide sind die externe Effektivität und die interne Effizienz. Aktivitäten manifestieren sich in Kausalzusammenhängen (*Blocks-of- Success*): Pünktliche Auslieferungen an die Kunden (Ebene „Arbeitsplatz") steigern die Kundenzufriedenheit (Ebene „Hautgeschäftsprozess"). Dadurch gewinnt die übergeordnete Ebene „Geschäftseinheit" Marktanteile (Ursache-Wirkungs-Kette). Nichtfinanzielle Ziele (*Non-Financials*) werden in der Performance Pyramid in finanzielle Größen (*Financials*) übergeleitet. Beispielsweise führen Qualitätsverbesserungen zu reduzierten Ausschuss- und Nacharbeitsraten, was der Entlastung des operativen Ergebnisses (EBIT) dient.

Weitere Performance-Measurement-Ansätze sind das Quantum Performance Measurement und die Performance Measurement Matrix. Das **Quantum Per-**

formance Measurement ist ein System zur Leistungsbewertung, das sich insbesondere auf das strategische Dreieck ausrichtet: Die Schlüsselgrößen Kosten, Zeit und Qualität werden in Wert- und Servicerelationen zueinander abgebildet. Innerhalb der **Performance Measurement Matrix** spannt sich ein zweidimensionaler Bewertungsrahmen, in dem aufgezeigt wird, wie gut die angepeilten Primärziele einer Organisation (z. B. Produktivitätssteigerung) mit den zur Verfügung stehenden Erfolgsbündeln erbracht werden.

Zur Ausgestaltung von Performance-Measurement-Systemen wird primär die **Balanced Scorecard** herangezogen (vgl. Kaplan und Norton 2018; Preißner 2019). Darin ist die **Ausgewogenheit** *(Balanced)* verschiedenartiger Supply-Chain-Attribute von besonderer Bedeutung:

• Strategische Kennzahlen	und	operative Kennzahlen
• Monetäre Größen	und	nicht-monetäre Größen
• Langfristige Positionen	und	kurzfristige Positionen
• Kostentreiber	und	Leistungstreiber
• Harte Faktoren	und	weiche Faktoren
• Interne Prozesse	und	externe Prozesse
• Vergangene Leistungen	und	zukünftige Leistungen

Die Visualisierung von Kennzahlen erfolgt auf einem **Berichtsbogen** *(Scorecard)*. Im Mittelpunkt stehen Vision-Statement (Festlegung der grundsätzlichen Supply-Chain-Ziele) und Mission-Statement (Festlegung von Wegen zur Zielerreichung). Sie werden vom Top Management vorgegeben. Aus Vision und Mission leiten sich die Supply-Chain-Strategien ab. Diese Transformation ergibt sich in der Regel über vier generische Dimensionen: Finanzperspektive, Kundenperspektive, interne Prozessperspektive sowie Lern- und Entwicklungsperspektive (synonym: Innovationsperspektive, Potenzialperspektive). Um die Balanced Scorecard nicht zu überladen, sind für jede Dimension nicht mehr als fünf bis sieben Kennzahlen zu bilden.

Die **Finanzperspektive** spiegelt die Auswirkungen von Aktivitäten auf die Rentabilität sowie die Vermögens-, Kapital- und Ergebnislage eines Unternehmens. Bezogen auf eine Wertschöpfungskette, finden sich darin monetäre Supply-Chain-Messgrößen (wie Lagerumschlagshäufigkeit, Frachtkosten, Supply-Chain-Kosten). Eine Dynamik der Balanced Scorecard kommt zum Ausdruck, indem sich wandelnde Geschäftsstrategien in der Finanzperspektive berücksichtigt werden. Die eingesetzten Kennzahlen richten sich in der Supply Chain intern und extern aus. Charakteristisch für eine Balanced Scorecard ist die Verknüpfung der restlichen drei Perspektiven mit der Finanzsicht: In einer Ursache-Wirkungs-Kette (*Kausali-*

tät) berechnet sich der Finanzerfolg aus den Ergebnissen von Kunden-, interner Prozess- sowie Lern- und Entwicklungsperspektive.

Mögliche Kennzahlen der **Kundenperspektive** sind Kundenzufriedenheit, Kundenakquisition, Kundentreue und Marktanteil. Eine Organisation identifiziert Segmente, in denen sie zukünftig agieren möchte. In Anlehnung an die Wertschöpfungskette von *Porter*, kann die Kundenperspektive zur **Marktperspektive** erweitert werden. Daraus resultiert die Möglichkeit zur Berücksichtigung von Lieferantenattributen.

Die Ziele von Finanz- und Kundenperspektive leiten sich aus den **Unternehmensprozessen** ab. Dazu werden kritische Vorhaben lokalisiert und Kernkompetenzen aufgebaut. Die gesamte Wertschöpfungskette wird abgedeckt: Vom Kundenauftrag bis zur Bezahlung („Order-to-Payment"). Als möglicher strategischer Bezugsrahmen dient die Verbesserung der Schlüsselgrößen des Wettbewerbs: Kosten, Zeit, Qualität, Agilität, Service, Information, Innovation, Nachhaltigkeit.

Die vierte Perspektive orientiert sich an der Infrastruktur einer Supply Chain. Diese Dimension ist eine Plattform für die restlichen drei Perspektiven. Mögliche Messgrößen der **Lern- und Entwicklungsperspektive** sind Mitarbeiterzufriedenheit, Mitarbeitertreue und die Anzahl umgesetzter Verbesserungsvorschläge pro Periode. Eine Beeinflussung dieser Indikatoren ist durch die Einleitung kontinuierlicher Verbesserungsprozesse (Continuous Improvement) sowie Schulungs- und Weiterbildungsmaßnahmen möglich.

Diese vier Dimensionen sind zumeist die Bestandteile einer **generischen** Scorecard. Unterhalb dieses allgemein gültigen Berichtsbogens können weitere Scorecards („Sub-Scorecards") aufgebaut werden. Zum Beispiel besteht die Möglichkeit, für die Bereiche Einkauf oder Engineering spezielle Scorecards zu erstellen. Es ist jedoch darauf zu achten, dass diese „Berichtsbögen der zweiten Ebene" sowohl untereinander als auch mit der generischen Scorecard abgestimmt sind, damit kein „Wildwuchs" an Scorecards innerhalb eines Unternehmens entsteht.

6.2 Alternative Supply Chain Scorecards in der Diskussion

Die Aufstellung von Balanced Scorecards ist, wie oben erwähnt, nicht nur auf generische Weise möglich. Scorecards sind sehr wohl auch für betriebliche Funktionsbereiche, Standorte oder Profit Center zu generieren. Die weiteren Ausführungen beziehen sich auf den Einsatz von Scorecards in Wertschöpfungsketten. Diesbezüglich werden fünf **alternative Supply Chain Scorecards** diskutiert:

6.2 Alternative Supply Chain Scorecards in der Diskussion

- Supply Chain Scorecard nach *Brewer/Speh*
- Supply Chain Scorecard nach *Stölzle/Heusler/Karrer*
- Supply Chain Scorecard nach *Weber/Bacher/Groll*
- Supply Chain Scorecard nach *Richert*
- Supply Chain Scorecard nach *Werner*

6.2.1 Ansatz nach *Brewer/Speh*

Die Supply Chain Scorecard nach *Brewer* und *Speh* (vgl. Brewer und Speh 2000) basiert im Kern auf den vier bekannten Perspektiven der generischen Scorecard nach *Kaplan* und *Norton* (vgl. Kaplan und Norton 2018). Daraus leiten *Brewer* und *Speh* einen Ansatz ab, den sie **Supply Chain Management Performance Framework** nennen (vgl. Brewer und Speh 2000, S. 75). Abb. 6.4 visualisiert diese Gedanken in übersichtlicher Weise. Die Inhalte des Bezugsrahmens werden in der Folge beschrieben (vgl. Brewer und Speh 2000, S. 86):

- **Financial Benefits** („Finanzieller Nutzen"): Zur Wahrung der Financial Benefits, benennen *Brewer* und *Speh* Anstrengungen zur Steigerung von Profitabilität, Cash Flow, Ertrag sowie Rentabilität (wobei sie diese über ROA messen). Allerdings erscheint der Vorschlag, die Erhöhung der Finanzmittelüberschüsse über die Kennzahl Cash-to-Cash-Cycle messen zu wollen, wenig sinnvoll, da neben diesem eine Vielzahl weiterer Einflussgrößen auf den Cash Flow wirken (zum Beispiel Rückstellungen, Abschreibungen, Wertberichtigungen, Aktivierung von Eigenleistungen).

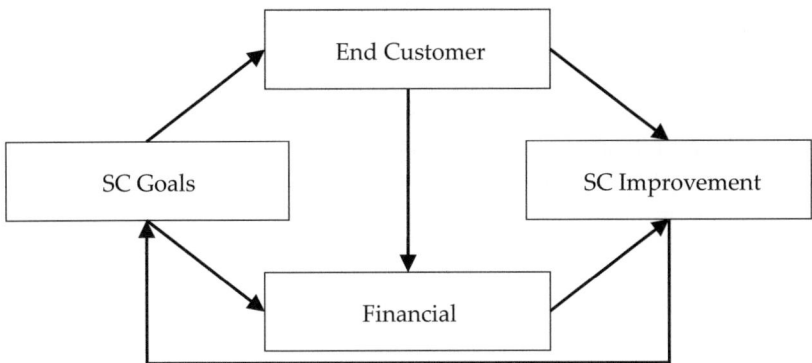

Abb. 6.4 Supply Chain Scorecard nach Brewer/Speh

- **(End) Customer Benefits** („Kundennutzen"): Die Kundenperspektive dieser Balanced Scorecard bezieht sich auf den ultimativen Endverbraucher. Als ein mögliches Ziel der Dimension arbeiten *Brewer* und *Speh* den Kundenmehrwert heraus, welchen sie über die Kennzahl „Customer Valuation Ratio" messen. Die Definition dieser Größe geben die Verfasser allerdings nicht preis. Weitere Ziele dieser Dimension bestehen beispielsweise in der Verbesserung der Produkt- und Servicequalität, einem Herunterfahren von Wartezeiten und der Steigerung von Flexibilität.
- **Supply Chain Goals** („Allgemeine Supply-Chain-Ziele"): Zur Wahrung der allgemeinen Supply-Chain-Ziele beziehen sich *Brewer/Speh* auf die interne Prozessperspektive der generischen Balanced Scorecard. Diesbezüglich führen die Autoren die Reduzierung von Ausschussraten, das Pushen der Durchlaufzeiten, eine Flexibilitätserhöhung sowie eine Sachkostenreduzierung als Zieldeterminanten an.
- **Supply Chain Improvement** („Supply-Chain-Verbesserung"): Die Lern- und Entwicklungsperspektive der generischen Scorecard nach *Kaplan* und *Norton* leistet den strategischen Überbau zur Ausfüllung dieser Dimension gute Dienste. Nach *Brewer* und *Speh* sind Anstrengungen eines Supply Chain Managements vor allem in Richtung Prozessinnovation, Schnittstellenmanagement, Informationsfluss und Wettbewerbsanalyse zu erbringen.

Die Kennzahlen in der Supply Chain Scorecard nach *Brewer* und *Speh* richtet sich nach der Philosophie „Hope" aus (vgl. Brewer und Speh 2001, S. 50). Der Wunsch nach „**Hope**" steht für „Harmonized", „Optimal", „Parsimonious" and „Economical":

- **Harmonized**: Die Kennzahlen der Supply Chain Scorecard nach *Brewer/Speh* orientieren sich an *Harmonisierung*. Darunter verstehen die Protagonisten eine ausgeprägte Interaktion zwischen den KPI. Sollten Zielkonflikte auftreten, sind diese offen zu legen und proaktiv zu bewältigen. Wenn auch nicht explizit erwähnt, verfolgen *Brewer* und *Speh* bei ihrer Kennzahlenauswahl die Vermeidung von **Trade-offs**: Eine Verbesserung von Produktivitäts- und Wirtschaftlichkeitskennzahlen um jeden Preis ist abzulehnen, wenn sie beispielsweise zu Verschlechterungen von Qualitätsindikatoren führen würden.
- **Optimal**: Eine Mischung *optimaler* Leistungsgrößen schützt nach *Brewer* und *Speh* vor Extremismus. Beispielsweise rüttelt ein überproportionaler Krankenstand von Mitarbeitern das Management wach. Dieser Anspruch reiht sich nahtlos an den Wunsch nach Harmonisierung.
- **Parsimonious**: Die Forderung nach *Sparsamkeit* bezieht sich auf die begrenzte Auswahl von Key Performance Indicators. Die Kennzahlen sollen sich unter-

6.2 Alternative Supply Chain Scorecards in der Diskussion

scheiden. Wird beispielsweise in der Finanzperspektive bereits über ROCE gemessen, bedarf es nicht der zusätzlichen Integration von ROA in diese Finanzsicht.
- **Economical**: Schließlich ist eine Kennzahl *wirtschaftlich*, wenn die Kosten zu ihrer Datenerhebung nicht den Nutzen überkompensieren (latente Gefahr von Trade-offs).

6.2.2 Ansatz nach *Stölzle/Heusler/Karrer*

Eine Alternative zur Diskussion um Supply Chain Scorecards stellt das Konzept nach *Stölzle et al.* dar (vgl. Stölzle et al. 2001, S. 75). In dem **Bezugsrahmen** dieses Ansatzes finden sich Überlegungen von *Cooper et al.* (vgl. Cooper et al. 1997). Letzte verweisen auf einen Regelungsprozess moderner Lieferketten. Dieser würde von den Faktoren Dynamik, Komplexität und Intransparenz geprägt sein.

Die Perspektiven der Scorecard nach *Stölzle/Heusler/Karrer* entsprechen denen von *Kaplan* und *Norton* weitgehend. *Stölzle et al.* erweitern diese bekannten Betrachtungsebenen jedoch um eine **Lieferantendimension**. Die externe Messung von Supply-Chain-Aktivitäten richtet sich somit nicht nur auf den Kunden, sondern zusätzlich auf den Ursprung der Wertschöpfungskette aus. Vgl. zu den folgenden Überlegungen Abb. 6.5 (vgl. Stölzle et al. 2001, S. 81).

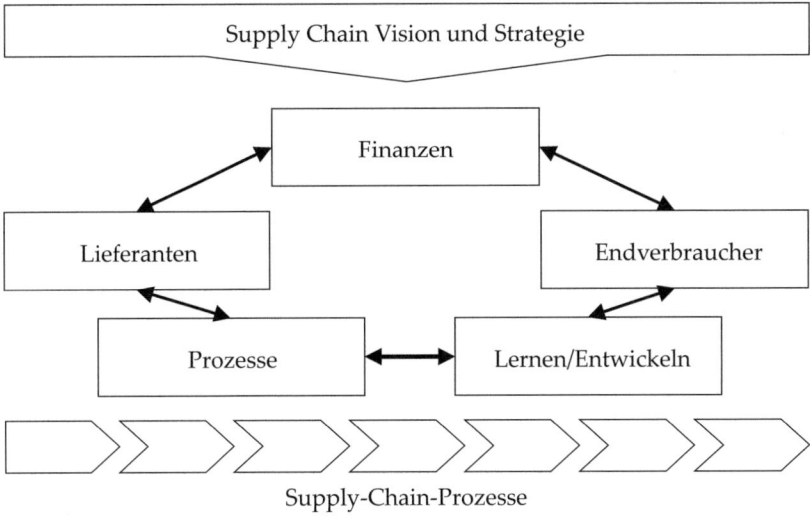

Abb. 6.5 Supply Chain Scorecard nach Stölzle/Heusler/Karrer

Zur Entwicklung ihrer Scorecard propagieren *Stölzle/Heusler/Karrer* eine **kombinierte Bottom-Up- und Top-Down-Vorgehensweise**. Nach den Verfassern sind Bottom-Up potenzielle Engpassfaktoren in den Supply-Chain-Prozessen herauszuarbeiten. Top-Down erfolgt die Verabschiedung von Visionen und Strategien der Scorecard. Diese kombinierte Top-Down-Bottom-Up-Vorgehensweise ermöglicht eine Verifizierung der Ergebnisse hinsichtlich ihrer praktischen Durchführbarkeit. Außerdem verringern sich damit Akzeptanzprobleme in Linienorganisationen. Zur **Performance-Messung** schlagen die Autoren selektive wie auch über die Grenzen des Unternehmens greifende Kennzahlen vor. Beispiele dafür sind Cash-to-Cash-Cycle und „Supply-Chain-Cycle-Time" (der Abgleich zwischen Durchlaufzeit und Wertschöpfungszeit).

6.2.3 Ansatz nach *Weber/Bacher/Groll*

Eine weitere Darstellungsform für eine Supply Chain Scorecard bieten *Weber/Bacher/Groll* (vgl. Weber und Wallenburg 2010, S. 245). Wie die generische Scorecard nach *Kaplan* und *Norton*, berücksichtigt der Ansatz vier Perspektiven. Die Finanzdimension und die (interne) Prozesssicht entsprechen inhaltlich weitgehend den Überlegungen von *Kaplan/Norton*, wobei nach *Weber et al.* der Fokus auf dem Supply Chain Management liegt (vgl. Abb. 6.6).

Das **Neue** an dem Konzept sind die Perspektiven Kooperationsintensität und Kooperationsqualität. Inhaltlich wie strukturell modifizieren *Weber/Bacher/Groll* den bekannten Rahmen nach *Kaplan* und *Norton*. Die einzelnen KPI in den Perspektiven sind mit einer ausgeprägten Supply-Chain-Affinität ausgestattet. Im Kern

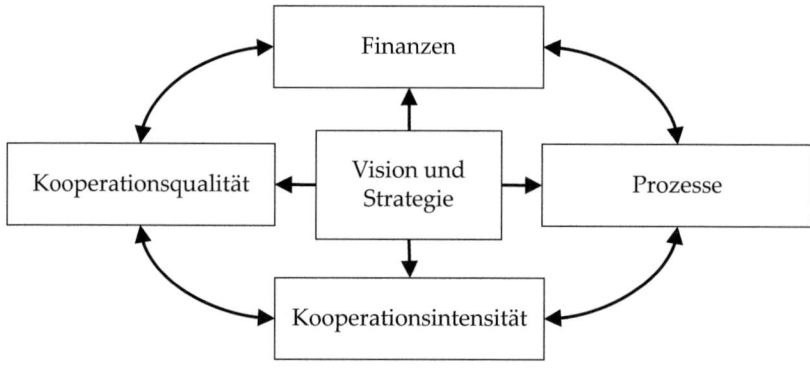

Abb. 6.6 Supply Chain Scorecard nach Weber/Bacher/Groll

6.2 Alternative Supply Chain Scorecards in der Diskussion

bezieht sich die Supply Chain Scorecard von *Weber et al.* auf die gleichzeitige Abbildung interner und externer Kennzahlen. Durch die Berücksichtigung von Kooperationsintensität und Kooperationsqualität entfallen die Kunden- sowie die Lern- und Entwicklungsperspektive nach *Kaplan* und *Norton*. Inhaltlich werden deren Auszüge unter die Kooperationsdimensionen subsumiert. Nachstehend finden sich die fundamentalen Aussagen von *Weber/Bacher/Groll* hinsichtlich der Kooperationsintensität und der Kooperationsqualität (vgl. Weber und Wallenburg 2010, S. 245):

- **Kooperationsintensität**: Die Kooperationsintensität gilt der Darstellung *harter* Faktoren, um den Grad außerbetrieblicher Zusammenarbeit im Partnergeflecht zu messen. Beispielhaft steht dafür das Ziel „Datenaustausch zwischen den Partnern verbessern", welches über den KPI „Qualität und Quantität ausgetauschter Datensätze" gemessen wird.
- **Kooperationsqualität**: Das Pendant zur Kooperationsintensität stellt die Kooperationsqualität dar. In dieser finden sich die *weichen* Faktoren einer Supply Chain wieder. Dieser Bezugsrahmen widmet sich der Identifizierung von Zufriedenheitsindizes oder Konfliktpotenzialen.

Laut *Weber et al.* (vgl. Weber und Wallenburg 2010, S. 247) ist die Heranziehung einer expliziten **Kundendimension** im Rahmen der Erstellung einer Supply Chain Scorecard nicht notwendig. Sie begründen diese Aussage, indem sich diese auf den Endkunden bezöge: Nur ein Endproduzent in einer Lieferkette hätte direkten Kontakt mit dem ultimativen Endverbraucher. Ebenfalls sei auf eine **Lern- und Entwicklungsdimension** zu verzichten. Diese hätte nur einen Einzelbezug innerhalb einer Organisation und keine direkte Verbindung zu den weiteren Akteuren der Lieferkette.

Im Grundsatz ist die Integration der beiden Kooperationsperspektiven in eine Supply Chain Scorecard sehr zu begrüßen, da ihre Inhalte den Ansprüchen an ein unternehmensübergreifendes Netzwerkmanagement entsprechen. Es sei allerdings der Einwand gewährt, ob die Grenze zwischen harten (Kooperationsintensität) und weichen (Kooperationsqualität) Faktoren wirklich immer zu ziehen ist. Harte und weiche Indikatoren innerhalb einer „**Kooperationsdimension**" zu kombinieren könnte allerdings zu einer Überfrachtung an strategischen Zielen und Messindikatoren innerhalb einer Perspektive führen.

6.2.4 Ansatz nach *Richert*

Die nächste hier diskutierte Supply Chain Scorecard geht auf *Richert* zurück (vgl. Richert 2006). Insgesamt basiert das Konzept auf fünf Säulen, von denen vier gute Bekannte sind: Die Überlegungen zur Finanz-, Kunden-, (internen) Prozess- sowie Lern- und Entwicklungsperspektive orientieren sich weitgehend an den Ausarbeitungen von *Kaplan* und *Norton* (vgl. Abb. 6.7). Den fünften Mosaikstein bezeichnet *Richert* als „**Kooperationsperspektive**" (vgl. Richert 2006, S. 87).

Der Verfasser (vgl. Richert 2006, S. 89) begründet die Erweiterung der generischen Scorecard um die Kooperationssicht mit der dortigen Berücksichtigung struktureller, sozialer sowie technischer Faktoren:

- **Strukturelle Merkmale**: Das Supply Chain Management befindet sich nach *Richert* (vgl. Richert 2006, S. 89) im latenten Spannungsfeld zwischen Flexibilität (zum Beispiel die Abdeckung „ausgefallener" Kundenwünsche) und Stabilität (um den beteiligten Akteuren das Gefühl von Sicherheit zu vermitteln). Die strukturellen Attribute einer Lieferkette zielen auf grundlegende Entscheidungen, wie die Partnerauswahl oder die Identifikation der „richtigen" Prozesse.
- **Soziale Merkmale**: Bezogen auf die sozialen Inhalte einer Supply Chain, stellt *Richert* (vgl. Richert 2006, S. 89) das „Vertrauen" im Partnergeflecht heraus. Der Autor orientiert sich diesbezüglich an den Ausführungen von *Brewer/Speh* (vgl. Brewer und Speh 2001, S. 50). Wird ein entgegengebrachtes Vertrauen von einem Partner missbraucht, kann dies zu bedrohlichen Wettbewerbssituationen führen (beispielsweise die unrechtmäßige Weitergabe sensitiver Informationen).

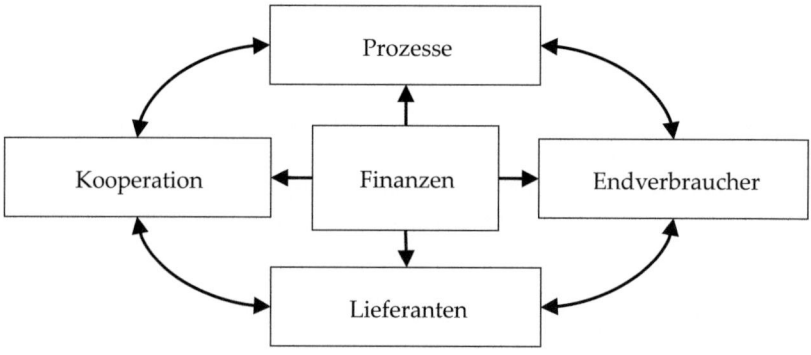

Abb. 6.7 Supply Chain Scorecard nach Richert

- **Technische Merkmale**: Schlussendlich ist die Kooperationsdimension von technischen Faktoren getrieben. Darunter versteht der Verfasser den organisatorischen Aufbau und den Ablauf im Schnittstellenmanagement. Beispielhaft dafür steht eine EDI-Anbindung, die den Anspruch nach Standardisierung innerhalb einer Supply Chain sichert (vgl. auch die strukturellen Merkmale der Kooperationsperspektive).

Die Abgrenzung der Kooperationssicht zur Kundenperspektive rechtfertigt *Richert*, indem er letzte ausschließlich auf den „ultimativen Endkunden" bezieht (Richert 2006, S. 86). Er misst die Performance in der Kooperationsdimension beispielsweise über „Squeeze-in-Time": Die Zeitspanne (in Tagen), die verstreicht, bis ein neuer Partner in die Supply Chain vollständig integriert ist.

6.2.5 Ansatz nach *Werner*

In den folgenden Ausführungen wird eine eigenständige Balanced Scorecard für das Supply Chain Management entwickelt (vgl. Werner 2011a). Die Inhalte basieren auf ursprünglichen Überlegungen des Verfassers hinsichtlich der Generierung einer Supply Chain Scorecard (vgl. Werner 2000g, h). Auf Grund der Dynamik um das Supply Chain Management im Allgemeinen sowie der Supply Chain Scorecard im Besonderen, wurde der Ansatz in der Folge mehrfach überarbeitet (vgl. Werner 2020). Diese **Modifizierungen** beziehen sich sowohl auf die Perspektiven selbst als auch die dort eingesetzten Performance Indicators.

Die hier vorgeschlagene Balanced Scorecard für ein Supply Chain Management setzt sich aus **fünf Perspektiven** zusammen. Dabei werden drei Dimensionen der generischen Scorecard nach *Kaplan* und *Norton* im Grundsatz übernommen: Die Finanz-, die Kunden- und die (interne) Prozessperspektive. Jedoch ist deren inhaltliche Ausgestaltung speziell auf das Management von Supply Chains zugeschnitten. Einen erweiterten Bezugsrahmen bieten die Lieferanten- und die Integrationsperspektive.

Verglichen mit der generischen Scorecard nach *Kaplan* und *Norton* **verzichtet** die hier vorgestellte Supply Chain Scorecard auf eine separate **Lern- und Entwicklungsperspektive**. Einerseits umspannen die strategischen Ziele der Lern- und Entwicklungsdimension das gesamte Unternehmen. Ihre Inhalte lassen sich den erwähnten fünf Perspektiven der Supply Chain Scorecard zuordnen (wobei im Schwerpunkt ein Bezug zur Prozessdimension erfolgt). Andererseits besteht hinsichtlich der strategischen Ausrichtung der Lern- und Entwicklungsperspektive lediglich ein Bezug auf die Einzelorganisation. Weitere Akteure einer Supply

Chain (Lieferanten, Kunden, Wettbewerber, Handelspartner) bleiben somit von den Überlegungen der Lern- und Entwicklungsperspektive des Herstellers weitgehend ausgeschlossen (vgl. auch Weber und Wallenburg 2010, S. 227).

Eine nähere Charakterisierung der fünf Dimensionen dieser Supply Chain Scorecard erfolgt nachstehend. Die Mehrzahl der unten diskutierten Key Performance Indicators ist in der **Kennzahlentypologie des Supply Chain Managements** enthalten. In jeder Perspektive sind den Messgrößen strategische Ziele zugeordnet. In Abb. 6.14 ist die komplette Supply Chain Scorecard dargestellt.

6.3 Perspektiven der Supply Chain Scorecard

6.3.1 Finanzperspektive

Die Ziele der Finanzsicht einer Supply Chain Scorecard stehen im Austausch zu den übrigen vier Dimensionen des Konzepts. Der Erfolg (oder Misserfolg) der weiteren Perspektiven spiegelt sich in der Finanzsicht. Die **monetär geprägten Indikatoren** decken eine umfassende Spannbreite an Finanzzielen der Wertschöpfungskette ab. In diesem Kontext werden die Zielkorridore Erfolg, Liquidität, Rentabilität, Wert, Bestand und Kosten näher untersucht (vgl. Werner 2020). Abb. 6.8 zeigt die strategischen Ziele der Finanzperspektive – unter Zuordnung möglicher Performanz-Indikatoren – auf. Die anvisierten finanziellen Positionen sind in die zwei **primären strategischen Zielfelder** „Sicherung/Steigerung" (Erfolg, Liquidität, Rentabilität, Wert) sowie „Senkung" (Bestand, Supply-Chain-Kosten) eingeteilt:

- **Erfolg**: Das Erreichen (oder Nichterreichen) des finanziellen „Erfolgs" ist in der Gewinn- und Verlustrechnung abzulesen. Mögliche Kennzahlen der Erfolgsmessung sind die Eckdaten der Ergebnisrechnung: *Umsatz/Umsatzwachstum* (Sales Revenue), *Rohertrag* (Gross Profit), *operatives Ergebnis* (EBIT) oder *Jahresüberschuss* (Net Income).
- **Liquidität**: Ein weiteres strategisches Finanzziel der Supply Chain Scorecard besteht in der Sicherung von Liquidität, um gegenüber den Zahlungsverpflichtungen Dritter gewappnet zu sein. Als KPI werden der Finanzmittelüberschuss (*Cash Flow*) und der *Cash-to-Cash-Cycle* berücksichtigt.
- **Rentabilität**: Allgemein beschreibt die Rentabilität den Rückfluss eingesetzten Kapitals. Für ein Supply Chain Management bietet sich die Integration des ROCE in die Finanzperspektive an. Wie bereits ausführlich charakterisiert, berechnet sich ROCE aus der Division des EBIT zum eingesetzten Kapital. Alternativ zu dem Return on Capital Employed können ROA (Return on Assets),

6.3 Perspektiven der Supply Chain Scorecard

	Strategische Ziele	Mögliche Kennzahlen
Finanzen	Sicherung/Steigerung ■ Erfolg	Umsatzwachstum, Rohertrag, EBIT, Jahresüberschuss
	■ Liquidität	Cash Flow, Cash-to-Cash-Cycle
	■ Rentabilität	ROCE, ROA, ROS, ROTC, ROI
	■ Wert	Economic Value Added (EVA)
	Senkung ■ Bestand	Lagerreichweite, Turn Rate
	■ Supply-Chain-Kosten	Transportkosten, Totale Supply-Chain-Kosten

Abb. 6.8 Strategische Ziele und KPI der Finanzperspektive

ROS (Return on Sales), ROTC (Return on Total Capital) oder ROI (Return on Investment) in der Scorecard berücksichtigt werden. Welche Größe auch immer ausgewählt wird, einer dieser Renditeindikatoren sollte in der Finanzperspektive einer Supply Chain Scorecard enthalten sein.

- **Wert**: Wertsteigerungskonzepte werden in der modernen Betriebswirtschaftslehre mittlerweile umfangreich eingesetzt. Deren Berücksichtigung ist auch für das Supply Chain Management von Bedeutung. In diese Scorecard geht der bekannteste Vertreter von Wertsteigerungsgrößen ein, der *Economic Value Added* (EVA).
- **Bestand**: In der Kennzahlentypologie um das Supply Chain Management stachen unter den Bestandszielen die beiden „Könige" *Reichweite des Lagers* sowie *Umschlaghäufigkeit des Lagers* heraus. Einer der beiden Indikatoren sollte in die Finanzperspektive der Scorecard berücksichtigt werden, um die Kapitalbindung zu messen. Zur kalkulatorischen Verrechnung auf den EBIT sind Bestandseffekte über den Weighted Average Cost of Capital zu verzinsen.
- **Kosten**: Die oben beschriebenen Bestandskosten können auch unter diesen Punkt gefasst werden (je nach Bedeutung des Vorratsvermögens für ein Unternehmen). Ansonsten fallen beispielsweise *Transportkosten* und totale *Supply-Chain-Kosten* in diese Kategorie der Finanzperspektive.

6.3.2 Kundenperspektive

Die Kundenperspektive von Scorecards bezieht sich zumeist auf den ultimativen Endverbraucher (**Business-to-Customer**). Richten Unternehmen ihr Geschäft auf den Endverbraucher aus, ist die explizite Berücksichtigung einer Kundendimension für die Supply Chain Scorecard unerlässlich (beispielsweise im Handel). Doch auch für institutionelle Abwicklungen (**Business-to-Business**) sind Supply Chain Scorecards mit einer eigenen Kundendimension auszustatten:

- Tendenziell gilt, dass bei **Customization** die Sogwirkung des Endverbrauchers sehr ausgeprägt vorliegt: Dann zieht der ultimative Endkunde die Produkte auch aus den Herstellern, die in Richtung Ursprung der Wertschöpfungskette positioniert sind. Beispielhaft dafür steht der Autobau. Ein Produzent von Kabelbäumen orientiert sich in seinem Herstellungsprozess an den Wünschen ultimativer Autokäufer (Preis, Zuverlässigkeit, Sicherheit, Image, Exklusivität). In Abhängigkeit von der Zielgruppe des Autobauers (OEM), kann der Kabelbaumhersteller seine Produkte entsprechend ausrichten. Mit einer Befriedigung der Wünsche des Endkunden deckt der Lieferant die Anforderungen der Automobilindustrie automatisch mit ab.
- Wenn in einer Supply Chain hingegen die Anforderungen nach **Standardisierung** dominieren, verfolgen die in eine Lieferkette einbezogenen Hersteller eine Befriedigung der Wünsche direkt folgender Wertschöpfungsstufen. Im Investitionsgütersektor orientiert sich beispielsweise ein Produzent von Weißblechdosen an den Vorgaben und Anforderungen der unmittelbar folgenden Lieferstufe. Diese kann ein Produzent von Dosensuppen sein, welcher diese in Weißblechdosen abfüllt. Die Befriedigung der Wünsche ultimativer Endverbraucher spielt in diesem Fall nur eine untergeordnete Rolle.

Einige Elemente dieser Dimension ähneln denen der generischen Scorecard nach *Kaplan/Norton*. Sie richten sich allerdings speziell auf die Ansprüche an ein Supply Chain Management aus. In Abb. 6.9 finden sich strategische Ziele und vorgeschlagene Indikatoren zu deren Messung. Die **primären strategischen Zielsegmente** der Kundenperspektive stellen „Zufriedenheit und Service" (Kundentreue, Kundenzufriedenheit, Kundenreklamationen), „Akquisition" (Neukundengewinnung, Marktanteil), „Planungssicherheit" (Order Fulfillment, Absatzprognosegenauigkeit) sowie „Lernen/Entwickeln" (Innovation) dar:

6.3 Perspektiven der Supply Chain Scorecard

	Strategische Ziele	Mögliche Kennzahlen
Kunden	Zufriedenheit und Service ■ Kundentreue/-zufriedenheit ■ Kundenreklamation	Kundentreueindex, Kundenzufriedenheitsindex Ausgehender Servicegrad
	Akquisition ■ Neukundengewinnung ■ Marktanteil	Umsatzanteil Neukunden Relativer Marktanteil, Absoluter Marktanteil
	Planungssicherheit ■ Order Fulfillment ■ Absatzprognosegenauigkeit	Order Fulfillment Time Forecast Accuracy
	Lernen/Entwickeln ■ Innovation	Neuproduktrate

Abb. 6.9 Strategische Ziele und KPI der Kundenperspektive

- **Kundentreue**: Zur Steigerung der Kundentreue setzen die Marktpartner recht raffinierte Hilfsmittel ein (zum Beispiel Pay-Back-Kartensysteme). Seit Untersuchungen ergaben, dass über 90 % der Kunden abwandern, ohne sich zu beschweren, hat die Kundentreue an Bedeutung gewonnen. Dieser Tatbestand wiegt umso schwerer, weil es durchschnittlich vier- bis fünfmal teurer ist, neue Kunden zu gewinnen, als bestehende zu halten. Das strategische Ziel einer *Kundenzufriedenheit* korreliert mit der Kundentreue. Doch ist die Ermittlung dieser Kennzahl im stationären Endkundengeschäft (B2C) ausgesprochen schwierig. In einem B2B-Segment hingegen ist ein Kundenfeedback leicht zu erhalten. Dort können ausgehende Lieferservicegrade, Zurückweisungsquoten oder Verzugsquoten direkt gemessen werden.
- **Kundenreklamationen**: Eine weitere Zielsetzung der Kundensicht ist die Senkung an Reklamationen. Auch diese Kennzahl steht in enger Verbindung zur Kundenzufriedenheit. Ihre Messung kann im B2B-Segment über den ausgehenden Lieferservicegrad erfolgen (sowie dessen Unterkennzahlen *Zurückweisungsquote* und *Verzugsquote*). Doch auch im Endkundengeschäft verfügt

der After-Sales-Bereich über KPI, die diese Forderung unterstützen (zum Beispiel *Reklamationen pro Produkt und Zeiteinheit*).

- **Kundenneugewinnung**: Die Messung der Kundenakquisition kann über den Indikator *Umsatzanteil Neukunden* erfolgen. Beispielsweise wird die EC-Karte als Zahlungsmittel diesbezüglich als Identifikationsmittel dienen. Internet-Provider können die Neugewinnung von Kunden problemlos messen.

- **Marktanteil**: Grundsätzlich wird der Marktanteil *absolut* (Umsatzerlös des eigenen Unternehmens im Vergleich mit sämtlichen Konkurrenten) oder *relativ* (Umsatzerlös des eigenen Unternehmens im Vergleich zum stärksten Wettbewerber) gemessen. Neben den Umsatzerlösen sind Verkaufsmengen oder Lizenzvergaben weitere Bezugsgrößen zur Berechnung von Marktanteilen.

- **Order Fulfillment**: Die *Order-Fulfillment-Time* (Liefervorlaufzeit) misst die Zeitspanne in Stunden (Tagen/Wochen), welche für die Abfolge von Tätigkeiten zur vollständigen Bearbeitung von Kundenaufträgen benötigt wird. Mit einer Optimierung der Order-Fulfillment-Time steigt tendenziell die Zufriedenheit dieser Abnehmer.

- **Absatzprognosegenauigkeit**: Schwankungen in den Absatzprognosen bedeuten, dass die geplante Nachfrage nicht mit den tatsächlichen Bestellungen übereinstimmt. Diese Diskrepanz beschreibt eine *Forecast Accuracy*. Häufige Änderungen in den Absatzprognosen erschweren das „Tagesgeschäft" eines Disponenten. Doch die Logistik agiert nur im Back-Office. Im Front-Office sitzt der Vertrieb, er ist die direkte Schnittstelle zum Kunden. Die Logistik ist folglich darauf angewiesen, dass der Vertrieb zur „Disziplinierung" des Kunden beiträgt. Der Kunde soll „berechenbarer" werden. Dazu kann der Vertrieb ein Bonussystem einsetzen: Verbessert der Kunde nachweislich sein Abrufverhalten, könnte der Vertrieb ihn dafür direkt mit einem gestaffelten Preisnachlass belohnen. Dadurch werden Folgekosten vermieden (TCO-Betrachtung).

- **Innovation**: Der *Innovationsgrad* eines Sortiments ist beispielsweise durch den Anteil neuer Produkte zu bisherigen Artikeln abzuleiten. Bei Vorhandensein einer eigenen Lern- und Entwicklungsperspektive, könnte die Innovationsrate in dieser Dimension der Scorecard verankert sein. Doch sie ist auch in den Bezugsrahmen dieser Kundendimension einzubeziehen.

6.3.3 Prozessperspektive

Die Prozesse einer Supply Chain werden von den **Schlüsselgrößen des Wettbewerbs** (vgl. Werner 2000g, h) geprägt: Supply-Chain-Prozesse orientieren sich

6.3 Perspektiven der Supply Chain Scorecard

an einer Optimierung des strategischen Dreiecks. Dieses setzt sich aus den Größen Kosten, Zeit und Qualität zusammen. Daneben können sich die strategischen Ziele dieser Prozesssicht auf zusätzliche Wettbewerbsfaktoren ausrichten: Agilität, Service, Innovation, Information, Nachhaltigkeit.

Im Rahmen der weiteren Ausführungen erfolgt eine Integration der Prozessattribute unter die genannten Schlüsselgrößen des Marktes. Zunächst ist die Prozessperspektive unter besonderer Berücksichtigung des Wettbewerbsfaktors **Kosten** zu charakterisieren. Mögliche strategische Ziele richten sich nach „Kapazitätsauslastung" und „Produktivität" aus. Hinsichtlich der **Zeit** werden die Supply-Chain-Prozesse über Zugangszeiten (Time-to-Market für Produktentwicklungen) und Durchlaufzeiten gemessen. Der Wettbewerbsfaktor **Qualität** kann über die Ziele Produkt-/Prozessqualität und Auftragsabwicklungsqualität gemessen werden. Das strategische Dreieck von Kosten, Zeit und Qualität kann zum Viereck erweitert werden, wenn eine **Flexibilitätsorientierung** erfolgt (vgl. Abb. 6.10):

- **Kapazitätsauslastung**: Unter das Hauptsegment *Kosten* fällt als strategisches Ziel eine verbesserte *Kapazitätsauslastung*. Dieses Ziel wird über die Planbeschäftigung gemessen (tatsächliche Fertigungsstunden zu geplanter Betriebsbereitschaft).
- **Produktivität**: Beispiele für die Arbeits-Produktivität innerhalb der Prozessperspektive stellen die Indikatoren *Lagerbewegungen je Mitarbeiter* oder *Kommissionierungs-Vorgänge pro Mitarbeiter* dar. Mit einer Verbesserung der Produktivität erfolgt eine Reduzierung von Prozesskosten.
- **Zugangszeit/Durchlaufzeit**: Die *Time-to-Market* steht für die Zeitspanne, die von der Ideengenerierung bis zum Marktzugang von Produkten oder Diensten verstreicht. Besondere Anforderungen an das Supply Chain Management liegen hier in der Einlaufsteuerung. Die *totale Durchlaufzeit* reicht vom Auftragseingang bis zur Warenauslieferung. Sie bezieht sich in einem Supply Chain Management nicht nur auf Produkte. Eine totale Durchlaufzeit berücksichtigt sämtliche indirekten Supply-Chain-Aktivitäten, die zur Erbringung von Ergebnissen beitragen (Dienstleistung, Service, Prozess).
- **Produkt-/Prozessqualität**: Die Bewertung der Produkt- und Prozessqualität des Supply Chain Managements erfolgt über die Kennzahlen *Ausschuss* (Scrap) und *Nacharbeit* (Rework). Gemessen wird der Zielerreichungsgrad mit Hilfe der „Parts per Million" (PPM). Ein „PPM 500" bedeutet, dass fünfhundert Produktfehler bei 1.000.000 hergestellter Produkte vorliegen.
- **Auftragsabwicklungsqualität**: Nicht nur im direkten Bereich ist die Beurteilung des Wettbewerbsfaktors Qualität für Supply-Chain-Prozesse wichtig. Auch im indirekten Segment ist diese Qualität langfristig und nachhaltig zu

	Strategische Ziele	Mögliche Kennzahlen
Prozesse	Kosten ■ Kapazitätsauslastung	Kapazitätsauslastungsgrad, Maschinennutzungsintensität
	■ Produktivität	Lagerbewegungen je Mitarbeiter, Kommissionierungs-Vorgänge pro Mitarbeiter
	Zeit ■ Zugangszeit/Durchlaufzeit	Time-to-Market, Total Cycle Time
	Qualität ■ Produkt-/Prozessqualität	Ausschuss-/Nacharbeitsindex, Parts per Million (PPM)
	■ Auftragsabwicklungsqualität	Auftragsabwicklungsdauer, Auftragsabwicklungszuverlässigkeit
	Flexibilität ■ Produktionsflexibilität	Upside Production Flexibility
	Lernen/Entwickeln ■ Continuous Improvement	Verbesserungsvorschläge Schulungsrate/Weiterbildungsrate
	■ Mitarbeiterzufriedenheit	Fehlzeitenrate/Kündigungen pro Monat

Abb. 6.10 Strategische Ziele und KPI der Prozessperspektive

erbringen. Ein Beispiel dafür stellt die Auftragsabwicklungsqualität dar, welche sich aus einer *Auftragsabwicklungsdauer* sowie der *Auftragsabwicklungszuverlässigkeit* zusammensetzt.

- **Produktionsflexibilität**: Als Messgröße zur Bewertung dieses strategischen Ziels dient die *Upside Production Flexibility*. Im Rahmen der Kennzahlentypologie einer Supply Chain wurde sie als Zeitspanne definiert, welche in Tagen verstreicht, um einen ungeplanten Nachfrageschub zu befriedigen (nach SCOR von 20 %). Dabei sind Möglichkeiten zur internen Kapazitätserweiterung ebenso einzubeziehen, wie extern gerichtete Outsourcing-Lösungen.

- **Continuous Improvement**: Der Anspruch nach kontinuierlicher Verbesserung hat seinen Ursprung im Kaizen Management. Diese strategische Zielsetzung ist dem Anspruch ständigen Lernens und Entwickelns untergeordnet. Bildlich gesprochen, ist eine Schildkröte zwar nicht besonders schnell. Doch sie wird in der Regel sehr alt, wodurch sie auf lange Sicht eine beachtliche Distanz zurücklegt. Aber immer gemäß der Politik „der kleinen Schritte". Dieser Leitgedanke gilt auch für ein Supply Chain Management. Die Leistungsmessung zur kontinuierlichen Verbesserung kann über die Kennzahl *umgesetzte Verbesserungsvorschläge pro Mitarbeiter und Jahr* oder der Rate an *Schulungen/ Weiterbildungen pro Mitarbeiter* gemessen werden.
- **Mitarbeiterzufriedenheit**: Auch dieses strategische Ziel der Prozessperspektive leitet sich aus der Forderung „Lernen und Entwickeln" ab. Die Mitarbeiterzufriedenheit bezieht sich nicht ausschließlich auf den direkten Bereich (Produktion). Sie erstreckt sich auf sämtliche Personen, die Supply-Chain-Aktivitäten ausüben. Als Messgrößen dienen *Fluktuation, Krankenstand* oder *Fehlzeit*. Allerdings sind diese Key Performance Indicators mit Vorsicht zu genießen: Auch wenn sie sich innerhalb eines Unternehmens verbessern, bedeutet dies nicht zwingend eine erhöhte Zufriedenheit der Mitarbeiter. Vielleicht lässt die Angst um den Verlust des Arbeitsplatzes den Krankenstand eher sinken, als dass die Mitarbeiterzufriedenheit zugenommen hätte.

6.3.4 Lieferantenperspektive

Lieferantenkooperationen sind in der Supply Chain von großer Bedeutung. Ansätze wie Vendor Managed Inventory, Lieferanten-Logistik-Zentrum und Lieferantenpark verdeutlichen diesen Sachverhalt. Ohne eine enge Lieferanten-Hersteller-Bindung wären diese Konzepte nicht erfolgreich. Daher verwundert es, wenn *Kaplan/Norton* in ihrer (wenn auch generischen) Scorecard die Messung von Lieferantenleistungen nicht berücksichtigen. Die Kundenbeziehungen werden hingegen bekanntlich in einer separaten Perspektive abgebildet. Dadurch gerät die *Balanced* Scorecard ein wenig aus dem Gleichgewicht.

Nach Stölzle et al. (2001, S. 81) ist die explizite Berücksichtigung einer Lieferantensicht für die Supply Chain Scorecard auf Grund folgender **Argumente** anzuraten:

- Verbesserte Berücksichtigung der gemeinsamen Ziele von Herstellern *und* Lieferanten. Dieser Anspruch leitet sich aus der Heterogenität des Umfelds ab.

- Eindeutige Stakeholder-Orientierung: Der Lieferant ist einer der bedeutsamsten Stakeholder im Shareholder Value.
- Erhöhte Transparenz in den Kausalzusammenhängen; Lieferanten leisten Input für interne Prozesse.
- Gängige organisatorische Trennung von Beschaffung und Vertrieb in der Unternehmenspraxis. Dieser Gedanke ist für die Implementierung betrieblicher Anreizsysteme bedeutsam.

Eine Alternative zum Aufbau einer eigenen Lieferantendimension innerhalb von Supply Chain Scorecards bietet die Schaffung der **Marktperspektive** (vgl. Werner 2000g, h). In dieser Marktdimension werden Kunden- *und* Lieferantenattribute gemeinsam berücksichtigt. Doch besteht bei dem Aufbau einer Marktperspektive die Gefahr für einen „Overkill": Die Fülle an Informationen überfrachtet unter Umständen diese Perspektive. Verglichen mit den anderen Dimensionen, wiegt dann die Marktperspektive besonders schwer. Der Anspruch nach „Balanced" gerät in Gefahr. Aus diesen Gründen wird in der vorgestellten Supply Chain Scorecard eine eigene Lieferantensicht integriert.

Im Folgendem werden prägende Ziele der Lieferantendimension benannt und mit KPI ausgestattet (vgl. Abb. 6.11). Die anvisierten strategischen Ziele sind den **prägenden Begriffen** Warenverfügbarkeit (Qualität/Service), Zufriedenheit (Lieferantenzufriedenheit) sowie Kosten (Produktivität Wareneingang, Wareneingangskontrollkosten) zugeordnet:

- **Qualität/Service**: Die Sicherung (oder Steigerung) der Lieferantenzuverlässigkeit bezieht sich auf qualitative, quantitative und zeitliche Abweichungen von Lieferantensendungen (*Lieferservicegrad*). Mit der *Zurückweisungsquote* und der *Verzugsquote* stehen zwei Unterkennzahlen des Lieferservicegrads für ein Supplier Rating zur Verfügung.
- **Lieferantenzufriedenheit**: Das Ziel der Lieferantenzufriedenheit stellt das Pendant zur Kundenzufriedenheit dar. Mit dem Ziel der Senkung von Transaktionskosten sind Zufriedenheitsindizes für Lieferanten zu ermitteln. Außerdem stärkt die *Lieferantenzufriedenheit* die Dauerhaftigkeit einer Lieferanten-Hersteller-Beziehung. Eine schlechte Lieferanteneinbindung würde zu Reibungsverlusten an den Schnittstellen führen. Wenn es zur Beendigung der Lieferanbindung käme, müssten neue Lieferanten gefunden werden. Deren Zertifizierung und Auditierung würde viel Geld verschlingen.
- **Produktivität Wareneingang**: Mit Hilfe einer gesteigerten Produktivität im Wareneingang ist die Reduzierung von Prozesskosten verbunden. Mögliche In-

6.3 Perspektiven der Supply Chain Scorecard

	Strategische Ziele	Mögliche Kennzahlen
Lieferanten	Warenverfügbarkeit ■ *Qualität/Service*	Lieferservicegrad, Zurückweisungsquote, Verzugsquote
	Zufriedenheit ■ *Lieferantenzufriedenheit*	Lieferantenzufriedenheitsindex
	Kosten ■ *Produktivität Wareneingang* ■ *Wareneingangskontrollen*	Sendungen pro Tag, Warenannahmezeit je Sendung Wareneingangskontrollkosten

Abb. 6.11 Strategische Ziele und KPI der Lieferantenperspektive

dikatoren zur Bewertung der Produktivität im Wareneingang sind die Kennzahlen *Sendungen pro Tag* und *Warenannahmezeit je Sendung*.

- **Wareneingangskontrollkosten:** Die Ermittlung der oben beschriebenen Produktivitätskennzahlen kann auf die Bewertung der Wirtschaftlichkeit ausgeweitet werden. Beispielhaft steht dafür der Indikator *Wareneingangskontrollkosten pro Tag*.

6.3.5 Integrationsperspektive

Eine Integrationsperspektive der Supply Chain Scorecard bewertet die Leistung interner wie externer **Schnittstellen**. In der Integrationsperspektive wird das Fundament für das komplette Beziehungsnetzwerk von Supply Chains gegossen (Beziehungsmanagement). Derartige Entscheidungen richten sich nach der Wahl der beteiligten Akteure, der selektierten Prozesse und der Größe des gesamten Netzwerks aus (vgl. Richert 2006, S. 89).

Bei der Festlegung der Netzwerkstruktur ist zu beachten, dass die Partner im Beziehungsgeflecht einer Wertschöpfungskette gewachsene Gebilde mit einer eigenen Kultur, Philosophie und Politik darstellen. Die Akteure befinden sich in einem **Spannungsfeld** zwischen divergenten Supply-Chain-Zielen:

- Interaktion und Interdependenz
- Kooperation und Konkurrenz
- Autonomie und Abhängigkeit
- Standardisierung und Individualisierung

Ein Supply Chain Management „glockenartig" über die Beteiligten stülpen zu wollen, wird nicht funktionieren. Im Gegenteil, das Supply Chain Management berücksichtigt die spezifischen Anforderungen der beteiligten Akteure: Es passt sich individuell den Organisationen an.

In der Integrationsperspektive der Scorecard finden sich Anforderungen an die Technik und die Kollaboration (vgl. Abb. 6.12). In Anlehnung an die Überlegungen von *Weber et al.* (vgl. Weber und Wallenburg 2010, S. 235) können die Attribute der Technik als harte Faktoren (**Kooperationsintensität**) bezeichnet werden. Die Anforderungen an eine Kollaboration entsprechen hingegen weichen Faktoren (**Kooperationsqualität**). Bei der **Technik** dominieren Verbesserung in Datentransfer und Infrastruktur. Die strategischen Ziele Organisation/Vertrauen und Kooperation sind entsprechend unter dem Aspekt der **Kollaboration** berücksichtigt. In den nachstehenden Ausführungen werden diese Zusammenhänge näher beschrieben:

- **Datentransfer**: Die Kennzahl *Digital Links* bemisst die Anzahl gemeinsam genutzter Systeme, in Relation zu der Gesamtzahl an Systemen eines Unternehmens. Mit einer Verbesserung dieser Größe lässt sich die Notwendigkeit zur Einberufung zeitraubender Abstimmungssitzungen reduzieren.

	Strategische Ziele	*Mögliche Kennzahlen*
Integration	Technik ■ *Datentransfer* ■ *Infrastruktur*	Digital Link Fleet Link
	Kollaboration ■ *Organisation/Vertrauen* ■ *Kooperation*	Vertrauensindex, Dauer der Kooperation, Mitarbeiteraustauschindex Anzahl gemeinsam genutzter Datensätze, Squeeze-in-Time

Abb. 6.12 Strategische Ziele und KPI der Integrationsperspektive

6.3 Perspektiven der Supply Chain Scorecard

- **Infrastruktur**. Während der Datentransfer über Digital Links gemessen wird, leitet sich die Bewertung der Infrastruktur aus den *Fleet Links* ab. Ein Fleet Link steht für das Verhältnis gemeinsam genutzter Förderzeuge, in Relation zur Gesamtzahl an Förderzeugen. Die Kennzahl kann in einem „Multiple User Warehouse" eingesetzt werden. Darin teilen sich mindestens zwei rechtlich selbstständige Partner eine Lagerstäte, die von einem 3 PL bewirtschaftet wird. Ein hoher Fleet Link steht für ein gelungenes Cost-Sharing von Supply-Chain-Assets (zum Beispiel Flurförderzeuge).
- **Organisation/Vertrauen**: In einer Supply Chain kooperieren rechtlich selbstständige Partner. Jeder beteiligte Akteur wird zunächst die Optimierung seiner eigenen Ziele verfolgen. Teilweise werden die Akteure auch gesamtoptimale Lösungen anstreben, von denen alle Partner profitieren können (daraus ergibt sich eine „wirkliche" Win-Win-Situation). Wird im Netzwerk *Vertrauen* verspielt, können sich Supply Chains auflösen. *Weber/Bacher/Groll* schlagen zur Förderung des Vertrauens die gemeinsame Klärung von Visionen oder Grundsätzen vor (vgl. Weber und Wallenburg 2010, S. 240). Dabei gilt: Je *länger* die Zuliefer-Abnehmer-Verbindung hält, desto stärker dürfte das Vertrauensverhältnis gewachsen sein. Ebenso sind rigide Organisationsstrukturen in Wertschöpfungsketten aufzuweichen. Dazu bietet sich Resident Engineering an. Darunter ist die befristete *Entsendung von Mitarbeitern* des Zulieferunternehmens in das Entwicklungs-Team des Kunden zu verstehen (Simultaneous Engineering).
- **Kooperation**: Das Ziel zur Verbesserung der Kooperation zwischen den Unternehmen ist eng mit dem Anspruch nach Organisation und Vertrauen verbunden. Wenn es den Akteuren gelingt, eine günstige Kooperationsbasis zu schaffen, stellt sich Vertrauen nicht zwingend ein. Aber diese Zielerreichung wird zumindest begünstigt. Eine Messgröße für den Kooperationsgrad ist die *Anzahl gemeinsam genutzter Datensätze*. Mit dieser Kennzahl wird die Kollaboration bewertet. Mit gemeinsam genutzten Datensätzen steigt die Kompatibilität in der Supply Chain. Dadurch sinkt die Gefahr von Redundanzen in der Kette. Beispielsweise wird Vendor Managed Inventory (VMI) ohne gemeinsam genutzte Datensätze nicht funktionieren. Allerdings besagt die Quantität ausgetauschter Informationen nichts über ihre Güte. Deshalb bietet es sich an, diese Kennzahl zur *Anzahl gemeinsam genutzter fehlerfreier Datensätze* auszuweiten. Über *Squeeze-in-Time* wird die Kooperation von Supply-Chain-Akteuren ebenfalls gemessen. Diese Kennzahl bewertet die Zeitspanne, die bis zur vollständigen Integration eines neuen Partners in die Lieferkette verstreicht. Fraglich ist jedoch, wann eine „vollständige Integration" abgeschlossen ist (Messproblematik).

6.3.6 Supply Chain Scorecard im Überblick

Die vorgestellte Scorecard eines Supply Chain Managements setzt sich aus fünf Perspektiven zusammen (vgl. Abb. 6.13). Finanz-, Kunden- sowie Prozessdimensionen entsprechen weitgehend den Überlegungen der generischen Scorecard, allerdings aus dem speziellen Blickwinkel einer Supply Chain heraus. Der Empfehlung zur Berücksichtigung einer **Lern- und Entwicklungsperspektive** wird nicht gefolgt. Einerseits sind die strategischen Ziele einer Lern- und Entwicklungssicht in anderen Dimensionen der Scorecard zu verankern. Andererseits zielt die Lern- und Entwicklungsperspektive auf die eigene Organisation und nicht auf ein komplettes Netzwerk.

Eine weitere Modifizierung zur bekannten Scorecard mit ihren vier Dimensionen erfolgt durch die Berücksichtigung einer separaten **Lieferantenperspektive**. Darin sind übergreifende Leistungen einer Supply Chain in Richtung Zulieferer abgebildet. Schließlich stellt die Berücksichtigung der **Integrationsdimension** eine zusätzliche Erweiterung zur klassischen Scorecard nach *Kaplan/Norton* dar. Mit ihr sind interne und externe Kooperationsanforderungen an die Technik und den Kollaborationsgrad der Supply-Chain-Akteure verbunden (vgl. Werner 2020).

In Anlehnung an die oben beschriebenen Zusammenhänge, werden die fünf Perspektiven der Supply Chain Scorecard mit strategischen Zielen besetzt. Um kein „ungeordnetes Nebeneinander" dieser Attribute in einer Dimension der Sup-

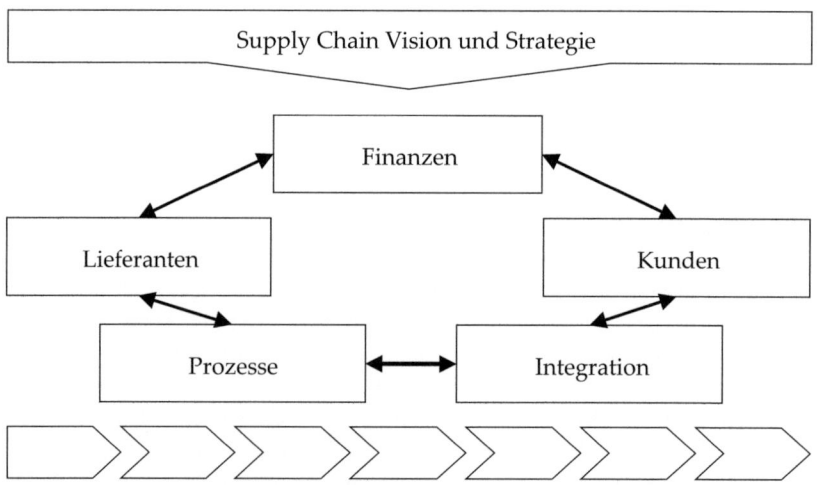

Abb. 6.13 Supply Chain Scorecard nach Werner

6.3 Perspektiven der Supply Chain Scorecard

ply Chain Scorecard zu erzeugen, erfolgt eine Zuordnung von strategischen Zielen unter Berücksichtigung von **Oberbegriffen**. Außerdem sind den strategischen Zielen geeignete Kennzahlen zur Seite zu stellen, welche zur Leistungsmessung dienen. Diese Schlüsselindikatoren beziehen sich sowohl auf die eigene Organisation als auch auf gesamte Netzwerke. Abb. 6.14 visualisiert diesen Sachverhalt. Die dort aufgezeigte Scorecard stellt die Zusammenführung der zuvor isoliert beschriebenen Perspektiven dar (vgl. Werner 2013ab, S. 443).

Die Ausführungen zur Supply Chain Scorecard finden ihre Erweiterung in der Erstellung einer Strategy Map. Um die Gedanken zur Balanced Scorecard in modernen Wertschöpfungsketten abzurunden, wird im Folgenden eine mögliche **Kausalkette** des Supply Chain Managements aufgezeigt.

Der **Ursache-Wirkungs-Zusammenhang** einer Supply Chain Scorecard basiert auf den oben beschriebenen fünf Perspektiven dieses Konzepts. Eine Ursache führt zu einer Wirkung. Die originäre Wirkung wird ihrerseits zur Ursache der nächsten Wirkung. Die Kausalbeziehungen der Balanced Scorecard sind nicht streng mathematisch, sondern sachlogisch miteinander verknüpft. Dadurch ist die Rückverfolgbarkeit des finanziellen Erfolgs (oder Misserfolgs) eines Unternehmens möglich. Nachstehend wird eine Beschreibung kausaler Verkettungen innerhalb einer Supply Chain beispielhaft Bottom-Up vorgenommen. Die alles umspannende **Integrationsperspektive** beschreibt eine Verbesserung der strategischen Ziele Technik und Kollaboration. Beispielsweise werden im Partnergeflecht identische Datensätze genutzt. Ebenso ist die Intensivierung von Digital Links und Fleet Links denkbar.

Auf Basis dieser stärkeren Supply-Chain-Interaktion mit den **Lieferanten** ergeben sich für den Hersteller eine verbesserte Warenverfügbarkeit ebenso, wie Möglichkeiten zur Kostensenkung. Die Reduzierung der Kosten wird durch Verbesserungen der Wirtschaftlichkeit ermöglicht (zum Beispiel günstigere „Kosten pro Pick"). Dadurch ergeben sich positive Auswirkungen für unterschiedliche Supply-Chain-Parameter: Produkt- und Prozessqualität, Durchlaufzeit und Produktionsflexibilität (**Prozesssicht**). Außerdem kann der Lieferant seinen über den Preis abgeleiteten Kostenvorteil an den Hersteller weitergeben.

Mit einer Verbesserung der internen Prozesse über verschiedene Wettbewerbsfaktoren ist die Möglichkeit zur **Kundenakquisition** verbunden: Die Taktung der internen Prozesse wird verbessert. Ein zuvor in Richtung Kunde signalisiertes Lieferversprechen kann eingehalten werden (Available-to-Promise). Schließlich führt die Akquisition zusätzlicher Kunden zur Verbesserung der Umsatzrendite (Return on Sales, ROS). Diese wird in der **Finanzperspektive** gemessen. In Abb. 6.15 findet sich eine übersichtliche Visualisierung dieser Zusammenhänge.

Strategische Ziele	Mögliche Kennzahlen
Finanzen	*Finanzen*
Erfolg Liquidität Rentabilität Wertsteigerung Bestand Supply-Chain-Kosten	Umsatz, Rohertrag, EBIT, Jahresüberschuss Cash Flow, Cash-to-Cash-Cycle ROCE, ROA, ROS, ROTC, ROI Economic Value Added (EVA) Lagerreichweite, Turn Rate Transportkosten, Supply-Chain-Kosten
Kunden	*Kunden*
Kundentreue/-zufriedenheit Kundenreklamation Neukundengewinnung Marktanteil Order Fulfillment Absatzprognosegenauigkeit Innovation	Kundentreueindex Kundenzufriedenheitsindex, Servicegrad Umsatzanteil Neukunden Relativer Marktanteil, Absoluter Marktanteil Order Fulfillment Time Forecast Accuracy Neuproduktrate
Prozesse	*Prozesse*
Kapazitätsauslastung Produktivität Zugangszeit/Durchlaufzeit Produkt-/Prozessqualität Auftragsabwicklungsqualität Produktionsflexibilität Continuous Improvement Mitarbeiterzufriedenheit	Kapazitätsauslastungsgrad/Kapazitätsnutzungsintensität Lagerbewegungen pro MA, Picks pro Mitarbeiter Time-to-Market, Total Cycle Time Ausschuss-/Nacharbeitsrate, Parts per Million Auftragsabwicklungsdauer und -zuverlässigkeit Upside Production Flexibility Verbesserungsvorschläge, Schulungsrate Fehlzeiten/Kündigungen, Schulungen pro MA
Lieferanten	*Lieferanten*
Qualität/Service Lieferantenzufriedenheit Produktivität Wareneingang Wareneingangskontrollen	Servicegrad, Zurückweisungsquote, Verzugsquote Lieferantenzufriedenheitsindex Sendungen pro Tag, Warenannahmezeit je Sendung Wareneingangskontrollkosten
Integration	*Integration*
Datentransfer Infrastruktur Organisation/Vertrauen Kooperation	Digital Link Fleet Link Vertrauensindex, Kooperationsdauer, Gemeinsam genutzte Datensätze, Squeeze-in-Time

Abb. 6.14 Strategische Ziele und Kennzahlen der Supply Chain Scorecard

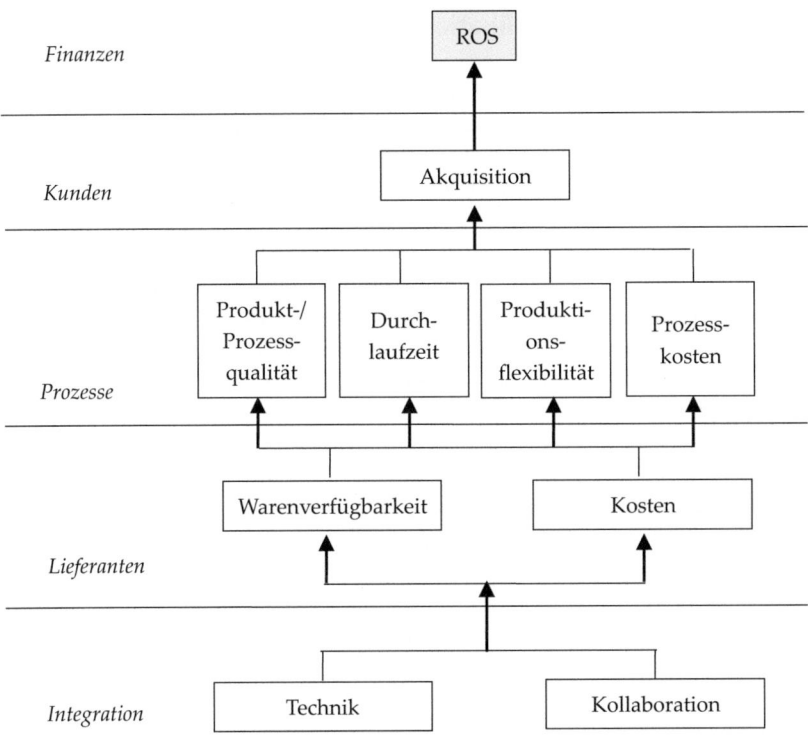

Abb. 6.15 Kausalkette einer Supply Chain Scorecard

6.4 Von der Scorecard zur Strategy Map

„Having trouble with your strategy? Then map it." Derart pointiert überschrieben *Kaplan* und *Norton* ihren Beitrag, der in der Zeitschrift *Harvard Business Review* erschien (vgl. Kaplan und Norton 2000, S. 167). Die beiden Protagonisten der Balanced Scorecard erprobten jenen Ansatz in einer Vielzahl von Projekten. Sie stellten fest, dass eine an die Scorecard gesetzte Forderung nicht erfüllt werden konnte: Mit Hilfe der Balanced Scorecard sollte den Mitarbeitern die strategische Stoßrichtung eines Unternehmens verdeutlicht werden. Diese Zielsetzung wurde aber nur bedingt erreicht: Bei der Transformation von Unternehmenszielen auf die Mitarbeiterebene kommt es zu **Sickerverlusten**. Um dieses Defizit aufzuheben, waren es *Kaplan* und *Norton* selbst, die Grundüberlegungen der Balanced Scorecard zur Strategy Map erweiterten.

6.4.1 Allgemeine Implikationen der Strategy Map

Am Beispiel von „Mobil North American Marketing and Refining" beschreiben *Kaplan* und *Norton* die Einsatzmöglichkeiten von Strategiekarten (vgl. Kaplan und Norton 2000, S. 167). Strategy Maps sind moderne **Schlachtpläne**. Ebenso wie die Balanced Scorecard, wird auch die Strategy Map Top-Down erstellt.

▶ Die **Strategy Map** dient der Visualisierung von Supply-Chain-Zielen, Aufgaben und Bewertungsmaßstäben. Diese Schlachtpläne können den eigenen Mitarbeitern die strategische Zielrichtung eines Unternehmens „selbstredend" erläutern. Dabei bedient sich die Strategy Map – stärker als die Balanced Scorecard – der Darstellung sachlogischer Wirkungszusammenhänge in kausalen Ketten.

Ihre ursprünglichen Gedanken zur Strategy Map **überarbeiteten** *Kaplan* und *Norton* in den Folgejahren (vgl. Kaplan und Norton 2001a, b, 2004). Die bekannten vier Perspektiven der Balanced Scorecard bleiben erhalten (Finanzen, Kunden, Prozesse, Lernen und Entwickeln). Teilweise integrieren *Kaplan* und *Norton* in ihrer Strategy Map Auszüge bekannter Managementtheorien: So finden sich darin Überlegungen des Shareholder-Value-Ansatzes nach *Rappaport* (vgl. Rappaport 1999) ebenso, wie der Market-Based-View von *Porter* (vgl. Porter 2013, 2014). Nachstehend werden die **Inhalte der vier Perspektiven** einer allgemeinen Strategy Map gekennzeichnet (vgl. Kaplan und Norton 2004):

- **Finanzperspektive**: Die ersten Überlegungen von *Kaplan/Norton* (vgl. Kaplan und Norton 2018) in Richtung Finanzperspektive orientierten sich an Lebenszyklusdarstellungen. Später ersetzten monetäre Indikatoren diese Lebenszyklusfokussierten Inhalte. In der Strategy Map finden sich die Zielfelder „Verbesserung der Kostenstruktur", „Steigerung der Vermögensnutzung", „Ausweitung der Umsatzmöglichkeiten" sowie „Erhöhung des Kundenwerts". Über eine Wirtschaftlichkeitsstrategie und eine Wachstumsstrategie richten sich diese Indikatoren an einer langfristigen „Steigerung des Shareholder Value" aus. Die **Wirtschaftlichkeitsstrategie** erinnert an die „Kostenführerschaft" von *Porter*. Analog ist die **Wachstumsstrategie** nahezu deckungsgleich mit der „Differenzierungsstrategie" von *Michael E. Porter* (vgl. Porter 2013, 2014).
- **Kundenperspektive**: In der Kundendimension finden sich drei Hauptbereiche, die unterschiedliche strategische Kenngrößen beinhalten (vgl. Kaplan und Norton 2004, S. 34 und S. 294). Diese Strategiekategorien sind „**Produkt-/**

6.4 Von der Scorecard zur Strategy Map

Serviceeigenschaften" (Preis, Qualität, Verfügbarkeit, Auswahl, Funktionalität), „**Kundenbeziehung**" (Service, Partnerschaft) und „**Marke**" (Image). Die Verbesserung des *Kundenwertbeitrags* steht im Fokus der Kundenperspektive.

- **Interne Prozesse**: *Robert S. Kaplan und David P. Norton* (vgl. Kaplan und Norton 2004, S. 38) beziehen in ihrer Strategy Map die internen Prozesse auf „**Produktion und Logistik**" (Beschaffung, Produktion, Vertrieb, Risikomanagement), „**Kundenmanagement**" (Kundenauswahl, Akquisition, Kundenbindung, Wachstum), „Innovationen" (Marktchancen, F & E-Portfolio, Entwicklung, Markteinführung) sowie „**Gesetzliche Vorschriften**" (Umwelt, Arbeitssicherheit, Gesundheit, Beschäftigung, Gesellschaft). Hier werden die Weichen zur Generierung des oben angesprochenen Kundenwertbeitrags gestellt. In ersten Beiträgen (vgl. Kaplan und Norton 2001a, S. 82) stellen die Verfasser eine enge Verbindung zum Wertekettenmodells *Porters* her (vgl. Porter 2013, 2014). Später verwischt dieser Bezug aber weitestgehend (vgl. Kaplan und Norton 2004, S. 29).

- **Lernen und Entwickeln**: Schließlich umfasst die Lern- und Entwicklungsperspektive (vgl. Kaplan und Norton 2004, S. 45) einer Strategy Map nach *Kaplan* und *Norton* die Hauptfelder „**Humankapital**" (Kompetenzen, Weiterbildung, Wissen), „**Informationskapital**" (Systeme, Datenbanken, Netzwerke) sowie „**Organisationskapital**" (Kultur, Führung, Ausrichtung, Teamwork). Diese Dimension enthält immaterielle Werte, die auf dem Weg zur „Lernenden Organisation" wesentlich sind. Im Laufe der Zeit wurde die Bedeutung des „Wandels" deutlich (vgl. Kaplan und Norton 2004, S. 47).

Der **Aufbau** von Strategy Maps folgt, wie oben kurz beschrieben, dem „Top-Down-Prinzip". Ausgehend von der Finanzdimension werden die einzelnen Zielhierarchien, bis auf die Ebene nicht-finanzieller Werte, (Intangible Assets) zerlegt. Ein strategischer Schlachtplan wird deduktiv erstellt: Aus einem übergeordneten sachlogischen Ganzen heraus (zum Beispiel der Vision „Steigerung des Shareholder Value") untergliedert sich die Strategy Map auf untergeordnete strategische Zielbereiche.

Balanced Scorecard und Strategy Map stellen keine alternativen Ansätze dar. Sie ergänzen sich vielmehr und sollten **gemeinsam** eingesetzt werden. In Kombination sind sie besonders wirksam. Die Operationalisierung von Aktivitäten erfolgt in der Scorecard über Kennzahlen (Messfunktion). Eine Strategy Map ist qualitativ ausgerichtet. Sie visualisiert die Primärstrategien des Unternehmens in Form eines Schlachtplans. Die Darstellung drückt sich in der Kommunikation dieser Strategien gegenüber den Mitarbeitern und im Verhalten des Managements aus (vgl. Kaplan und Norton 2004).

6.4.2 Strategy Map der Supply Chain

Nachdem die Strategy Map zunächst allgemein beschrieben wurde, beziehen sich die folgenden Überlegungen speziell auf ihren Einsatz in der Supply Chain. Hierzu werden die **fünf Perspektiven** der Supply Chain Scorecard beibehalten (vgl. Werner 2020):

- Finanzen
- Kunden
- Prozesse
- Lieferanten
- Integration

Die nachstehenden Ausführungen sind in Abb. 6.16 grafisch dargestellt. Fette Pfeile symbolisieren die primäre strategische Stoßrichtung. Gestrichelte Pfeile stehen für sekundär bedeutsame strategische Ziele. Das **Fundament** der kompletten Strategiekarte stellt die Integrationsperspektive dar (Bottom-Up-Beschreibung):

- **Integrationsperspektive**: Die strategischen Oberziele der Integrationsperspektive lauten „Kollaboration", „Technik" und „Organisation". Dem Feld **Kollaboration** sind weiche Attribute der Supply Chain zuzuordnen. Das Netzwerk der beteiligten Akteure richtet sich nach Konnektivität, Vertrauen sowie Mitarbeiterzufriedenheit und -entwicklung aus. Die ersten beiden Ziele sind intern wie extern geprägt. Die Mitarbeiterzufriedenheit bezieht sich auf das eigene Unternehmen. Ein zweites Ziel stellt die **Technik** dar. Ihr sind die „harten" Leistungsgrößen Digital Link und Fleet Link zugeordnet. Es wird eine Standardisierung der Systemlandschaft angestrebt. Die Anforderungen an die **Supply-Chain-Organisation** liegen in der Schaffung einer „angenehmen Atmosphäre". Darunter fallen Aktivitäten zur Verbesserung der Unternehmenskultur, Unternehmenspolitik, Unternehmensphilosophie sowie in der Etablierung eines passenden Führungsstils.
- **Lieferantenperspektive**: Diese zweite Dimension einer Supply Chain Strategy Map orientiert sich an den Grundzielen „Lieferservicegrad", „Kosten/Preise" und „Transfer". Der **eingehende Servicegrad** ist über qualitative, quantitative wie zeitliche Kennzahlen zu messen (Zurückweisungsquote, Verzugsquote, Warenverfügbarkeit). Im Zuge der Lieferantenintegration sind aus Herstellersicht die **Kosten/Preise** von besonderem Interesse. Einerseits liegen Kostensenkungspotenziale in einer Optimierung der Lieferantenanbindung

6.4 Von der Scorecard zur Strategy Map

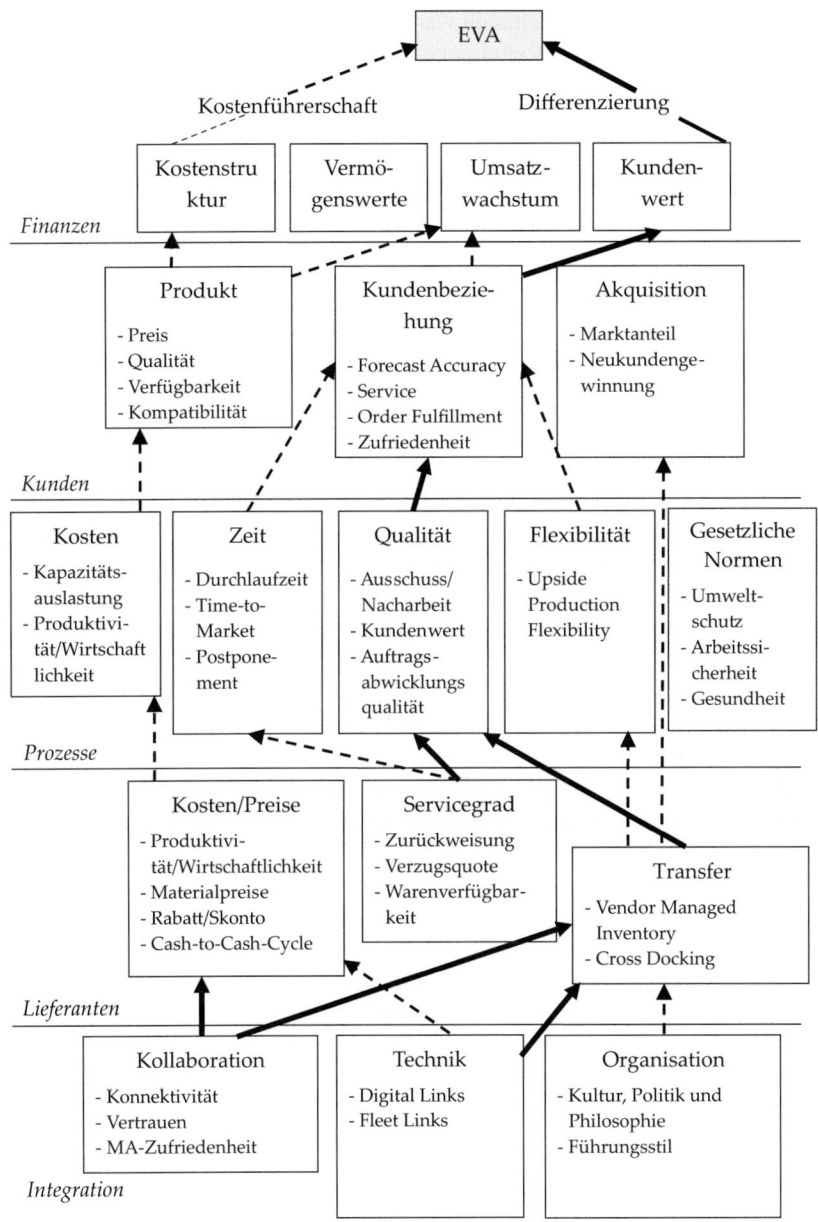

Abb. 6.16 Strategy Map in der Supply Chain

(Steigerung der Produktivität im Wareneingang, Senkung von Wareneingangskontrollen). Andererseits sind derartige Möglichkeiten über die Kennzahlen Rabatt, Skonto, Preise und Cash-to-Cash-Cycle abzulesen. Der dritte Sektor der Lieferantendimension beinhaltet strategische **Transfer-Ziele**. Stellvertretend für eine intensivierte Zuliefereinbindung werden Vendor Managed Inventory und Cross Docking in der Strategy Map aufgenommen. Lieferantenanbindungen können – im Sinne von Vendor Managed Inventory und Cross Docking – im Verhältnis zu den Lieferantenschnittstellen insgesamt gemessen werden.

- **Prozesse**: Verbesserte Lieferantenbeziehungen wirken sich positiv auf die internen Prozesse aus. Diese beziehen sich auf die Wettbewerbsfaktoren Kosten, Zeit, Qualität und Flexibilität. Ergänzend zu diesen Größen werden gesetzliche Normen in die Prozesssicht aufgenommen. Die Auswirkungen interner Supply-Chain-Prozesse auf die **Kostenstruktur** leiten sich über Kennzahlen zur Steigerung der Kapazität (Kapazitätsauslastungsgrad, Maschinennutzungsintensität) und Produktivität/Wirtschaftlichkeit (Lagerbewegungen je Mitarbeiter, Kommissionierungen pro Mitarbeiter) ab. **Zeitliche** Ziele in Supply Chains werden über die Durchlaufzeit und die Time-to-Market gemessen. Dabei zeichnen sich Wertschöpfungsketten durch einen differenzierten Umgang mit der Zeit aus. Es geht dabei nicht nur um die einseitige Beschleunigung von Aktivitäten. Vielmehr werden auch die Möglichkeiten zur bewussten Entschleunigung berücksichtigt (Postponement). Der Bereich **Qualität** beinhaltet die Ziele Ausschuss/Nacharbeit, Kundenwert (der anwendungsbezogene Qualitätsbegriff besagt, dass der Anspruch nach Qualität mit der Zufriedenheit des Kunden erfüllt ist) sowie Auftragsabwicklungsqualität. Letzte Größe bezieht sich auch auf den indirekten Bereich, welcher durch hohe Gemeinkosten geprägt ist. Die **Agilität** der Supply Chain wird durch die Upside Production Flexibility gemessen. Es ist die Zeit in Tagen, die ein Unternehmen dazu benötigt, einen ungeplanten Nachfrageschub von 20 % abzudecken. Die Überlegungen der Prozessperspektive beziehen sich schließlich auf **gesetzliche Normen**. Beispielhaft dafür stehen Umweltschutzauflagen (Nachhaltigkeit), Regelungen zur Arbeitssicherheit und die Wahrung der Gesundheit von Mitarbeitern.
- **Kunden**: Die Leistungen von Herstellern werden durch aktuelle und potenzielle Marktpartner bewertet. Von besonderer Bedeutung sind in der Strategy Map die Bereiche Produkt, Kundenbeziehung und Akquisition. Mögliche Anforderungen bezüglich des **Produkts** bestehen in den Merkmalen Preis, Qualität, Verfügbarkeit und Kompatibilität. Dabei ist der Produktbegriff nicht eng (physisch) auszulegen. Er umfasst auch Dienstleistungen. Eine Verbesserung der **Kundenbeziehungen** wird über die Größen Forecast Accuracy (im

B2B-Segment zur Planung von Kundenanforderungen), Service (beispielsweise After-Sales-Aktivitäten), Order Fulfillment (Zeitspanne zur Abarbeitung von Kundenaufträgen) und Kundenzufriedenheit gemessen. Schließlich finden zur Bewertung der **Akquirierung** neuer Kunden die Indikatoren Marktanteil und Neukundengewinnung (Verhältnis neuer Kunden zu Gesamtkunden) Einsatz.

- **Finanzen**: In der Finanzperspektive einer Strategy Map des Supply Chain Managements finden sich zwei Stränge. Der erste Weg führt über die **Kostenführerschaft**. Um diese einzunehmen, sind Verbesserungen der Kostenstruktur oder der Vermögenswerte notwendig. In Anlehnung an *Michael E. Porter* (vgl. Porter 2013, 2014), besteht das Pendant zur Kostenführerschaft in einer **Differenzierung**. Die Verfolgung der Differenzierungsstrategie basiert auf Umsatzwachstum oder der Steigerung des Kundenwerts. Allerdings bleibt der Anspruch *Porters* nach einem strikten „schwarz" oder „weiß" nicht erhalten. *Porter* warnte bekanntlich davor, ansonsten in ein „Stuck-in-the-Middle-Dilemma" zu geraten. In der Strategy Map kann hingegen eine Organisation die Differenzierung verfolgen, gleichzeitig jedoch eine (sekundäre) Optimierung ihrer logistischen Assets anstreben. Dieser Anspruch scheint in Zeiten hybrider Wettbewerbsstrategien gerechtfertigt (Mass Customization). Letztendlich verfolgen sämtliche Ziele dieser Strategiemappe eine Erhöhung des **Economic Value Added (EVA)**. Die strategische Supply-Chain-Stoßrichtung zur Verbesserung des Economic Value Added ist der Strategy Map „auf einen Blick" zu entnehmen. Die fetten und die gestrichelten Pfeile symbolisieren diesen Schlachtplan. Mit Hilfe der Strategy Map wird das Zustandekommen des Finanzergebnisses deutlich (vgl. unten).

Für das **Beispiel** aus Abb. 6.16 zur Strategy Map im Supply Chain Management bestehen die wesentlichen Strategien der **Integrationsperspektive** in einer Optimierung der Kollaboration sowie der Technik (jeweils fette Pfeile). Eine sekundäre strategische Stoßrichtung bezieht sich auf die Organisation. Technische und integrative Strukturelemente richten sich in der **Lieferantendimension** nach dem Transfer aus. Beispielsweise ist zunächst eine passende Systemlandschaft zwischen den Akteuren zu schaffen, um auf dieser Basis eine Bestandsführung im Sine von Vendor Managed Inventory anzustoßen. Gleichzeitig wird die Verbesserung des eingehenden Servicegrads über eine intensivierte Hersteller-Lieferanten-Integration verfolgt. Als Sekundärziele leiten sich in der Lieferantendimension die Kostenverbesserung und die Preisreduzierung ab.

Die strategische Primärstrategie in den **Prozessen** beruht auf dem Wettbewerbsfaktor Qualität. Fette Pfeile symbolisieren, dass die qualitativen Prozessinhalte sich aus dem Lieferservicegrad und der Zusammenarbeit mit Lieferanten ableiten. Beispielsweise unterstützt ein Vendor Managed Inventory, aus der Lieferantensicht (Transfer), den Kundennutzen, indem der Ansatz eine ständige Warenverfügbarkeit gewährleistet (Continuous Replenishment). Als eine sekundär bedeutsame Zielsetzung der Prozessdimension erweist sich die Verkürzung der Durchlaufzeit. Die Reduzierung der Durchlaufzeit resultiert aus einer Verbesserung des eingehenden Lieferservicegrads: Es fallen weniger Sendungszurückweisungen und geringere Verzüge von Warensendungen an.

Im Rahmen der **Kundendimension** ragt das Ziel „Optimierung der Kundenbeziehungen" heraus. Grundsätzlich verbessert sich durch qualitativ hochwertige Prozesse die Zufriedenheit der Abnehmer. Das strategische Sekundärziel zur Produktoptimierung ergibt sich aus optimierten Kostenstrukturen der Prozesssicht: Eine höhere Kapazitätsauslastung und verbesserte Produktivität des Prozessmanagements ermöglichen die Erzielung eines günstigeren Deckungsbeitrags.

Dicke Pfeile im Schlachtplan zeigen auf, dass dieser Hersteller in seiner **Finanzausrichtung** vornehmlich der Differenzierungsstrategie folgt. Über optimierte Kundenbeziehungen wird insbesondere eine Steigerung des Kundenwerts angestrebt. Das Primärziel der Organisation besteht in der Steigerung des Economic Value Added (EVA). Sekundär wird dieses Vorhaben mit der gestrafften Kostenstruktur untermauert: Einer verbesserten Kapazitätsauslastung interner Prozesse. Dieses Beispiel stellt Abb. 6.16 in übersichtlicher Weise dar.

6.4.3 Kombination von Scorecard und Strategy Map

Oben wurde deutlich, dass Balanced Scorecard und Strategy Map eine **kongeniale Symbiose** darstellen. Es handelt sich nicht um zwei alternative oder gar konkurrierende Ansätze der strategischen Führung. Vielmehr sind Balanced Scorecard und Strategy Map erst in Kombination besonders stark.

In Abb. 6.17 wird die integrierte Darstellung von Balanced Scorecard und Strategy Map aufgezeigt. Das folgende **Beispiel** bezieht sich auf einen Hersteller von „Schokoriegeln". Es knüpft zum Teil an die Arbeiten von *Kaplan* und *Norton* an (vgl. Kaplan und Norton 2004, S. 45). Allerdings wurden die Überlegungen auf die fünf Perspektiven einer Supply Chain Scorecard und Supply Chain Strategy Map übertragen.

Strategy Map und Balanced Scorecard sind direkt nebeneinander abgebildet. Die Strategy Map dient der Visualisierung (**qualitative Betrachtungsebene**). Mit Hilfe der Balanced Scorecard erfolgt die **Quantifizierung** strategisch definierter Ziele. Auch ein nicht direkt an der Erstellung der Scorecard beteiligter Mitarbeiter

6.4 Von der Scorecard zur Strategy Map

Strategy Map	Balanced Scorecard			
	Ziele	KPI	Zielwert	Aktion
Finanzen: EVA, Kostenstruktur, Umsatzrendite	Wertsteigerung	EVA	50 Mio. €	
	Umsatzrentabilität	ROS	15 %	
	Kostenstruktur	Kapitalkosten	150 Mio. €	
Kunde: Schokoriegel weltweit ausrollen, Marke stärken, Neue Kunden	Internationalisierung	Umsatzanteil Ausland	75 %	
	Marke stärken	Markenwert	400 Mio. €	
	Neue Kunden	Neue/besteh. Kunden	20 %	
Prozess: CRM-Systeme stärker nutzen, Neue Vertriebswege	CRM	Available-to-Promise	100 %	
	Vertriebswege (VTW)	Neue VTW/ bisherige VTW	15 %	
Lieferant: Servicegrad, Kollaboration	Servicegrad	Lieferservicegrad	95 %	
	Kollaboration	Digital Link	30 %	
Integration: Infrastruktur optimieren, Vertriebskompetenz stärken	Unterstützungssystem entwickeln	Verfügbarkeit Informationssystem	100 %	
	Schulung und Weiterbildung von Außendienst-MA	Schulungen/ Weiterbildungen pro MA	5	

Abb. 6.17 Kombination von Scorecard und Strategy Map in der Supply Chain

kann somit die strategische Stoßrichtung „auf einen Blick" erkennen. Durch die Vereinigung mit der Balanced Scorecard entsteht aber kein weiteres „Strategiepapier auf Wolke 17". Vielmehr erfolgt eine konkrete Leistungsmessung anvisierter Ziele. Anders ausgedrückt, leiten sich aus der Festlegung strategischer Zielkorridore (Strategy Map) automatisch Key Performance Indicators zur systematischen Operationalisierung ab (Balanced Scorecard).

Nachstehend erfolgt eine kurze Kennzeichnung des Beispiels „**Schokoriegelhersteller**". Abb. 6.17 verdeutlicht diesen Zusammenhang. In der **Integrationsperspektive** der Strategiekarte verdienen die beiden Primärstrategien „Infrastruktur optimieren" und „Vertriebskompetenz stärken" besondere Beachtung. Eine verbesserte Infrastruktur orientiert sich in der Strategy Map an der Entwicklung von Unterstützungssystemen. Innerhalb der Balanced Scorecard erfolgt die Messung dieser strategischen Ziele mittels der Kennzahl „Verfügbarkeit an Informationssystemen" (Zielwert: 100 %). Eine Stärkung der Vertriebskompetenz manifestiert sich in der Schulung sowie Weiterbildung von Außendienstmitarbeitern. Die Bewertung „Schulungen/Weiterbildungen pro Mitarbeiter und Jahr" ist der Scorecard zu entnehmen (Zielwert: 5).

Aus der eingeforderten Vertriebskompetenz beziehen sich in der **Lieferantensicht** der Strategy Map die Anstrengungen auf die Komponenten „Servicegrad" und „Kollaboration". Ihre Bewertung in der Scorecard erfolgt mittels der Indikatoren „Lieferservicegrad" (Zielgröße: 95 %) und „Digital Link" (30 %). Basierend auf einer optimierten Lieferantenintegration setzt der Schokoriegelhersteller auf „neue Vertriebswege" in der **Prozesssicht** (in der Scorecard gemessen über das Verhältnis neuer Vertriebswege zu bisherigen Vertriebswegen). Ebenso zeigt die Prozessperspektive die Zielsetzung einer „verstärkten Nutzung von CRM-Systemen". Das intensivierte Management der Kundenbeziehungen wird in der Balanced Scorecard über die Kennzahl „Available-to-Promise" bewertet: Wenn der Schokoriegelhersteller in Richtung Handel das Versprechen für einen Liefertermin abgibt, ist dieser Richtwert unbedingt einzuhalten (Zielwert: 100 %).

Innerhalb der **Kundendimension** zeigt die Strategy Map das übergeordnete Ziel „Schokoriegel weltweit ausrollen" an. Getragen wird dieses Anliegen aus der „gestärkten Marke" sowie der „Gewinnung neuer Kunden" (gemessen über den Indikator „neue Kunden zu bestehenden Kunden", Zielwert 20 %). Die Anstrengung intensivierter Internationalisierung des Schokoriegelherstellers misst in der Scorecard die Kennzahl „Umsatzanteil Ausland" (mindestens 75 %). Das Ziel der gestärkten Marke wird in der Scorecard über die Kennzahl „Markenwert" gemessen (400 Millionen Euro).

Schließlich ist der **Finanzdimension** die Zielsetzung „Verbesserung des Economic Value Added" zu entnehmen. Die in der Strategy Map eingeforderte Wertsteigerung wird in der Scorecard mit 50 Millionen Euro bewertet. Eine optimierte Kostenstruktur (gemessen über die Kapitalkosten) sowie eine Erhöhung der Umsatzrendite (bewertet über den Return on Sales) unterstützen die Bemühungen des Schokoriegelherstellers zur Verbesserung des Economic Value Added. In der Balanced Scorecard liegt die Messlatte für den ROS (Gewinn zu Umsatz) auf 15 %. Der Zielwert der Kapitalkosten beträgt 150 Millionen Euro.

6.5 Kritische Würdigung

Im Rahmen dieser kritischen Würdigung werden zunächst die **Stärken** der Scorecard diskutiert. Anschließend sind die Schwächen des Ansatzes aufzuzeigen (vgl. Werner 2000i, S. 455).

Die Scorecard ist ein **didaktisches Hilfsmittel**. Durch ihre Visualisierung schafft sie die Basis für Diskussionen und Kommunikationsprozesse in der Supply Chain. Nicht nur ein Insider erkennt rasch die Kerninhalte der Scorecard. Es besteht für die beteiligten Personen ein Zwang, sich mit der Vision, den Strategien sowie den Maßnahmen im Supply Chain Management auseinanderzusetzen. Dadurch wird das kritische Überdenken des Status quo gefördert.

Die Kausalität der Balanced Scorecard gestattet innerhalb der Wertschöpfungskette eine **Rückverfolgung** von Ursachen für ihren finanziellen Erfolg oder Misserfolg. Zum Beispiel kann eine Erhöhung der Umschlagshäufigkeit um 13 % in der Einführung von Kanban begründet liegen.

Durch die gleichzeitige Berücksichtigung von Kunden-, Lieferanten- und interner Prozessperspektive werden im Supply Chain Management die beiden Ansätze **Market-Based-View** und **Resource-Based-View** gleichermaßen berücksichtigt. Die Nachteile einer isolierten Anwendung der beiden Managementkonzepte werden vermieden.

Die Balanced Scorecard zeigt nicht nur die aktuelle oder die anvisierte Position (das *Wo*) in der Supply Chain. Das Konzept beschreibt auch das *Wie*, den **konkreten Weg** in diese Position. Vision und Mission werden auf die Ebene strategischer Ziele aufgebrochen. Anschließend sind diese Ziele durch Aktivitäten umzusetzen. Anders formuliert: Bei der Aufstellung der Balanced Scorecard findet eine Begrenzung des Interpretationsspielraums statt, indem eine zunächst wenig klar erscheinende Vision in konkrete Maßnahmen unternehmensindividuell transformiert wird.

Diesen potenziellen Vorteilen der Supply Chain Scorecard stehen jedoch einige **Nachteile** gegenüber. Zunächst bleibt festzuhalten, dass die Auswahl von Kennzahlen pro Perspektive sowie die Bestimmung der konkreten Ausprägungen je Messgröße **subjektiv** sind.

Bei der Balanced Scorecard treten durch Auf- oder Abrundungen **Skalenbrüche** auf. In der Supply Chain kann sich die Reduzierung der Nacharbeitsrate auf 14,6 % belaufen. Zumeist wird dieser Wert auf 15,0 % aufgerundet und damit einer abgerundeten Nacharbeitsrate von 15,4 % gleichgesetzt. Obwohl zwischen den Zahlen eine Spannweite von 0,8 % besteht. Dadurch ergeben sich strukturelle Brüche.

Das Auflegen der Messlatten in den Perspektiven ist speziell für **weiche Faktoren** mit Problemen behaftet. Beispielhaft dafür stehen die Kennzahlen Image, Zufriedenheit und Design. Eng damit verbunden ist die Schwierigkeit zur Vorgabe von Kennzahlen für **Innovationsleistungen**, die intern oder extern nicht vergleichbar sind.

Die generische Scorecard von *Kaplan* und *Norton* ist im Schwerpunkt **funktional und intern** orientiert und damit für ein echtes Netzwerkmanagement nur bedingt geeignet. Durch die Ausformulierung expliziter Kooperationsziele (untermauert durch die Ableitung modifizierter Perspektiven) lässt sich dieses Manko beheben.

Beim Aufbau der Scorecard werden Vision, Mission und Strategien durch das Management Top-Down vorgegeben. Die Realisierung der anvisierten Vorgaben obliegt den Mitarbeitern. Sie müssen sich mit den Inhalten der Supply Chain Scorecard identifizieren und die Richtwerte nachvollziehen. Eine mangelnde Mitarbeiterintegration und die Festlegung irrealer Ziele führen zu einem **Motivationsverlust** der Belegschaft.

Supply Chain Cost Tracking und Hard-(Soft)-Analyse 7

Weitere Bausteine des Supply Chain Controllings sind Cost Tracking und Hard-(Soft)-Analyse. Es sind moderne Abweichungsanalysen, die, ähnlich wie klassische Kennzahlensysteme und Performance-Measurement-Ansätze, die Erfolgswirksamkeit von Supply-Chain-Aktivitäten bewerten.

7.1 Supply Chain Cost Tracking

In der Folge werden drei Möglichkeiten für ein **Supply Chain Cost Tracking** vorgestellt: Cost Tracking von Materialpreisen, Cost Tracking von Frachtkosten sowie Cost Tracking von Beständen. Sämtliche näher beschriebenen Ausprägungsformen basieren auf dem Einsatz von Formblättern.

▶ Das **Cost Tracking** ist ein spezielles Überwachungssystem, welches dem Aufzeigen der *Erfolgswirksamkeit* von Unternehmensaktivitäten dient. Es ist häufig in ein Reporting-System (Berichtswesen) integriert und eine besondere Ausprägungsform einer *Abweichungsanalyse*.

Zur Beschreibung des Cost Trackings von Beständen, Frachtkosten und Materialpreisen dient ein **Beispiel**: Das Phantomunternehmen *View AG* stellt Fernsehgeräte in Deutschland am Standort Frankfurt her. Zu Beginn des Geschäftsjahrs 2021 nimmt sie einen Lieferantenwechsel für LCD-Panels vor. Bislang wurde das Unternehmen mit LCD-Panels aus Italien beliefert, und zukünftig bezieht sie diese aus Taiwan. Das Cost Tracking der Materialpreise, Frachtkosten und Bestände erstreckt sich auf den Berichtsmonat Juli des laufenden Geschäftsjahres.

© Springer Fachmedien Wiesbaden GmbH, ein Teil von Springer Nature 2022
H. Werner, *Supply Chain Controlling*,
https://doi.org/10.1007/978-3-658-36405-2_7

7.1.1 Cost Tracking von Materialpreisen

Die Materialpreise werden in der Regel unter der Klasse sieben in der Gewinn- und Verlustrechnung gebucht. Sie sind eine Komponente der Herstellungskosten des Umsatzes. Änderungen in den Materialpreisen (Erhöhungen oder Reduzierungen) schlagen sich folglich zu 100 % auf den EBIT einer Erfolgsrechnung nieder. Für das Cost Tracking der Materialpreise entwirft das Controlling der *View AG* den **Chart I** (vgl. Abb. 7.1, Werner 1999f, S. 150). In diesem Chart ist die Materialpreisabweichung für LCD-Panels abgetragen. Alle Zahlen werden in Tausend Euro (T€) und negative Zahlen in Klammern angegeben. Die **Materialpreisabweichung** bemisst die Leistung des Einkäufers. Sie gibt die Differenz zwischen den bereits im Vorjahr budgetierten und im laufenden Geschäftsjahr wirklich gebuchten (Actual), oder unterjährig geplanten (Outlook, Forecast), Materialpreisen an:

- **Bereich A.1**: Bis zum Juli 2021 stehen dem Controlling aus den Monatsabschlüssen Ist-Zahlen (Actual) zur Verfügung. Ab dem Monat August 2021 trägt das Controlling Plan-Zahlen (Outlook) in den Chart.
- **Bereich B.1**: Der Bereich B.1 visualisiert die totale Materialpreisabweichung. Die Zahlen sind kumuliert. Bis zum Actual Juli beläuft sich die Materialpreisabweichung auf 194 T€. Ein Outlook (synonym als „Forecast" bezeichnet) stellt die unterjährige Planung der Materialpreise dar. Bis zum Dezember 2021 beträgt diese 322 T€.
  – *Volumeneffekt*: Auf den Volumeneffekt entfällt der Raubanteil dieser Materialpreisabweichung. Von den 194 T€ im Actual Juli 2021 beziehen sich allein 154 T€ auf das Volumen. Diese Komponente ist durch den Einkäufer beeinflussbar. Mit der Umstellung der LCD-Panel-Belieferung von Italien nach Taiwan ist es dem Einkäufer gelungen, die Beschaffungspreise zu reduzieren.
  – *Börsenmaterial*: In die Herstellung der LCD-Panels geht Kupfer ein. Der Preis für Kupfer wird an der Börse notiert. Er ist durch den Einkauf nicht zu verhandeln. Kupfer kostet im Jahr 2021 mehr als budgetiert wurde. Dieser Effekt ist separat auszuweisen. Er beziffert sich bis zum Jahresende 2021 auf (51) T€.
  – *Wechselkurseffekt*: Auch auf die Wechselkurse kann der Einkauf keinen direkten Einfluss ausüben. Von der totalen Materialpreisabweichung zum Dezember 2021 (322 T€) entfallen allein 125 T€ auf die Wechselkurse. Wenn diese Auswirkung auf einem Hedging basiert, hat der Bereich Treasury das Kurssicherungsgeschäft für die betroffenen Währungen vorteilhaft abgeschlossen.

7.1 Supply Chain Cost Tracking

Chart I: Materialpreisabweichung (MPA)
Projekt: LCD-Panel Bezug aus Taiwan

View AG 2021 Alle Zahlen kumuliert Monat: Juli

		A.1	A.1	A.1	A.1	A.1	A.1	A.1	A.1	A.1	A.1	A.1
	Monat	01	02	03	04	05	06	07	08	09	10	11	12
	Periode	Act	Act	Act	Act	Act	Act	Act	Olk	Olk	Olk	Olk	Olk
B.1	Σ MPA	45	66	95	112	132	164	194	217	242	269	295	322
C.1	*Komponenten der MPA*												
	- Volumeneffekt	34	51	75	91	103	131	154	170	190	210	230	250
	- Börsenmaterial	(3)	(7)	(13)	(17)	(23)	(27)	(31)	(35)	(39)	(43)	(47)	(51)
	- Wechselkurseffekt	15	23	34	41	55	62	73	85	95	105	115	125
	- Werkzeugkosten	(1)	(1)	(2)	(4)	(5)	(5)	(5)	(6)	(7)	(7)	(7)	(7)
	- Skonto	0	0	1	1	2	3	3	3	3	4	4	5
D.1	MPA Bud	10	20	30	40	50	60	70	80	90	100	110	120
E.1	MPA Act/Olk vs. Bud	35	46	65	72	82	104	124	137	152	169	185	202
F.1	Aktionen zur Verbesserung der Materialpreisabweichung und Abweichungserklärungen												
	Monat	01	02	03	04	05	06	07	08	09	10	11	12
	Periode	Act	Act	Act	Act	Act	Act	Act	Olk	Olk	Olk	Olk	Olk

Aktionen zur Verbesserung der Materialpreisabweichung
-
-
-

Abweichungserklärungen (Act/Olk vs. Bud)
-
-
-

Legende: Act = Actual, Olk = Outlook, Bud = Budget
MPA = Materialpreisabweichung, alle Zahlen in Tausend Euro (T€)
Negative Zahlen werden in Klammern wiedergegeben

Abb. 7.1 Cost Tracking von Materialpreisen

- *Werkzeugkosten*: Werkzeugkosten nehmen in manchen Branchen hohe Beträge ein. Die (7) T€ basieren auf einer Werkzeugbeistellung an den LCD-Panel-Lieferanten.
- *Skonto*: Schließlich werden die gezogenen Skonti ausgewiesen. Sie leiten sich aus den Zahlungszielen ab. Zum Beispiel kann eine Zahlungsbedingung lauten: „Ziehung von 3 % Skonto bei Zahlung bis zum 10. Tag des Folge-

monats oder nach 50 Tagen netto". Im Rahmen des LCD-Panel-Bezugs erzielt die *View AG* aus Skonti bis zum Jahresende voraussichtlich 5 T€.
- **Bereich D.1**: Hier trägt das Controlling die Zahlen für das Budget 2021 ein. Auf Basis des Lieferantenwechsels nach Taiwan, wird monatlich mit einer positiven Abweichung von 10 T€ gerechnet.
- **Bereich E.1**: Die Abweichungen zwischen Actual und Outlook mit dem Budget finden sich in Block E.1. Bis zum Juli 2021 wird im Actual eine positive Abweichung von 124 T€ erzielt. Diese erhöht sich bis zum Jahresende auf 202 T€. Obwohl das Controlling bereits eine Reduzierung der Einkaufspreise durch den Lieferantenwechsel von 120 T€ im Budget berücksichtigte, wird diese Erwartung im laufenden Geschäftsjahr um 202 T€ übertroffen.
- **Bereich F.1**: Schließlich werden in diesen Bereich einzuleitende Aktionen zur Verbesserung der Materialpreisabweichung, sowie Erklärungen für diese Abweichungen, eingetragen und quantifiziert.

7.1.2 Cost Tracking von Frachtkosten

Weil die *View AG* ihre Frachtkosten unter der Klasse vier kontiert, beeinflussen sie den EBIT in der Gewinn- und Verlustrechnung zu 100 %. Für den LCD-Panel-Bezug aus Taiwan wird eine Belieferung Ab-Werk unterstellt. Die *View AG* trägt die Frachtkosten selbst. Das Cost Tracking der Frachtkosten findet sich in **Chart II** (vgl. Abb. 7.2):

- **Bereich A.2**: In diesen Bereich wird die Periode eingetragen.
- **Bereich B.2**: Die Frachtkosten sind kumuliert anzugeben. Bis zum Actual Juli 2021 belaufen sie sich für den LCD-Panel-Bezug aus Taiwan auf 166 T€. Der Outlook bis zum Dezember 2021 beträgt kumuliert 283 T€.
- **Bereich C.2**: Zunächst findet hier eine Unterscheidung zwischen Eingangs- und Ausgangsfrachten statt. Sie werden in die Bereiche normale Frachtkosten, Sonderfahrten und Zölle zerlegt (letzte sind von der Logistik nur indirekt beeinflussbar). Den Raubanteil an Frachtkosten nehmen die Eingangsfrachten mit 267 T€ ein (Jahresendwert). Durch das Herunterbrechen der Frachtkosten in ihre Bestandteile sind potenzielle Problembereiche sofort zu erkennen. Beispielsweise betragen die selektiven Sonderfahrten für den Monat März im Eingangsbereich 27 T€. Der Controller wird dem Frachtverantwortlichen eine Begründung dafür abverlangen.
- **Bereich D.2**: Das Budget für eine Belieferung von LCD-Panels aus Taiwan beziffert sich für Frachtkosten auf 240 T€ (pro Monat 20 T€).

7.1 Supply Chain Cost Tracking

Chart II: Frachtkosten
Projekt: LCD-Panel-Bezug aus Taiwan

View AG 2021 Alle Zahlen kumuliert Monat: Juli

		A.2	A.2	A.2	A.2	A.2	A.2	A.2	A.2	A.2	A.2	A.2	A.2
	Monat	01	02	03	04	05	06	07	08	09	10	11	12
	Periode	Act	Act	Act	Act	Act	Act	Act	Olk	Olk	Olk	Olk	Olk
B.2	Σ **Frachtkosten**	23	38	80	105	123	136	166	181	207	232	256	283
C.2	*Komponenten der Frachtkosten*												
	Eingangsfrachten	20	35	75	97	115	126	156	170	194	219	243	267
	- Normalfracht	17	29	42	61	79	88	113	125	145	165	185	205
	- Sonderfahrten	2	4	31	33	33	35	38	39	43	47	51	55
	- Zölle	1	2	2	3	3	3	5	6	6	7	7	7
	Ausgangsfracht.	3	3	5	8	8	10	10	11	13	13	13	16
	- Normalfracht	3	3	5	5	5	7	8	8	10	10	10	13
	- Sonderfahrten	0	0	0	3	3	3	3	3	3	3	3	3
	- Zölle	0	0	0	0	0	0	0	0	0	0	0	0
D.2	Frachtkosten Bud	20	40	60	80	100	120	140	160	180	200	220	240
E.2	Act/Olk vs. Bud	(3)	(2)	(20)	(25)	(23)	(16)	(26)	(21)	(27)	(32)	(36)	(43)
F.2	Aktionen zur Verbesserung der Frachtkosten/Abweichungserklärungen												
	Monat	01	02	03	04	05	06	07	08	09	10	11	12
	Periode	Act	Act	Act	Act	Act	Act	Act	Olk	Olk	Olk	Olk	Olk
	-												
	-												
	-												
G.2	Frachtkosten/ Umsatz (%)	01	02	03	04	05	06	07	08	09	10	11	12
	Umsatz BUD	2000	4000	6000	8000	10000	12000	14000	16000	18000	20000	22000	24000
	Frachtkosten/Umsatz (%)	1,00	1,00	1,00	1,00	1,00	1,00	1,00	1,00	1,00	1,00	1,00	1,00
	Umsatz Act/Olk	2013	5113	8356	10890	12993	14536	16730	19000	22000	25000	27000	29000
	Frachtkosten/Umsatz (%)	1,14	0,74	0,96	0,96	0,95	0,96	0,99	0,95	0,94	0,93	0,95	0,98

Legende: Act = Actual, Olk = Outlook, Bud = Budget
Alle Zahlen in Tausend Euro (T€)
Negative Zahlen werden in Klammern wiedergegeben

Abb. 7.2 Cost Tracking von Frachtkosten

- **Bereich E.2**: Es ergibt sich bis zum Jahresende 2021 eine negative Abweichung zwischen Actual (Outlook) und Budget von (43) T€.
- **Bereich F.2**: In den Abschnitt F.2 sind die Aktionen zur Verbesserung des Status quo und Erklärungen für Abweichungen in das Formblatt einzutragen. Diese Informationen liefert der Funktionsbereich Logistik.
- **Bereich G.2**: Im Bereich G.2 wird die Kennzahl „Frachtkosten in Relation des Umsatzes" berechnet. Die Frachtkosten weichen zum Jahresende 2021 absolut voraussichtlich um (43) T€ *negativ* ab. Allerdings sind absolute Zielvorgaben zum Teil irreführend. In Zeiten von Better Budgeting und Beyond Budgeting sind sie durch relative Zielvorgaben zu ergänzen, oder gar zu ersetzen. Die höheren Frachtkosten ergeben sich, weil im Outlook bis zum Dezember 2021 ein zusätzlicher Umsatz – verglichen mit dem Budget – um 5000 T€ erzielt wird. Laut Budget 2021 waren bis zum Jahresende Frachtkosten, in Relation des Umsatzes, von 1,00 % erlaubt. Der Outlook weist jedoch lediglich einen Wert von 0,98 %, aus: Die Freight-Ratio liegt um 0,02 % besser als im Budget eingeplant (*positive* Abweichung).

7.1.3 Cost Tracking von Beständen

Schließlich erstellt der Controller auch für das Cost Tracking von Beständen ein Formblatt (vgl. Chart III). Die Vorräte sind eine Komponente des Umlaufvermögens in der Bilanz der View AG. Sie binden Kapital und bewirken Opportunitätskosten. Auf Grund des Lieferantenwechsels von Italien nach Taiwan und der damit verbundenen deutlichen Verlängerung der Lieferzeiten, werden zusätzliche Sicherheitsbestände an LCD-Panels benötigt. Mit dieser Maßnahme möchte die *View AG* potenzielle Störungen und Lieferverzögerungen abfedern, um drohende Stock-outs zu vermeiden. Vgl. zum Cost Tracking der Bestände auch Abb. 7.3:

- **Bereich A.3**: Wie in den ersten beiden Fällen, werden in diesen Block die Perioden des Cost Trackings eingetragen (Actual und Outlook).
- **Bereich B.3**: Die gesamten Bestände werden in dem Chart in Bereich B.3. brutto eingetragen (also vor Abwertung auf Grund von Ungängigkeit). Im Actual Juli 2021 beziffert sich der Bruttobestand an LCD-Panels insgesamt auf 229 T€.
- **Bereich C.3**: Die Vorräte werden schließlich in ihre Komponenten herunter gebrochen. Die Supply-Chain-Leitung sieht unmittelbar, auf welche Kontengruppen sich die Verbesserungsmaßnahmen zur Bestandsreduzierung zuerst

7.1 Supply Chain Cost Tracking

Chart III: Bruttobestände
Projekt: LCD-Panel-Bezug aus Taiwan

View AG 2021   Alle Zahlen kumuliert   Monat: Juli

		A.3	A.3	A.3	A.3	A.3	A.3	A.3	A.3	A.3	A.3	A.3	A.3
	Monat	01	02	03	04	05	06	07	08	09	10	11	12
	Periode	Act	Act	Act	Act	Act	Act	Act	Olk	Olk	Olk	Olk	Olk
B.3	Σ **Bestände**	**286**	**276**	**287**	**267**	**268**	**260**	**229**	**214**	**210**	**195**	**188**	**175**
	Komp. D Bruttobestände:												
	Rohmaterial	0	0	0	0	0	0	0	0	0	0	0	0
	Kaufteile	177	199	203	187	199	187	165	150	150	140	135	126
	Selbstgef. Teile	39	31	27	30	25	24	22	20	18	16	16	15
	Work-in-Process	33	29	23	19	22	25	27	30	28	28	26	25
	Fertigwaren	33	12	31	27	19	18	10	10	10	8	8	6
	Beigst. Material	0	0	0	0	0	0	0	0	0	0	0	0
	Anzahlungen	1	3	1	2	1	2	3	3	3	3	3	3
	Sonstige	3	2	2	2	2	4	2	1	1	0	0	0
D.3	Bestand Bud	250	250	250	225	225	225	200	200	200	175	175	175
E.3	Act vs. Bud	(36)	(26)	(37)	(42)	(43)	(35)	(29)	(14)	(10)	(20)	(13)	0
F.3	Aktionen zur Verbesserung der Bestände und Abweichungserklärungen												
	Monat	01	02	03	04	05	06	07	08	09	10	11	12
	Periode	Act	Act	Act	Act	Act	Act	Act	Olk	Olk	Olk	Olk	Olk

Aktionen zur Verbesserung der Bestände
-
-
-

Abweichungserklärung (Act/Olk vs. Bud)
-
-
-

Legende: Act = Actual, Olk = Outlook, Bud = Budget
Alle Zahlen in Tausend Euro (T€)
Negative Zahlen werden in Klammern wiedergegeben

Abb. 7.3 Cost Tracking von Beständen

erstrecken müssen: Hier sind es eindeutig die Kaufteile, die beispielsweise in Konsignation genommen werden könnten.
- **Bereich D.3**: Im Budget 2021 wurde unterstellt, dass die Vorräte schrittweise insgesamt um 75 T€ abzubauen sind: Von 250 T€ im Januar auf 175 T€ im Dezember. Dafür sind Maßnahmen zur Senkung von Vorräten einzuleiten.
- **Bereich E.3**: Im Outlook wird ein Ausgleich der negativen Abweichung (versus Budget) bis zum Jahresende eingeplant. Outlook und Budget sind im Dezember 2021 identisch bei 175 T€. Ausgehend vom letzten verfügbaren Actual, müssen folglich die Vorräte bis zum Jahresende um 29 T€ gesenkt werden.
- **Bereich F.3**: Schließlich werden (wie in den beiden zuvor charakterisierten Charts auch) in den Bereich F.3 Aktionen zur Verbesserung und Erläuterungen für Abweichungen eingestellt.

7.2 Hard-(Soft)-Analyse

7.2.1 Charakterisierung

Eng verwoben mit dem Supply Chain Cost Tracking ist die **Hard-(Soft)-Analyse**. Sie ist ein recht neues Hilfsmittel des Controllings im Allgemeinen und des Supply Chain Controllings im Besonderen. In den 90er-Jahren wurde es von angloamerikanischen Organisationen entwickelt (allen voran *ITT*). Hierzulande ist die Hard-(Soft)-Analyse bislang wenig bekannt. Erst seit wenigen Jahren wird das Instrument in Deutschland, primär in der Automobil- und ihrer Zulieferindustrie, eingesetzt. So nutzt zum Beispiel der Automobilzulieferer *Continental* die Hard-(Soft)-Analyse (vgl. Werner 1999d, e).

▶ Die **Hard-(Soft)-Analyse** trägt ihren Namen, weil positive Abweichungen innerhalb dieser Überleitung einen *Hard Spot* darstellen. Umgekehrt beschreiben negative Abweichungen einen *(Soft) Spot*. Dieser wird üblicherweise in Klammern wiedergegeben.

Eine Hard-(Soft)-Analyse eröffnet die Möglichkeit zur Darstellung der Erfolgswirksamkeit von Unternehmensaktivitäten. Sie zeigt Erklärungen für **Abweichungen** auf. Dabei werden wesentliche Komponenten der *Gewinn- und Verlustrechnung* von einer Periode zur nächsten übergeleitet. Eine Abweichungserklärung erfolgt für ein Geschäftsjahr pro Quartal selektiv und für das gesamte Jahr kumulativ. Folgende Kombinationen von Abweichungsanalysen sind denkbar:

7.2 Hard-(Soft)-Analyse

- Ist-Zahlen versus Ist-Zahlen (beispielsweise Actual 2020 verglichen mit Actual 2021)
- Ist-Zahlen versus Plan-Zahlen (wie die Gegenüberstellung Actual 2021 mit Budget 2021)
- Plan-Zahlen versus Plan-Pahlen (zum Beispiel der Abgleich Budget 2021 mit Outlook 2021)

Die Überleitung in der Hard-(Soft)-Analyse bezieht sich zumeist auf drei ausgewählte Größen der **Gewinn- und Verlustrechnung**:

- Umsatz (Sales)
- EBIT (Operating Profit)
- Jahresüberschuss (Net Income After Tax)

Auf Grund ihrer Fixierung auf die drei wesentlichen Komponenten einer Erfolgsrechnung, wird die Hard-(Soft)-Analyse synonym als **P-3-Analyse** (Position-3-Analysis) bezeichnet. Zumeist wird für ihre Durchführung ein Formblatt verwendet.

7.2.2 Beispiel für das Supply Chain Management

Das **Beispiel** einer Hard-(Soft)-Analyse im Supply Chain Management setzt das Cost Tracking von Materialpreisen, Frachtkosten sowie Beständen fort. Doch auch weitere Positionen der Erfolgsrechnung werden übergeleitet. Diese betreffen Löhne, Abschreibungen, Forschung und Entwicklung, Marketing oder Verwaltung. Für das Cost Tracking wurden drei unterschiedliche Formblätter entworfen. Sie zeigen mögliche Effekte des Lieferantenwechsels (von Italien nach Taiwan) für den LCD-Panel-Bezug des Fernsehherstellers *View AG*. Diese Auswirkungen auf das Ergebnis der *View AG* werden in einer Hard-(Soft)-Analyse verrechnet. Das Management möchte von seinem Controlling wissen, ob der Lieferantenwechsel *insgesamt* wirtschaftlich sinnvoll ist. Dazu setzt der Controller die Hard-(Soft)-Analyse ein.

Die Erhöhungen oder Reduzierungen von **Materialpreisen** und **Frachtkosten** beeinflussen zu 100 % den EBIT in der Gewinn- und Verlustrechnung. **Bestände** werden in der Bilanz geführt. Sie betreffen das operative Ergebnis in der Erfolgsrechnung nur indirekt. Über den WACC werden die Auswirkungen auf den Operating Profit mit 10 % verzinst. Das Beispiel unterstellt, dass die Vorräte an LCD-Panels bei Anlieferung aus Italien in ein Konsignationslager auf dem Werksgelände genommen werden und sich damit kein Bestand an LCD-Panels im Eigentum der *View AG* befindet. Daher verdichtet sich nach dem Lieferantenwechsel – und der damit verbundenen Aufgabe des Konsignationslagers – der komplette Bestand aus Chart III, nach einer Verzinsung von 10 %, in der Hard-(Soft)-Analyse. Weiter wird angenommen, dass die Bewirtschaftung des Konsignationslagers die *View AG* jährlich 20.000 Euro gekostet hat. Durch die Auflösung des Konsignationslagers wird dieser Wert als Hard Spot, über das Jahr gleich verteilt, in die Analyse eingestellt (pro Quartal 5000 Euro). Diese Zusammenhänge sind in Abb. 7.4 übersichtlich dargestellt.

Hard-(Soft)-Analyse

View AG (LCD-Panel-Bezug aus Taiwan) — Währung: Tausend Euro (T€)

Hard-(Soft)-Komponenten	1. Quartal 2021			2. Quartal 2021			3. Quartal 2021			4. Quartal 2021			Gesamtjahr 2021		
	S	O	N	S	O	N	S	O	N	S	O	N	S	O	N
BUD 2021	6000	800	400	6000	800	400	6000	800	400	6000	800	400	24000	3200	1600
Materialpreise	-	95	48	-	69	35	-	78	39	-	80	40	-	322	162
Löhne/Gehälter	-	(50)	(27)	-	(50)	(27)	-	(50)	(27)	-	(50)	(27)	-	(200)	(108)
AfA	-	(30)	(13)	-	(30)	(13)	-	(30)	(13)	-	(30)	(13)	-	(120)	(52)
F&E	-	-	-	-	-	-	-	(40)	(27)	-	(89)	(40)	-	(129)	(97)
Frachtkosten	-	(80)	(40)	-	(56)	(28)	-	(71)	(36)	-	(76)	(38)	-	(283)	(142)
Marketing	-	-	-	-	25	13	-	60	33	-	95	46	-	180	72
Verwaltung	-	(10)	(7)	-	(10)	(7)	-	(10)	(7)	-	(10)	(7)	-	(40)	(28)
Other	(23)	(24)	(12)	1026	(21)	(10)	497	(16)	(8)	(500)	(13)	(6)	1000	(74)	(36)
Operating Income	(23)	(99)	(51)	1026	(73)	(37)	497	(79)	(46)	(500)	(93)	(45)	1000	(344)	(229)
Zinsen	-	-	28	-	-	12	-	-	19	-	-	18	-	-	77
Steuern	-	-	6	-	-	4	-	-	5	-	-	5	-	-	20
Change	(23)	(99)	(17)	1026	(73)	(21)	497	(79)	(22)	(500)	(93)	(22)	1000	(344)	(132)
ACT 2021	5977	701	383	7026	727	379	6497	721	378	5500	707	378	25000	2856	1468

Legende: S = Sales, O = Operating Profit, N = Net Income After Tax
Negative Zahlen werden in Klammern dargestellt.

Abb. 7.4 Hard-(Soft)-Analyse

7.2 Hard-(Soft)-Analyse

- **Perioden**: Die drei Größen Umsatz, EBIT sowie Jahresüberschuss werden selektiv pro Quartal und für das komplette Geschäftsjahr 2021 kumulativ angegeben.
- **Basisplanung**: In diesem Abschnitt findet sich die Basisplanung. Sie bezieht sich auf das Budget 2021. Die Zahlen für den Umsatz werden Chart II entnommen. Das Betriebsergebnis und der Jahresüberschuss stammen aus der Gewinn- und Verlustrechnung der *View AG*. Für das komplette Jahr 2021 lauten die Zahlen für Sales 24.000 T€, Operating Profit 3200 T€ sowie Net Income After Tax 1600 T€.
- **Komponenten**: Aus den Formblättern des Cost Trackings sind die Zahlen für Materialpreisabweichung, Frachtkosten sowie Bestände abzulesen. Kalkulatorisch werden die Bestände auf das Betriebsergebnis mit 10 % verzinst. Beispielsweise ergibt sich bei der Materialpreisabweichung im ersten Quartal 2021 ein Hard Spot von 95 T€ für den Operating Profit. Steuern und Zinsen reduzieren den Effekt auf den Jahresüberschuss auf 48 T€. Außerdem werden Effekte durch die Aufgabe des Konsignationslagers in der Position „Other" abgetragen. Pro Quartal betragen die Hard Spots 5 T€ (EBIT) sowie 3 T€ (Net Income After Tax). Der Bestandseffekt ergibt für das erste Quartal einen (Soft) Spot von 29 T€ für den Operating Profit und wird ebenfalls in der Position „Other" abgebildet. Da in dieser Position von keinen anderen Effekten bezüglich des EBIT ausgegangen wird, ist die Summe aus dem Bestandseffekt und den Auswirkungen aus der Aufgabe des Konsignationslagers zu bilden. Hierbei resultiert für das erste Quartal ein (Soft) Spot von 24T€.
- **Operating Income**: Jetzt wird die Größe Operating Income berechnet. Die Effekte aus dem Cost Tracking von Materialpreisen, Frachtkosten und Beständen werden in einer Hard-(Soft)-Analyse mit weiteren Komponenten abgeglichen. Grundsätzlich sind sämtliche erfolgsrelevante Größen auf die Ergebnisrechnung einzubeziehen. Um die Übersichtlichkeit zu wahren, sind hier lediglich einige mögliche Effekte aufgeführt. Für das erste Quartal finden sich neben den drei oben erwähnten Zahlen beispielsweise Soft Spots aufgrund höherer Löhne (50 T€), gestiegener Abschreibungen (30 T€) und höherer Verwaltungsaufwendungen (10 T€). In Summe ergeben diese Effekte für das operative Ergebnis im ersten Quartal einen Soft Spot von (99) T€.
- **Change**: Schließlich leitet diese Hard-(Soft)-Analyse vom Budget 2021 auf Actual/Outlook 2021 über. Folgende Resultate lassen sich in übersichtlicher Weise ablesen:

	BUD 2021 YE	Act/Olk 2021 YE	Hard/(Soft)
Sales	24.000	25.000	1.000
Operating Profit	3.200	2.856	(344)
Net Income After Tax	1.600	1.468	(132)

Legende: YE = Year End, Bud = Budget, Act = Actual, Olk = Outlook
Alle Zahlen in Tausend Euro (T€).

7.2.3 Kritische Würdigung

Die Hard-(Soft)-Analyse besticht durch ihre einfache Handhabung. Ein **Vorteil** des Formblatts ist seine universelle Nutzung. Nicht nur Insider verstehen den Inhalt rasch. Auf einen Blick wird die Erfolgswirksamkeit von Maßnahmen auf die Gewinn- und Verlustrechnung des Unternehmens visualisiert. Die Hard-(Soft)-Analyse erweist sich auch als didaktisches Hilfsmittel. Das komplette Geschäftsjahr wird auf die Quartalsebene verteilt. Das Instrument zeigt den Grund (das *Warum*) und den Zeitpunkt (das *Wann*) einer Ergebnisauswirkung auf.

Aus der Simplifizierung der Hard-(Soft)-Analyse ergeben sich jedoch auch ihre **Nachteile**. Das Instrument erstreckt sich auf drei ausgewählte Größen der Gewinn- und Verlustrechnung (Sales, Operating Profit, Net Income After Tax). Bilanzgrößen bleiben ausgeklammert, wodurch sich die Aussagekraft der Hard-(Soft)-Analyse reduziert. Außerdem ist die Auswahl von Komponenten in der Überleitung subjektiv. Daraus resultiert eine Manipulationsgefahr: Wenn der Controller ein vorgefasstes Ergebnis untermauern möchte, wird er gegenläufige Effekte aus der Analyse ausklammern. Schließlich deckt die Hard-(Soft)-Analyse auf, *dass* ein schlechtes Ergebnis erwirtschaftet wurde. Sie liefert jedoch keinen Automatismus zur Verbesserung.

Working Capital Management in der Supply Chain 8

8.1 Charakterisierung

Unterschiedliche Studien zeigen, dass durchschnittlich bis 30 % mehr Liquidität im Umlaufvermögen gebunden ist, als unbedingt notwendig wäre. Weiterhin nutzen Organisationen ihren **Innenfinanzierungsspielraum** offenkundig nur ungenügend. Insbesondere die Positionen des Umlaufvermögens (wie Forderungen und Vorräte) binden Kapital (vgl. Heesen und Moser 2017; Klepzig 2010; Meyer 2012; Weber und König 2012).

Ein Instrument des Supply Chain Controllings, das unmittelbar auf die Finanzlage wirkt, ist das **Working Capital Management**. Es erstreckt sich insbesondere auf Vorräte, Kundenforderungen sowie Lieferantenverbindlichkeiten. Das Working Capital Management soll helfen, die Kapitalbindung zu schmälern und Liquidität freizusetzen. Neben der Möglichkeit, durch ein erfolgreiches Working Capital Management verfügbares Kapital kurzfristig zu erhöhen, ergibt sich eine verbesserte Verhandlungsposition bei externen Kapitalgebern.

▶ Ein **Working Capital** berechnet sich aus dem Umlaufvermögen, abzüglich aller nicht verzinslicher Verbindlichkeiten. Dieses Umlaufvermögen umfasst alle Vermögensteile, die sich innerhalb eines Jahres in liquide Mittel rückverwandeln lassen.

Zu dem Umlaufvermögen zählen Kasse, Bank, Vorräte, Forderungen aus Lieferungen und Leistungen sowie sonstige Forderungen und Vermögensgegenstände des Umlaufvermögens. Zu den **nicht verzinslichen Verbindlichkeiten** werden

Schulden aus Lieferungen und Leistungen, kurzfristige Rückstellungen und sonstige unverzinsliche Verbindlichkeiten gerechnet (vgl. Weber und König 2012). Demnach sind Vermögensteile, die sich nicht innerhalb eines Jahres liquidieren lassen, kein Working Capital. Als Beispiel sind hier Forderungen **(Disputes)** anzuführen, deren Laufzeit größer als 365 Tage beträgt, sowie **Excess-and-Obsolete-Vorräte**, wenn sie eine Bestandsreichweite von mehr als 365 Tagen aufweisen.

Das Primärziel des Working Capital Managements liegt in einer Optimierung der Bilanzpositionen Vorräte, Forderungen und Verbindlichkeiten. Dazu wird der Liquiditätskreislauf **(Cash-to-Cash-Cycle)** optimiert. Dieser bemisst die Zeitspanne zwischen Zahlungsausgang und Zahlungseingang. Somit erstreckt sich das Working Capital auf das Forderungs-, Bestands- und Verbindlichkeitsmanagement (vgl. Heesen 2016; Meyer 2012, S. 91):

- Im Rahmen des **Forderungsbereichs** verfolgt ein Working Capital Management das Ziel, Forderungen aus Lieferungen und Leistungen zu minimieren sowie den Forderungsumschlag zu erhöhen.
- Beim Management der **Vorräte** wird ein Anstieg der Lagerumschlagshäufigkeit angestrebt. Hierbei ist der Zielkonflikt zwischen Fehlmengenkosten und Bestandskosten auszuloten. Um die Balance hinsichtlich der „richtigen" Bestandshöhe zu finden, kann das Reichweitenmonitoring eingesetzt werden.
- Dem Management der **Verbindlichkeiten** kommt die Aufgabe zu, Verbindlichkeiten aus Lieferungen und Leistungen durch den Aufschub von Zahlungszielen und Zahlungsdauer zu erhöhen und somit Working Capital zu verringern.

Des Weiteren wird das Working Capital Management als Instrument zur Steigerung der **Innenfinanzierungskraft** genutzt. Durch eine Reduzierung von Working Capital werden liquide Mittel freigesetzt, die zu einer Erhöhung des Unternehmenswerts führen. Nach einer Studie von *Horváth & Partners* sehen mehr als drei Viertel der Teilnehmer im Working Capital Management ein Instrument zur Generierung von Liquidität, Erhöhung der Kapitaleffizienz und allgemeiner Wertsteigerung. Innerhalb von Supply Chains soll Working Capital Management jedoch nicht zur bloßen Verschiebung der Kapitalkosten, sondern zur nachhaltigen Liquiditätsverbesserung führen (vgl. Heesen 2016).

8.2 Besondere Bedeutung des Cash-to-Cash-Cycle

Der Cash-to-Cash-Cycle („**Liquiditätskreislauf**") ist wohl der bedeutsamste Vertreter eines Working Capital Managements. Diese Kennzahl ermöglicht eine ganzheitliche und dynamische Betrachtung der Erfolgswirksamkeit von Maßnahmen entlang der kompletten Wertschöpfungskette.

▶ Der **Cash-to-Cash-Cycle** berechnet sich aus der Summe von Debitorentagen (Days Sales Outstanding) und Lagerreichweite (Days On Hand). Davon werden die Kreditorentage (Days Payables Outstanding) subtrahiert.

Ein Cash-to-Cash-Cycle dient als ein Maßstab für das im Unternehmen gebundene Kapital (vgl. Bartelotti 2021). Aus seiner Reduzierung leitet sich die Freisetzung von Liquidität aus dem Umlaufvermögen ab. Die Erhöhung flüssiger Mittel trägt zur Steigerung des Unternehmenswerts bei. Ein negativer Cash-to-Cash-Cycle bedeutet, dass eine Organisation die Forderungen der Kunden erhält, bevor die Verbindlichkeiten bei den Lieferanten beglichen werden (zinsloses Darlehen). Die **drei Bezugsgrößen** des Cash-to-Cash-Cycle leiten sich aus korrespondierenden Managementprozessen ab:

- Die Days Payables Outstanding (DSO) beziehen sich auf das **Forderungsmanagement** und bemessen die Zeitspanne zwischen Kundenbestellung und Kundenbezahlung („Order-to-Cash-Prozess").
- Das Bestandsmanagement errechnet sich über die **Lagerreichweite** [Days On Hand (DOH)]. Mit dem „Forecast-to-Fulfillment-Prozess" werden Aktivitäten von Prognose, Produktion, Lagerung und Auslieferung beschrieben.
- Schließlich ist der „Procure-to-Pay-Prozess" eine Komponente des **Verbindlichkeitsmanagements** (Days Payables Outstanding [DPO]). Er bemisst die Zeitspanne zwischen Einkauf und Zahlungsabgang (vgl. Weber und König 2012, S. 112).

Somit besitzt der Liquiditätskreislauf die drei oben aufgeführten **Stellhebel**. Je geringer die durchschnittliche Vorrats- und Forderungsdauer ausfällt, desto positiver wirken sich diese Effekte auf den Cash-to-Cash-Cycle aus. Außerdem verbessert eine Erhöhung der durchschnittlichen Verbindlichkeitsdauer den Cash-to-Cash-Cycle.

8.3 Beispiel für das Supply Chain Management

Der Beitrag des Supply Chain Managements zur Optimierung von Working Capital im Allgemeinen und zur Verbesserung des Cash-to-Cash-Cycle im Besonderen begründet sich aus Aktivitäten in Einkauf, Produktion und Vertrieb. Dieses **Zusammenwirken** wird an dem Phantomunternehmen *Pharma AG* beispielhaft charakterisiert.

Eine der vorrangigen Aufgaben von **Vertriebsmitarbeitern** der *Pharma AG* besteht in der Realisation möglichst schneller Kundenzahlungen. Rasche Zahlungseingänge führen zur Minderung der Opportunitätskosten, da das eingenommene Geld einen Zins erwirtschaftet. Auf die Festlegung der Zahlungsfristen üben landesspezifische Gepflogenheiten und die Zahlungsmoral der Kunden Einfluss aus. Die *Pharma AG* wird ihre Machtstellung in der Supply Chain für einen möglichst raschen Zahlungseingang ausnutzen wollen. Aber auch die Kreditwürdigkeit von Kunden spielt eine wichtige Rolle: Beispielhaft stehen dafür der durchschnittliche Zahlungsverzug eines Geschäftspartners oder die Anzahl an Mahnungen pro Periode. Weitere Stellhebel der *Pharma AG* sind die Festlegung von Kreditlinien (Begrenzung der Forderungsausfallrisiken), elektronische Rechnungsstellung, beschleunigte Reklamationsbearbeitung und verbessertes Mahnwesen.

Die **Produktion** befindet sich in einem latenten Zielkonflikt. Einerseits wird die Absenkung der Lagerreichweite eingefordert. Anderseits darf der Lieferservicegrad unter dieser Bestandssenkung nicht leiden. Eine Verkürzung der Days on Hand bedingt in der Regel eine geringere Lieferflexibilität. Die *Pharma AG* kann zur Vorratsreduzierung das Just-in-Sequence-Prinzip anwenden. Besonders erfolgversprechend erscheint diese Philosophie in Verbindung mit der Kanban-Steuerung. Weitere Optimierungspotenziale erschließen sich durch die Implementierung eines Lieferanten-Logistik-Zentrums. Diese Unterform der Konsignation kombiniert die *Pharma AG*, für besonders geeignete Sachnummern, mit Vendor Managed Inventory. Ebenso wird eine Gängigkeitsanalyse durchgeführt, um Slow Mover im Internet zu verkaufen. Außerdem wenden die Disponenten der *Pharma AG* Reichweitenmonitoring zur Überprüfung der Lagerumschläge pro Artikel an.

Schließlich werden die **Einkäufer** der *Pharma AG* versuchen, den Zahlungsabgang in Richtung Lieferant hinauszuzögern. Bis zu diesem Zeitpunkt gewährt ein Lieferant der *Pharma AG* ein zinsloses Darlehen. Eine frühzeitige Begleichung von Rechnungsbeträgen lässt sich die *Pharma AG* durch die Ziehung von Skonti abgelten (vgl. Heesen 2016; Weber und König 2012). Weitere Stellschrauben des Lieferantenmanagements der *Pharma AG* sind elektronische Rechnungsstellung

(Reduzierung von Fehlüberweisungen, bessere Ausnutzung von Skonti), Wahl der Zahlungsart und Anwendung von Purchasing Cards.

8.4 Kritische Würdigung

Ein Working Capital errechnet sich aus Bilanzpositionen. Folglich stellt die Kennzahl eine Momentaufnahme dar, die sich aus historischen Größen ableitet. Der Cash-to-Cash-Cycle bringt zumindest eine Quasi-Dynamisierung in dieses **statische Working Capital**: Er gewährleistet einen verbesserten Einblick in die Liquiditätslage. Ein Cash-to-Cash-Cycle zielt auf eine ganzheitliche Betrachtung der Leistungsfähigkeit von Wertschöpfungspartnern, indem er simultan Lieferanten- *und* Kundenströme abdeckt.

Zudem ist der Cash-to-Cash-Cycle für **Kennzahlenvergleiche** zwar grundsätzlich interessant. Jedoch hinken diese Benchmarks über Branchengrenzen hinweg, indem insbesondere die Lagerreichweite zwischen den Unternehmen sehr verschieden ist. Sie hängt von der Fertigungstiefe ab. *Dell* verfügt über eine Lagerreichweite von wenigen Tagen. Daraus leitet sich für *Dell* ein exorbitant hoher Lagerumschlag per annum ab, was eine solide Basis für einen hervorragenden Cash-to-Cash-Cycle darstellt. In der Chemie gelten andere Regeln. Lange Durchlaufzeiten – beispielsweise hervorgerufen durch extreme Vorwärm- und Einrichtungs-Zeiten – und komplexe Prozesse führen zu hohen Eindeckintervallen. Darunter leidet die Lagerreichweite, die für chemische Hersteller zum Teil über 200 Tage beträgt. Natürlich wirken sich diese extremen Days on Hand direkt (und negativ) auf den Cash-to-Cash-Cycle aus. Folglich macht ein Kennzahlenvergleich des Liquiditätskreislaufs zwischen *Dell* und einem Chemiekonzern keinen Sinn.

Doch auch **landesspezifische Spielregeln** begrenzen den Aussagegehalt von Vergleichen des Working Capital in Supply Chains. Dazu zählen Zahlungsmoral, Zahlungsgepflogenheiten, Rechnungslegungsvorschriften sowie steuerliche Aspekte.

Strategisches Kostenmanagement in der Supply Chain

9

Das **strategische Kostenmanagement** offeriert grundsätzlich einen umfangreichen Fundus zeitgemäßer Hilfsmittel, die zur Aufdeckung von Verbesserungspotenzialen dienen. Da für ein Supply Chain Controlling insbesondere Target Costing, Prozesskostenrechnung, Lifecycle Costing und Total-Cost-of-Ownership von besonderer Relevanz sind, werden diese Instrumente im Folgenden näher beschrieben. Mit Hilfe von Target Costing werden Kostensenkungsmöglichkeiten in den frühen Entwicklungsphasen aufgedeckt. Die Prozesskostenrechnung zeigt Verschwendungsaktivitäten, insbesondere in den Gemeinkostenbereichen, auf. Schließlich gelingt es mit dem Einsatz von Lifecycle Costing und Total-Cost-of-Ownership auch die Vorlauf- und die Nachlaufphasen von Supply-Chain-Projekten zu erfassen, da sich hier die größten Verbesserungspotenziale insgesamt befinden.

9.1 Target Costing

Die ersten wissenschaftlichen Veröffentlichungen zu Target Costing (**Zielkostenmanagement**) stammen von japanischen Autoren aus den späten 70er-Jahren. Mitte der 80er-Jahre fand Target Costing im anglo-amerikanischen Sprachraum Einzug. Die deutschsprachige Fachliteratur nimmt sich seit Ende der 80er-Jahre der Thematik an.

▶ Die zentrale Frage bei **Target Costing** lautet nicht länger: „Was *wird* ein Produkt kosten?" Target Costing beschäftigt sich vielmehr mit der Fragestellung: „Was *darf* ein Produkt kosten?". Target Costing ist in Form einer

Vollkostenrechnung ausgestattet. Der Schwerpunkt der Kostenbeeinflussung liegt nicht im eigentlichen Marktzyklus, sondern in den frühen Phasen der Produktentstehung.

9.1.1 Supply Chain Controlling der frühen Phasen

Target Costing (vgl. Brenk 2015; Seidenschwarz 2011) bedeutet ein zumeist marktfokussiertes Kostenmanagement. Es besteht aus einer Zielkostenplanung, Maßnahmen zur möglichst **frühzeitigen Kostenbeeinflussung** sowie einer kostenorientierten Koordination von Prozessen.

Der historische Vorläufer des Target Costing ist **Design-to-Cost**: Dieses Konzept findet insbesondere in den USA bei der Bearbeitung von Großprojekten im staatlichen Sektor Verwendung. Zu den wesentlichen Unterschieden zum Target Costing zählt, dass der Startschuss für Design-to-Cost vom Kunden ausgeht und ein gemeinsames Vorgehen zwischen Auftraggeber und Auftragnehmer unabdingbare Voraussetzung ist. Das Zielkostenmanagement verlangt zudem, im Unterschied zu Design-to-Cost, keinen unmittelbar mit dem Kunden festgelegten und spezifizierten Anforderungskatalog. Des Weiteren verfolgt Design-to-Cost einen ständigen Abstimmungs- und Anpassungsprozess zwischen Auftraggeber und Auftragnehmer und richtet sich eher auf B2A-Aktivitäten aus. Allerdings ist der Ausgangspunkt identisch mit Target Costing: Denn auch bei Design-to-Cost geht es um die Vorgabe von möglichst nicht zu überschreitenden Kosten:

- Bekannte **Beispiele** für den Einsatz von Design-to-Cost stellen die Entwicklungen von Militärflugzeugen dar. In Europa wurde Design-to-Cost bereits von Rolls-*Royce*, *Aerospatiale* und *Messerschmitt-Bölkow-Blohm* erfolgreich angewendet.

Ein **Target-Costing-Prozess** verläuft in zwei grundlegenden Abschnitten. Zunächst werden die Gesamtzielkosten ermittelt, um anschließend eine Zerlegung der produktbezogenen Zielkosten vorzunehmen. Eine nähere Kennzeichnung dieser Vorgehensweise findet sich nachstehend.

Zur **Festlegung der Gesamtzielkosten** bietet sich die Variante Market-into-Company an (vgl. Kremin-Buch 2012, S. 43). Die Bestimmung der Zielkosten basiert auf der Subtraktionsmethode. Hierbei ist zunächst der Zielverkaufspreis für ein neues Produkt durch das Marketing zu ermitteln *(Target Pricing)*. Dies kann zum Beispiel durch Marktforschung anhand einer Conjoint-Analyse erfolgen. Basierend auf der vom Management vorgegebenen Umsatzrendite, wird der Zielgewinn für das Produkt *(Target Profit)* von den Umsätzen subtrahiert. Das Ergebnis stellen die

9.1 Target Costing

für den Zielgewinn maximal erlaubten Kosten dar *(Allowable Costs)*, wobei gegebenenfalls allgemeine Verwaltungskosten (Overheads) separat auszuweisen sind, um in Einzel- und Gemeinkosten zu differenzieren. Anschließend kalkulieren Fachabteilungen ohne Innovationen anfallende Standardkosten *(Drifting Costs)*. Dann erst beginnt das Kneten der Kosten, wodurch die Lücke zwischen den Allowable Costs und den Drifting Costs geschlossen wird (vgl. Abb. 9.1).

Das **Kneten der Kosten** bezieht sich in Target-Costing-Projekten auf Produkte, Prozesse oder Kooperationen. Unten werden diesbezügliche Möglichkeiten zur Kostensenkung stichpunktartig aufgezeigt:

- **Produktbezogene Kostensenkungen**: Sie leiten sich beispielsweise aus Value Engineering ab, indem Konkurrenzleistungen auf Teileebene aufgelöst werden, um das Wissen der Wettbewerber abzukupfern. *Value Engineering* beschreibt eine Wertgestaltung. Dabei wird ein (Konkurrenz-) Produkt in Einzelteile zerlegt und nach relevanten Kosteneinflussfaktoren (Funktionen, Komponenten, Teilen) Ausschau gehalten. Außerdem bietet sich als weitere produktbezogene Maßnahme zur Kostenbeeinflussung die Nachverhandlung über Einkaufspreise an. Schließlich ergeben sich weitere Verbesserungsmöglichkeiten aus der Standardisierung von Produkten (Baureihenkonzept, Mehrfachverwendungsteile).
- **Prozessbezogene Kostensenkungen**: Vor allem die Prozesskostenrechnung leistet gute Dienste, wenn es um das Aufspüren von Optimierungspotenzialen in den allgemeinen Verwaltungsbereichen geht. Dadurch gelingt es, die Kostentreiber im administrativen Sektor offenzulegen. Zum Beispiel bietet sich die Fremdvergabe selten durchgeführter oder personalintensiver Aktivitäten an.

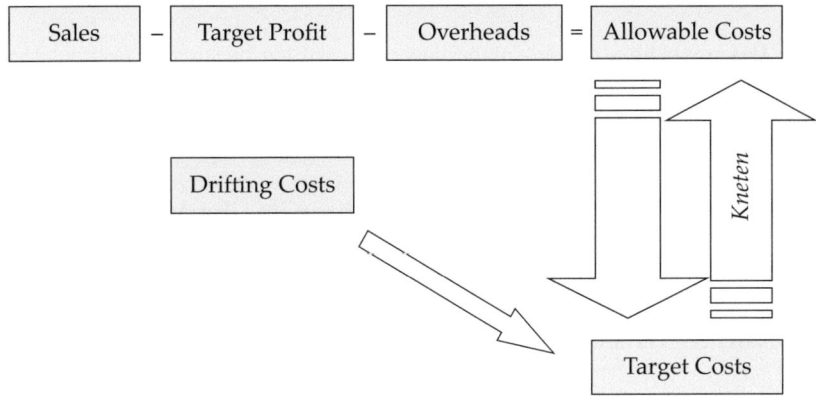

Abb. 9.1 Festlegung der Gesamtzielkosten

- **Kooperationsbezogene Kostensenkungen**: Insbesondere die Einbindung vorgelagerter Wertschöpfungspartner verspricht Erfolg. Unter anderem können komplette Module von Systemlieferanten bezogen werden. Aber auch aus horizontalen Kooperationen leiten sich Kostensenkungspotenziale ab. Diese bestehen insbesondere aus dem Aufbau strategischer Allianzen (Cost-Sharing der Entwicklungsaufwendungen).

Im Idealfall werden die Target Costs mit den Allowable Costs gleichgesetzt. Ist dies auf Grund der **Wettbewerbsintensität** nicht möglich, bietet es sich an, einen Korridor zwischen Allowable Costs und Drifting Costs abzustecken. Die Target Costs befinden sich zunächst ungefähr in der Mitte dieser Grenzwerte. Wie nah die Target Costs beim Kostenkneten an die Allowable Costs heranreichen, hängt von der Wettbewerbsdynamik ab. Sollten die Target Costs den Allowable Costs entsprechen, werden die Kostenvorgaben im Unternehmen 1:1 als Kostenziele übernommen.

Nachdem die Zielkosten für ein Produkt als Ganzes festgelegt wurden, ist dieser Kostenblock auf die Ebene von Funktionen, Komponenten und Teilen zu zerlegen **(Dekomposition der produktbezogenen Zielkosten)**. Die Produktmerkmale werden in objektive und subjektive Bestandteile untergliedert:

- **Objektive Merkmale**: Hierunter fallen *Characteristics* (harte Faktoren). Bei einem Auto sind dies Allradantrieb, Airbag, Diebstahlsicherung und Seitenaufprallschutz.
- **Subjektive Merkmale**: Die weichen Faktoren werden als *Benefits* bezeichnet. Sie sind kundenspezifisch und resultieren aus der Wahrnehmung sowie der Beurteilung durch einen Kunden.

Zur **Dekomposition** der produktbezogenen Zielkosten bieten sich insbesondere die Funktionskostenmatrix (*Function-Cost-Matrix*) und das Zielkostenkontrolldiagramm (*Value-Control-Chart*) an, was in den weiteren Ausführungen deutlich wird.

9.1.2 Weitere Target-Costing-Verfahren im Überblick

Neben der oben charakterisierten Technik Market-into-Company, stehen mit Out-of-Company, Into-and-out-of-Company, Out-of-Competitor und Out-of-Standard-Costs **weitere Verfahren** des Zielkostenmanagements zur Verfügung.

- **Out-of-Company:** Hier werden die Zielkosten nicht aus dem Markt abgeleitet, sondern auf Basis von Entwicklungs- und Produktionsgegebenheiten bestimmt. Aber auch der vorhandene Erfahrungsschatz eines Unternehmens spielt eine Rolle. Basis für die Zielkostenableitung sind interne Verfahrens- und Technologiestandards, sowie die notwendige Routine. Bei dieser Methode werden Kosteninformationen früherer Produkte, entsprechend den Anforderungen des neuen Produkts, hochgerechnet, um danach über die Projektannahme zu entscheiden. Das Verfahren ist schnell (geeignet für kurzfristige **Ausschreibungen**) und bietet sich als Kalkulationsbasis von Innovationen an. Aufgrund der fehlenden Marktorientierung müssen die Zielpreise jedoch ständig hinsichtlich ihrer Durchsetzbarkeit am Markt überprüft werden (Flop-Gefahr).
- **Into-and-out-of-Company:** Diese Methode beschreibt eine **Kompromisslösung**, bei der die eingangs beschriebenen Ansätze Market-into-Company und Out-of-Company kombiniert werden. Into-and-out-of-Company ist theoretisch wünschenswert, da Markt- und Ressourcenorientierung Berücksichtigung finden. Doch auf Grund der komplexen Zielkostenbestimmung, ist mit der Verlängerung der Time-to-Market zu rechnen (geringe Praxisrelevanz).
- **Out-of-Competitor:** Bei der Variante Out-of-Competitor werden die Kundenanforderungen nicht aus Kundenansprüchen abgeleitet. Stattdessen ist ein **Konkurrenzprodukt** als Ausgangsbasis auszuwählen (Value Analysis). Folgendes Vorgehen ist denkbar: Entweder wird ein vergleichbares Produkt zu einem niedrigeren Preis angeboten, oder einem vergleichbaren Preis müssen am Ende bessere Produkteigenschaften gegenüberstehen. Da die Drifting Costs der Konkurrenz nicht bekannt sind, können diese allenfalls geschätzt werden. Außerdem ist diese Variante vergangenheitsorientiert (die Konkurrenz wird nicht überholt, man zieht im besten Fall mit ihr gleich).
- **Out-of-Standard-Costs:** Out-of-Standard-Costs ist wohl am weitesten entfernt von der eigentlichen Vorstellung des Target Costing. Dieser Ansatz ist – wie auch Out-of-Company – primär nach innen gerichtet und verfolgt keine direkte Marktorientierung. Hier werden zunächst Drifting Costs bestimmt, um diese mit Plankosten (**Optimal Costs**) zu vergleichen. Aus der Differenz ergibt sich die Kostenknetmasse.

9.1.3 Beispiel für das Supply Chain Management

Im Folgenden wird ein **Beispiel** für die Variante Market-into-Company anhand des Produkts „TV-Show" beschrieben (vgl. Werner 2020, S. 473). Zunächst legt die Geschäftsleitung die einzubeziehenden Funktionen des Produkts „TV-Show" fest.

Im gegebenen Beispiel werden die folgenden (Haupt-) Funktionen identifiziert: Quote/Marktanteil, Unterstützung zur Werbung, Beitrag zur Markenbildung, Unterhaltung, Bildung und Promotion. Im Anschluss werden die zuvor ermittelten Funktionen mit Hilfe einer Kundenbefragung gewichtet. Hieraus ergibt sich folgendes Bild:

Funktionen der TV-Show		
1)	Quote/Marktanteil	11 %
2)	Unterstützung zur Werbung	10 %
3)	Beitrag zur Markenbildung	16 %
4)	Unterhaltung	28 %
5)	Bildung	32 %
6)	Promotion	3 %
Summe		100 %

Im nächsten Schritt gilt es, die vom Markt erlaubten Kosten (**Allowable Costs**) zu bestimmen. Darüber hinaus sind die Produktstandardkosten (**Drifting Costs**) und der Kostensenkungsbedarf zu ermitteln. Nachdem die Gesamtzielkosten festgelegt sind, wird der komplette Kostenblock „TV-Show" in seine Komponenten zerlegt. Jeder Komponente ist ihr prozentualer **Kostenanteil am Gesamtprodukt** zuzuteilen. Die Kostenanteile der Produktstandardkosten sind früheren Kostenkalkulationen zu entnehmen. Die Komponenten „Moderator" und „Co-Moderator" werden nicht weiterverfolgt, um keine Trade-offs zu erzielen (ohne guten Moderator floppt die komplette TV-Show).

9.1 Target Costing

	Komponenten der TV-Show	Kostenanteile
K1	Protagonisten	2 %
K2	Gäste	18 %
K3	Inhalte/Autoren	26 %
K4	Aktionen	6 %
K5	Live-Aktionen	14 %
K6	Einspieler	12 %
K7	Band	19 %
K8	Studio/Technik	3 %
(K9)	(Moderator)	
(K10)	(Co-Moderator)	
Summe		100 %

Anschließend sind die bereits identifizierten Funktionen der „TV-Show" den Komponenten gegenüberzustellen (**Funktionen-Komponenten-Matrix**). Die Gewichtung erfolgt in Absprache mit den zuständigen Unternehmensbereichen auf Basis einer subjektiven Beurteilung. Diese Aufstellung zeigt, mit welchem Gewicht einzelner Komponenten die Teilfunktionen realisiert werden. Zum Beispiel decken die „Gäste" zu 14 % die Funktion „Unterhaltung" ab (vgl. Usadel 2002, S. 41).

Komponenten	Funktionen	Quote / Marktanteil	Werbung	Markenbildung	Unterhaltung	Bildung	Promotion
K1	Protagonisten	27 %	27 %	25 %	25 %	26 %	22 %
K2	Gäste	23 %	15 %	10 %	14 %	15 %	25 %
K3	Inhalte/Autoren	18 %	7 %	7 %	11 %	7 %	3 %
K4	Aktionen	11 %	20 %	22 %	21 %	19 %	14 %
K5	Live-Aktionen	11 %	20 %	19 %	18 %	23 %	18 %
K6	Einspieler	7 %	7 %	3 %	7 %	10 %	7 %
K7	Band	-	4 %	14 %	4 %	-	11 %
K8	Studio/Technik	3 %	-	-	-	-	-
Summe		100 %	100 %	100 %	100 %	100 %	100 %

Die Werte der Funktionen-Komponenten-Matrix werden mit den Bedeutungsstärken der Funktionen verknüpft. Das Ergebnis bildet den prozentualen Beitrag einer Komponente zur Realisierung ihrer gewichteten Funktionen ab (**gewichtete Funktionen-Komponenten-Matrix**):

9.1 Target Costing

Komponenten \ Funktionen	Quote / Marktanteil	Werbung	Markenbildung	Unterhaltung	Bildung	Promotion	Nutzenanteil
Gewichtung	11 %	10 %	16 %	28 %	32 %	3 %	100 %
K1 Protagonisten	3,0 %	2,7 %	4,0 %	7,0 %	8,3 %	0,7 %	25,7 %
K2 Gäste	2,5 %	1,5 %	1,6 %	4,0 %	4,8 %	0,8 %	15,2 %
K3 Inhalte/Autoren	2,0 %	0,7 %	1,1 %	3,0 %	2,2 %	0,1 %	9,1 %
K4 Aktionen	1,2 %	2,0 %	3,5 %	5,9 %	6,0 %	0,4 %	19,0 %
K5 Live-Aktionen	1,2 %	2,0 %	3,0 %	5,0 %	7,4 %	0,5 %	19,1 %
K6 Einspieler	0,8 %	0,7 %	0,5 %	2,0 %	3,2 %	0,2 %	7,4 %
K7 Band	-	0,4 %	2,2 %	1,2 %	-	0,3 %	4,1 %
K8 Studio/Technik	0,3 %	-	-	-	-	-	0,3 %

Im letzten Schritt werden aus dem Verhältnis Nutzenanteil zu Kostenanteil die **Zielkostenindizes** ermittelt. Beispielsweise berechnet sich K1 aus der Division von 25,7 % zu 2,0 % (12,8). Wünschenswert ist ein Zielkostenindex „*gleich 1*", dann entspricht der Ressourceneinsatz dem Kundennutzen. Ein Zielkostenindex „*kleiner 1*" bedeutet, dass die Produktkomponente „zu teuer" ist. Umgekehrt steht ein Index von „*größer 1*" für eine „zu einfache" Produktion (vgl. Usadel 2002, S. 43).

Komponenten der TV-Show		Kosten-Anteil	Nutzen-anteil	Zielkos-tenindex
K1	Protagonisten	2 %	25,7 %	12,8
K2	Gäste	18 %	15,2 %	0,8
K3	Inhalte/Autoren	26 %	9,1 %	0,4
K4	Aktionen	6 %	19,0 %	3,2
K5	Live-Aktionen	14 %	19,1 %	1,4
K6	Einspieler	12 %	7,4 %	0,6
K7	Band	19 %	4,1 %	0,2
K8	Studio/Technik	3 %	0,3 %	0,1
Summe		100 %	100 %	-

Die Ergebnisse der Zielkostenindizes für die einzelnen Produktkomponenten lassen sich in einem **Zielkostenkontrolldiagramm** visualisieren (vgl. Abb. 9.2). Nach Durchführung einer Analyse, werden anschließend Maßnahmen zur Kostenoptimierung eingeleitet. Im gegebenen Beispiel besteht insbesondere für die Komponenten 3 und 7 ein konkreter Kostensenkungsbedarf (sie sind erheblich zu teuer). Hingegen sind die Komponenten 1 und 4 hinsichtlich aus Sicht des Kunden „zu einfach" gestaltet. Sie weisen auf eine Funktionsverbesserung hin (vgl. Usadel 2002, S. 43).

9.1.4 Kritische Würdigung

Ein **Vorteil** von Target Costing ist der Zwang zur Aufdeckung von Schwachstellen im Entwicklungsprozess. Die Zielkosten sind nur schwer einzuhalten. Dadurch besteht die Notwendigkeit zur Identifizierung kostspieliger Prozesse innerhalb der Supply Chain. Es werden Lösungen mit geringeren Kosten gesucht. Allerdings darf die Qualität unter dem Kneten der Produktkosten nicht leiden (Trade-off-Gefahr).

Wenn die Variante Market-into-Company eingesetzt wird, findet im Supply Chain Management die Berücksichtigung von Lieferanten-, Kunden- und Konkurrenzdaten statt. Die wesentlichen **Marktdeterminanten** sind also abgedeckt. Die Gefahr, die Produktentwicklung nicht an den Wünschen der Kunden auszurichten, wird minimiert.

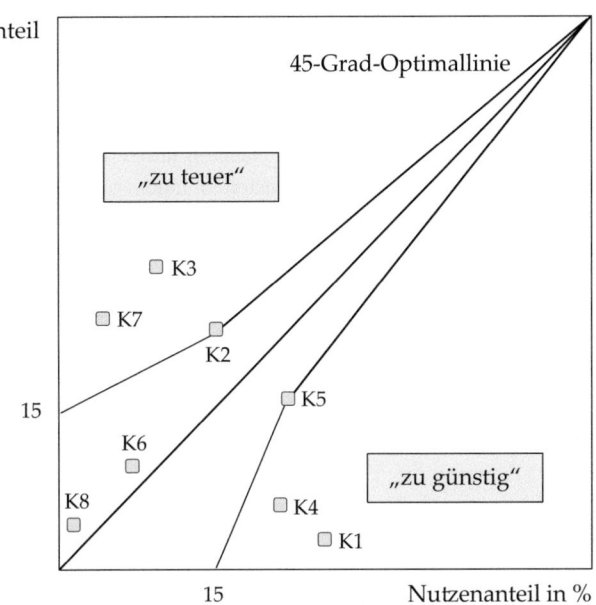

Abb. 9.2 Zielkostenkontrolldiagramm

Nach der **80-20-Regel** besteht in den frühen Phasen die größte Möglichkeit zur Kostensenkung: 80 % der Kosten werden im Entstehungszyklus determiniert. Nur 20 % der Kosten sind im Marktzyklus (wenn das Produkt bereits auf dem Markt eingeführt ist) disponibel. Target Costing hat seine Stärken gerade in diesen frühen Phasen.

Jedoch ist die Einbeziehung der relevanten Kosten ein Problem des Target Costing. Ausgestaltet als **Vollkostenrechnung**, werden nicht unmittelbar oder mittelbar auf das Produkt bezogene Kosten den Produkteinheiten nach Anlastungsprinzipien zugeordnet. Die produktfernen Overheads (also die Verwaltungs- sowie Material- und Fertigungsgemeinkosten) werden, im Verhältnis zu den Einzelkosten oder den Herstellungskosten, auf die Produkteinheiten verteilt. Dadurch ergibt sich eine nicht gerechtfertigte Proportionalisierung.

Ein weiteres **Problem** des Target Costing besteht in der Bewertung der Nutzenanteile von Produkten (**Subjektivität**). Mit Hilfe der Einleitung von Conjoint-Analysen kann dieses Problem zumindest begrenz werden, indem Probanden nicht länger ein Produkt als Ganzes, sondern vielmehr Bündel seiner Teileigenschaften bewerten.

Sobald die Target Costs den **Allowable Costs** entsprechen, wird das Kneten eingestellt. Wenn im umgekehrten Falle die Messlatte für die Allowable Costs und die Target Costs zu hoch angesetzt ist, wird ein Projekt gar nicht erst gestartet, wodurch man sich vorab aus dem Markt verabschiedet.

Schließlich kann sich ein weiterer Nachteil durch die mangelnde **Akzeptanz** des Verfahrens bei den Mitarbeitern einstellen, indem die Zahlen von der Führung Top-Down vorgegeben werden. Dann erscheint die Festlegung von Zielwerten willkürlich und für die Belegschaft wenig nachvollziehbar.

9.2 Prozesskostenrechnung

Den Anstoß zur Erarbeitung der Prozesskostenrechnung lieferten *Miller* und *Vollmann* in ihrem legendären Artikel „*The hidden Factory*" (vgl. Miller und Vollmann 1985). Sie erkannten das Problem: Dass die indirekten Bereiche eines Unternehmens kostenrechnerisch im Verborgenen lagen. Den Lösungsweg nannten sie jedoch nicht. Dies holten *Cooper* und *Kaplan* nach (vgl. Kaplan und Anderson 2007). Basierend auf diesen Überlegungen von *Miller* und *Vollmann*, entwickelten sie das **Activity Based Costing** (ABC). Ein Activity Based Costing bezog sich ursprünglich auf einzelne Aktivitäten. Im Laufe der Zeit näherte sich ABC der Prozesskostenrechnung an, indem diese Tätigkeiten mittlerweile zu Neben- und Hauptprozessen zusammengefasst werden. Beispielsweise kann der „Wareneingang" einen Hauptprozess abbilden. Dieser untergliedert sich in die Nebenprozesse „Wareneingangskontrolle", „Zoll" und „Vereinnahmung von Waren". Schließlich stellen Messen, Wiegen und Zählen Aktivitäten der Wareneingangskontrolle dar (vgl. Kaplan und Anderson 2007).

9.2.1 Gemeinkostenreduzierung mit Hilfe von Prozesskosten

▶ Die **Prozesskostenrechnung** dient der Verbesserung der *Kostentransparenz* in den indirekten Bereichen. Dazu werden die leistungsmengenneutralen Verwaltungstätigkeiten innerhalb der Prozesskostenrechnung aufgebrochen und im Verhältnis zu den leistungsmengeninduzierten Aktivitäten verrechnet, um die Kostentreiber zu identifizieren.

Das *Fraunhofer Institut für Arbeitswirtschaft und Organisation* (IAO) in Stuttgart hat errechnet, dass ein Beschaffungsprozess in der Supply Chain durchschnittlich zwischen 80 Euro und 130 Euro verschlingt. Dennoch ist die Prozesskostenrechnung in der Supply Chain nicht sonderlich verbreitet: Auf Basis der **„Triade-Studie"**, an der sich über 300 Unternehmen branchenübergreifend und weltweit beteiligten, wurde festgestellt, dass lediglich knapp 30 % der befragten Unternehmen ihre Wertschöpfungskosten auf Basis der Prozesskostenrechnung bestimmen. Viele dieser Wettbewerber (mehr als 20 %) berechnen ihre Kosten in den Lieferketten noch nicht einmal separat. Sie weisen diese unter den Allgemein-, Vertriebs-, oder Verwaltungskosten aus. Mit Hilfe der Prozesskostenrechnung ist es einem japanischen Chemiekonzern gelungen, die Bestandsreichweiten auf knapp vier Tage zu drücken (der Branchendurchschnitt liegt bei 18 Tagen). Dazu haben sie den kompletten Supply-Chain-Prozess zerlegt und Schwachstellen in den Bereichen physische Supply-Chain-Funktionen, Lagerung, Verpackung, Abschreibung und Verwaltung systematisch ausgemerzt (vgl. Werner 2020).

Eine Prozesskostenrechnung beinhaltet vier **Arbeitsschritte**: Prozessidentifizierung durch Tätigkeitsanalyse, Auswahl von Maßgrößen, Festlegung von Planprozessmengen und Prozesskosten sowie Ermittlung von Prozesskostensätzen. Im Folgenden werden diese Phasen der Prozesskostenrechnung näher charakterisiert:

1. **Prozessidentifizierung durch Tätigkeitsanalyse**

Der komplette Tätigkeitsprozess zur Leistungserstellung wird aufgebrochen. Physische und wertmäßige Teilprozesse sind eine Kette homogener Aktivitäten. Sie werden den **Hauptprozessen** auf Kostenstellenebene zugeordnet. Ein Teilprozess schließt mit einem Arbeitsergebnis. So werden beispielsweise die Teilprozesse „Einlagerung" und „Auslagerung" unter den Hauptprozess „Lagerwesen" gefasst.

2. **Auswahl von Maßgrößen**

Nachdem die Teilprozesse einer Kostenstelle identifiziert sind, ist das Volumen in variable (*leistungsmengeninduzierte*) und fixe (*leistungsmengenneutrale*) Bestandteile zu differenzieren. Für alle variablen Komponenten einer Kostenstelle werden signifikante Einflussfaktoren (**Cost Driver**) bestimmt. Kostentreiber sind Maßgrößen zur Quantifizierung repetitiver Aktivitäten. Für sie wird ein Mengengerüst aufgebaut, was für die leistungsmengenneutralen Kosten nicht notwendig ist.

3. **Festlegung von Planprozessmengen und Prozesskosten**

Für die gesamten leistungsmengeninduzierten Prozesse sind die Ausprägungen der **Maßgrößen** zu fixieren. Sie dienen als Grundlage zur Kostenplanung. Auf ihnen beruht die Quantifizierung der Aktivitäten. Die Planprozessmengen sind aus den Leistungsanforderungen der Engpassbereiche abzuleiten. Aus jedem Prozess werden – mit Hilfe technischer und kostenrechnerischer Analysen – Kostenarten spezifiziert. Als Berechnungsgrundlage dienen Planprozessmengen. In den indirekten Bereichen dominieren auf einer Kostenstelle häufig die Personalkosten. Zur Arbeitserleichterung werden weitere Kostenarten (Miete, Strom, Büromaterial) proportional zu den Personalkosten auf der Kostenstelle verteilt („geflext").

4. **Ermittlung von Prozesskostensätzen**

Für alle leistungsmengeninduzierten Aktivitäten werden die Kosten für ihre einmalige Inanspruchnahme festgelegt. Dazu sind die Prozesskosten durch die Planprozessmengen zu dividieren (**Prozesskostensätze**). Bei der Weiterverrechnung der Kosten in den internen Leistungsbereichen bleiben die leistungsmengenneutralen Prozesse, und die durch sie verursachten Kosten, unberücksichtigt. Eine permanente Vorgabe und die Kontrolle von Kosten in den indirekten Bereichen können kostenstellenbezogen oder gesamtprozessbezogen erfolgen. Für einzelne Kostenstellen zeichnet der Kostenstellenleiter verantwortlich, für Gesamtprozesse der Process-Owner.

9.2.2 Beispiel für das Supply Chain Management

Der Einsatz einer Prozesskostenrechnung wird durch ein Beispiel verdeutlicht. Dieses bezieht sich auf das mögliche Outsourcing eines Betriebsrestaurants: Ein Zulieferunternehmen der Pharmaindustrie betreibt ein eigenes **Betriebsrestaurant** (eine „Kantine"). Die Geschäftsführung spielt mit dem Gedanken, entweder die gesamte Bewirtschaftung der Kantine in die Hände Dritter zu legen oder zumindest Teile davon. Das Controlling ermittelt diesbezüglich, mit Hilfe der Prozesskostenrechnung, die Make-Alternative. Hinsichtlich der Kostenfeststellung möglicher Buy-Alternativen initiiert der Einkauf eine Ausschreibung, an der Catering-Unternehmen teilnehmen können.

Der Controller folgt den idealtypischen Arbeitsschritten zur Bestimmung von Prozesskostensätzen (vgl. die vier Hauptschritte). Er nimmt über Interviews Tätigkeitsanalysen auf der Kostenstelle „Betriebsrestaurant" vor. Dazu definiert das Controlling folgende **Teilprozesse**: Zutaten bereitstellen, Speisen zubereiten,

9.2 Prozesskostenrechnung

Essen ausgeben, Kassiervorgang, Tabletts einsammeln, Spülvorgang und allgemeine Verwaltung. Abb. 9.3 zeigt diese sieben Teilprozesse. Die folgenden Angaben beziehen sich auf den selektiven Berichtsmonat März 2021. Anschließend werden die **Maßgrößen** pro Teilprozess festgelegt und **quantifiziert**. Beispielhaft steht die Maßgröße „Anzahl Menüs" für den Teilprozess „Speisen zubereiten". Aus der Darstellung geht hervor, dass im März 2021 insgesamt 20.000 Speisen zubereitet werden. Eine Kostenzurechnung auf die Teilprozesse erfolgt über **Mannjahre**. Der Kostenstellenleiter verteilt die Gesamtzahl an Köpfen auf die Aktivitäten. Die betrachtete Aktivität „Zubereitung der Speisen" bindet 4,0 Personen (in Mannjahren). Von den 9,0 Mannjahren insgesamt, entfallen 2,0 Mannjahre auf verwaltende Tätigkeiten.

Die nächsten Informationen zur Bestimmung der Prozesskostensätze entnimmt der Controller dem Monatsabschluss März 2021. An **Personalkosten** entstehen auf der Kostenstelle insgesamt 72.000 Euro. Diese sind in leistungsmengenneutrale und in leistungsmengeninduzierte Komponenten aufzuteilen. Als leistungsmengenneutral werden die verwaltenden Aktivitäten definiert (16.000 Euro für 2,0 Köpfe). Die restlichen 56.000 Euro stellen leistungsmengeninduzierte Kosten dar (7,0 Köpfe).

	Teilprozess	Maßgröße			Prozesskosten			PZK-Satz	
	Inhalt	Basis	Menge	MJ	lmi	lmn	Total	lmi	Total
1	Zutaten bereitstellen	Paletten	5000	0,7	5600	1600	7200	1,12	1,44
2	Speisen zubereiten	Menüs	20.000	4,0	32.000	9143	41.143	1,60	2,05
3	Essen ausgeben	Ausgegebene Essen	20.000	0,5	4000	1143	5143	0,20	0,25
4	Kassiervorgang	Kunden	20.000	0,5	4000	1143	5143	0,20	0,25
5	Tabletts einsammeln	Tabletts	20.000	0,3	2400	686	3086	0,12	0,15
6	Spülvorgang	Geschirr u. ä.	80.000	1,0	8000	2285	10.285	0,10	0,12
7	Allgemeine Verwaltung			2,0		16.000			
Σ				9,0	56.000		72.000		

Legende: PZK = Prozesskosten   Alle Zahlen selektiv
MJ = Mannjahre   Act. 03/(2021)
lmi = Leistungsmengeninduziert
lmn = Leistungsmengenneutral

Abb. 9.3 Prozesskostenrechnung (Beispiel)

Im nächsten Schritt ermittelt der Controller die **Prozesskosten** für sämtliche **leistungsmengeninduzierten** Aktivitäten. Insgesamt sind 56.000 Euro auf die sechs direkten Tätigkeiten zu verteilen. Für das Beispiel „Speisen zubereiten" (Teilprozess 2) berechnen sich die leistungsmengeninduzierten Prozesskosten von 32.000 Euro folgendermaßen:

$$\text{Prozesskosten (lmi)} = \frac{\text{Gesamtkosten} \times \text{Mannjahre je Teilprozess}}{\text{Summe Mannjahre}}$$

$$\text{Prozesskosten (lmi)} = \frac{72.000 \times 4{,}0}{9{,}0} = 32.000$$

Analog zu dieser Vorgehensweise, werden die **leistungsmengenneutralen** Teilprozesse bewertet. Die leistungsmengeninduzierten Prozesskosten sind proportional auf die leistungsmengenneutralen Aktivitäten umzulegen. Für den Teilprozess 2 („Speisen zubereiten") belaufen sich beispielsweise die leistungsmengenneutralen Prozesskosten auf 9143 Euro:

$$\text{Prozesskosten (lmn)} = \frac{\text{Gesamtkosten lmn} \times \text{Mannjahre je Teilprozess}}{(\text{Summe Mannjahre} - \text{Mannjahre Verwaltung})}$$

$$= \frac{16.000 \times 4{,}0}{7{,}0} = 9143$$

Die **totalen Prozesskosten** der Tätigkeit „Speisen zubereiten" betragen 41.143 Euro (32.000 Euro + 9143 Euro). Zur Berechnung der **Prozesskostensätze** einer Aktivität, sind die leistungsmengeninduzierten, wie auch die gesamten Prozesskosten, durch die zugehörigen Mengen zu dividieren. Für die Aktivität „Speisen zubereiten" ergeben sich somit leistungsmengeninduziert 1,60 Euro pro Durchführung und Zeiteinheit:

$$\text{Prozesskostensatz (lmi)} = \frac{\text{lmi - Prozesskosten je Teilprozess}}{\text{Menge je Teilprozess}}$$

$$\text{Prozesskostensatz (lmi)} = \frac{32.000}{20.000} = 1{,}60$$

Entsprechend gestaltet sich die Ermittlung der **gesamten Prozesskostensätze** je Aktivität, indem die totalen Prozesskosten pro Teilprozess durch die Menge pro

9.2 Prozesskostenrechnung

Aktivität zu teilen sind. Auf die Tätigkeit „Speisen zubereiten" entfallen beispielsweise 2,05 Euro pro Zeiteinheit. In Abb. 9.4 sind die Prozesskosten und die Prozesskostensätze für sämtliche Aktivitäten der Kostenstelle Betriebsrestaurant wiedergegeben.

Im **Ergebnis** bleibt festzuhalten, dass die zweite Tätigkeit „Speisen zubereiten" besonders teuer ist. Der gesamte Prozesskostensatz dieser Aktivität beläuft sich auf 2,05 Euro. Auch die erste Tätigkeit („Bereitstellung der Zutaten") besitzt hohe Kostenanteile. Sie umfasst einen totalen Prozesskostensatz von 1,44 Euro. Bei näherer Betrachtung überraschen diese hohen Werte beider Aktivitäten nicht: Tendenziell steigen die Prozesskostensätze je Tätigkeit mit ihrer Personalintensität. Ebenso bewirken für die Aktivität „Zutaten bereitstellen" nicht die Mannjahre das schlechte Resultat, sondern die geringe Menge ist ausschlaggebend.

Umgekehrt erweist sich der „Spülvorgang" – mit einem totalen Prozesskostensatz von 0,12 Euro pro Zeitintervall – als günstig. Auf den ersten Blick erscheint es wenig sinnvoll, bei dieser Aktivität Kostenverbesserungsmaßnahmen einleiten zu wollen. Zur **Entscheidung** über das Outsourcing des Betriebsrestaurants sind die vorliegenden Zahlen der Eigenerstellung mit den Angeboten der Dienstleister zu vergleichen. Selbstverständlich können diesbezüglich bloße Kostenfaktoren von strategischen Einflussgrößen ausgehebelt sein.

Wie erwähnt, kann die Fremdvergabe der Bewirtschaftung des Betriebsrestaurants einerseits en bloc erfolgen. Andererseits sind vielleicht nur einzelne

Periode	1	2	3	4	5	6	7	8	Summe
Ertrag (E) Verkauf			150	200	300	250	100		1.000
Aufwand (A) Herstellung Entwicklung Verwaltung Vertrieb Entsorgung	 -11 -15 	 -14 -15 	 -75 -18 -21 	 -100 -14 -29 -20 	 -150 -27 -29 -14 	 -125 -21 -29 -18 	 -50 -6 -29 -14 -6	 -29 -8 -13	 -500 -111 -196 -74 -19
Summe (E-A)	-26	-29	36	37	80	57	-5	-50	100
Summe YTD	-26	-55	-19	18	98	155	150	100	100

Abb. 9.4 Beispiel Lifecycle Costing (alle Zahlen in T€, YTD = Year to Date)

Aktivitäten von einer Fremdvergabe betroffen. In diesem Beispiel scheinen die Tätigkeiten „Speisen zubereiten" sowie „Zutaten bereitstellen" besonders von einem Outsourcing bedroht. Sie beanspruchen hohe Prozesskostensätze. Allerdings bedeutet dies **nicht automatisch**, dass eine auf externe Bewirtschaftung spezialisierte Organisation diese Leistungen zwingend günstiger anbietet. Somit ergibt sich für Tätigkeiten mit hohen Prozesskostensätzen kein Automatismus für ihre Fremdvergabe.

9.2.3 Kritische Würdigung

Traditionelle Verfahren der Kostenrechnung beziehen sich im Schwerpunkt auf den direkten Bereich. Dabei bleiben kostenstellenübergreifende Aktivitäten, die Verrechnung innerbetrieblicher Leistungen und die Kosten für Neuentwicklungen wenig berücksichtigt. Die Prozesskostenrechnung deckt diese Bereiche ab.

Ein weiterer **Vorteil** der Prozesskostenrechnung besteht in einer Unterstützung des Target Costing: Als vollkostenorientiertes Instrument ausgelegt, umfasst Target Costing nicht nur die Einzel- sondern auch die Gemeinkosten. Durch die Kombination der Prozesskostenrechnung mit dem Zielkostenmanagement, bleiben die Gemeinkosten nicht länger im Dunkeln. Die Prozesskostenrechnung bricht den indirekten Bereich auf und hilft dem Target Costing beim „Kostenkneten".

Bei der Prozesskostenrechnung besteht allerdings das **Problem** der Proportionalisierung von Fix- und Gemeinkosten. Sie ist eine Vollkostenrechnung. Originäre fixe und variable Kosten werden vermischt. Dies bedeutet, dass die leistungsmengenneutralen Kosten im Verhältnis zu den leistungsmengeninduzierten Größen **proportional** verrechnet werden. Bezogen auf das Beispiel „Catering" wird das Problem dieser Vorgehensweise deutlich. Der lmi-Teilprozess „Speisen zubereiten" erfordert den Personaleinsatz von 4,0 Mannjahren. Die folgende lmi-Tätigkeit „Essen ausgeben" beansprucht lediglich 0,5 Mannjahre. Die leistungsmengeninduzierten Kosten werden „nach bestem Wissen und Gewissen" ermittelt (Verteilung von 56.000 Euro). Von den Gesamtkosten (72.000 Euro) sind noch 16.000 Euro unangetastet. Diese stellen die Personalkosten der beiden Mitarbeiter in der Verwaltung dar. Inhaltlich völlig unbegründet, werden deren Kosten im gleichen Verhältnis („proportional") zu den lmi-Aktivitäten verrechnet. Bezogen auf die 4,0 Mannjahre zur „Speisenzubereitung" und die 0,5 Mannjahre zur „Essenausgabe" bedeutet dies, dass die zwei administrativen Köpfe acht Mal mehr Verwaltungstätigkeiten für die „Speisenzubereitung" erbringen als für die „Ausgabe der Essen".

Bei näherer Betrachtung obigen Beispiels fällt auf, dass sich die Prozesskostenrechnung ausschließlich auf die **Personalkosten** bezieht. Für einen indirekten Bereich – wie Treasury oder Rechtsabteilung – scheint diese Vorgehensweise gerechtfertigt, da auf einer Kostenstelle in diesen Sektoren der Personalkostenanteil teilweise um die 90 % betragen dürfte. Sonstige Kostenartenkosten (wie Energie, Versicherungen, Miete) sind, verglichen mit den Personalkosten, zu vernachlässigen. Für ein Supply Chain Management ist die Ermittlung von Prozesskostensätzen über die Personalkosten jedoch mit Vorsicht zu genießen. In einer Lieferkette sind neben den Personalanteilen auch Abschreibungen (auf logistische Assets, wie Gebäude oder Flurförderzeuge) sowie Investitionen in IT von Bedeutung.

Durch eine Kombination der **Grenzplankostenrechnung** mit der **stufenweisen Fixkostendeckungsrechnung** nach *Agthe* (vgl. Aghte 1959) und nach *Mellerowicz* (vgl. Mellerowicz 1977), kann eine Lösung der Proportionalisierungs-Problematik erfolgen. Durch dieses Zusammenspiel erfolgt eine Anpassung an divergierende Problemstellungen, die Kostentransparenz wird erhöht.

Auch die (relative) **Einzelkostenrechnung** nach *Riebel* (vgl. Riebel 1994) wird als adäquater Ersatz zur Prozesskostenrechnung ins Rennen geführt. Sicherlich besitzt die Kostendifferenzierung bei der Prozesskostenrechnung nicht die gleiche Stringenz, wie die der Einzelkostenrechnung. Doch gestalten sich die Grenzplankostenrechnung, die stufenweise Fixkostendeckungsrechnung und die (relative) Einzelkostenrechnung in ihrer Anwendung arbeitsintensiver und weniger pragmatisch als die Prozesskostenrechnung.

9.3 Lifecycle Costing und Total Cost of Ownership

9.3.1 Lifecycle Costing

Die Grundidee des **Lifecycle Costing** beruht darauf, neben den eigentlichen Produktlebenszykluskosten auch Vorlauf- und Nachlaufkosten im Kostenmanagement zu berücksichtigen. Als Basis dient der *Integrierte* Produktlebenszyklus. Bei einem Lifecycle Costing setzen die Aktivitäten zur Reststoffvermeidung bereits in Forschung und Entwicklung ein. Hier stellen Techniker die Weichen für ein späteres Kostenkneten im Integrierten Produktlebenszyklus. Gemäß der **„80-20-Regel"** sind 80 % der Kosten in den frühen Phasen der Produktentstehung disponibel (Forschung, Entwicklung, Konstruktion, Prototyping, Fertigungsvorbereitung). Ist das Produkt erst einmal auf den Markt gekommen, können die Kosten nur noch zu 20 % beeinflusst werden.

▶ In **Lifecycle-Costing-Analysen** werden die Kosten über den kompletten Lebensweg eines Produkts betrachtet. Bei einer tradierten Kostenverrechnung ist hingegen lediglich der Marktzyklus relevant. Vorlauf- und Nachlaufkosten werden dabei nicht dem Produkt direkt zugewiesen, sondern als Gemeinkostensätze „umgelegt". Insbesondere mit der zunehmenden Bedeutung von Vorlauf- und Nachlaufkosten ist dieser traditionelle Weg zu ungenau und wenig befriedigend.

Bei der Lebenszykluskostenrechnung werden die Kosten in spezielle Phasen kategorisiert, um **Trade-off-Beziehungen** aufzuzeigen. Beispielsweise erzeugt die Entwicklung eines umweltverträglichen Produkts in der Marktphase teilweise höhere Materialkosten. Jedoch wird dadurch später ein vereinfachtes Recycling möglich, wodurch im Lebenszyklus die Nachlaufkosten sinken. Im Ergebnis reduzieren sich die Gesamtkosten (positiver Trade-off). Beispielsweise sind die Anschaffungskosten einer Energiesparlampe höher als die einer konventionellen Glühlampe. Über den geringeren Stromverbrauch kompensiert sich jedoch im Zeitablauf der höhere Anschaffungspreis des Energieleuchtmittels (vgl. Horváth et al. 2019).

In einer Lebenszykluskostenrechnung werden unterschiedliche **Investitionen** nach ihrer Wirtschaftlichkeit abgewogen. Dazu sind Erträge und Aufwendungen unmittelbar miteinander zu verrechnen. Rasch ist ersichtlich, *ob* und *wann* eine Investition ihren Break-Even erreicht. Die Aufwendungen und die Erträge der Lebenszykluskostenrechnung können in eine Vorlauf- und in eine Nachlaufphase eingeteilt werden:

- **Vorlaufphase (Entstehungszyklus)**: Hier werden Aufwendungen generiert für Marktforschung, Verfahrensentwicklung, Stücklisten- und Arbeitsplanerstellung, Prototyping sowie Markterschließung. Erträge spielen sich ein durch Subventionen (Forschungsförderung), Kundenanzahlungen und Lizenzverkäufe.
- **Nachlaufphase (Entsorgungszyklus/Recyclingzyklus)**: Aufwendungen fallen an für After-Sales-Services, Garantiekosten, Schadensersatzzahlungen, Produktrückrufe, Reklamationen, Ersatzteilhaltung, Reparatur, Rücknahme, direktes Recycling und Stilllegung. Erträge in der Nachlaufphase ergeben sich durch Kundenvergütungen für Ersatzteile oder Restwerte nicht mehr genutzter Wirtschaftsgüter (zum Beispiel der Verkauf von Excess-Vorräten).

In der Folge wird ein **Beispiel** zur Lebenszykluskostenrechnung wiedergegeben (vgl. Abb. 9.4). Das Produkt hat einen Lebenszyklus von acht Jahren. Die Vorlaufphase beträgt zwei Jahre, die Nachlaufphase ein Jahr. Das Erzeugnis spielt in sei-

9.3 Lifecycle Costing und Total Cost of Ownership

nem Lebensweg Erträge ab seiner dritten Zyklusphase ein. Besonders Cash-trächtig sind das fünfte und sechste Lebensjahr (größte Cash-Überhänge). In den ersten zwei Jahren erwirtschaftet das Produkt einen jeweils negativen Deckungsbeitrag. Kumuliert (YTD, Year to Date) überschreitet das Produkt die Gewinnschwelle im vierten Jahr. Nicht zu vergessen sind die Nachlaufkosten für die Entsorgung. Insgesamt erzielt der Hersteller mit diesem Produkt einen Gewinn von 100.000 Euro. Die Umsatzrendite beträgt 10 % (vgl. Horváth et al. 2019, S. 475).

Es bleibt festzuhalten, dass die Lebenszykluskostenrechnung in der Supply Chain bedeutsame Effekte aufzeigt, indem beispielsweise drohende Nachlaufkosten antizipativ erfasst werden. Natürlich hat Lifecycle Costing dabei ein **Prognoseproblem**: Zukünftige Produktvolumina und Preise sind bei der Kostenverteilung nur grob zu schätzen. Zudem erfolgt die Verrechnung von Verwaltungs-, Vertriebs- und Entwicklungsaufwendungen proportional. Die Gemeinkosten werden den Kostenträgern (Erzeugnissen) über einen **Verteilungsschlüssel** zugerechnet. Dieses „Gießkannenprinzip" ist nicht verursachungsgerecht.

9.3.2 Total-Cost-of-Ownership

Total-Cost-of-Ownership (TCO) wurde Mitte der 80er-Jahre von der Beratungsgesellschaft *Gartner* entwickelt (vgl. Krämer 2012). In seiner Ursprungsversion bezieht sich der Ansatz auf die Informationstechnologie (IT). Später wurden die Überlegungen auf weitere Funktionsbereiche der Unternehmen ausgeweitet (zum Beispiel Einkauf, Marketing, Engineering, Personal, Fertigung).

▶ **Total-Cost-of-Ownership-Analyse** und Lifecycle Costing sind verwandte Verfahren des strategischen Kotenmanagements. Lifecycle Costing ähnelt einer Investitionsrechnung. Das Verfahren hat einen direkten Zeitbezug, indem Aufwendungen und Erträge über die Jahre gegenübergestellt werden. TCO richtet sich hingegen auf Transaktionskosten aus und hat einen unmittelbaren Prozessbezug. Beide Verfahren verfolgen ähnliche Ziele und orientieren sich am Integrierten Produktlebenszyklus. Total-Cost-of-Ownership ist eine Unterform von Lifecycle Costing im engen Sinn. Neben den Anschaffungskosten eines Produkts werden bei TCO auch die *Folgekosten* berücksichtigt. Diese fallen beispielsweise für Betrieb, Schulung, Wartung oder Reparatur einer Ware über ihre komplette Nutzungsdauer an.

Die Ermittlung von Total-Cost-of-Ownership steigert die Transparenz in Supply Chains. Für die Unternehmensführung bietet der Ansatz eine Entscheidungsgrundlage bei der Auswahl homogener Güter. Mit Hilfe des Verfahrens lassen sich Kostentreiber identifizieren. In Anlehnung an die *Gartner-Group* sind dazu die Gesamtkosten in direkte und indirekte Kosten zu unterscheiden:

- **Direkte Kosten**: Die direkten Kosten sind nach der *Gartner-Group* sichtbar („hart" messbar, budgetierbar). Der IT-gestützte Ansatz differenziert direkte Kosten in die drei Bereiche *Hard- und Software* (Beschaffung und Anwendung von IT), *Operations* (Vergütung der Mitarbeiter für den Betrieb der Systeme) und *Administration* (Aufwendungen für Organisation und Verwaltung). Für ein Supply Chain Management resultieren direkte Kosten aus Abschreibungen auf Investitionen, Löhne und Gehälter, Versicherungen, Zölle, Verpackungen, Reisekosten oder Opportunitätskosten (Kapitalbindung).
- **Indirekte Kosten**: Die Ermittlung dieser „weichen" (unsichtbaren) Einflussgrößen bereitet in der Regel Schwierigkeiten. Die *Gartner-Group* unterscheidet indirekte Kosten in End-User-Operations und Downtime. Unter *End-User-Operations* fallen Wertverluste für Schulung, Self-Support, Peer-to-Peer-Support („Kommunikation unter Gleichen"), Erstellung von Backups und Futzing (IT-Nutzung für private Zwecke). Mit *„Downtime"* werden Systemausfälle gemessen. Die indirekten Kosten schränken die Nutzung von Wirtschaftsgütern ein. Ihre Messung ist problematisch und subjektiv. Indirekte Kosten verfügen über eine große Erfolgswirksamkeit, da sie zwischen 23 % und 53 % der gesamten Projektkosten ausmachen (vgl. Krcmar 2015, S. 191).

Der Ansatz der *Gartner-Group* wurde von *Forrester-Research* und der *Meta-Group* weiterentwickelt. Das Konzept von **Forrester-Research** bezieht sich ebenfalls auf die Informationstechnologie. Die TCO-Komponenten von Forrester-Research sind Infrastruktur (Hardware, Software), Wartungsverträge, Management, Support, Schulung, Downtime und Vorsorge (Katastrophenschutz). Die **Meta-Group** modifiziert TCO zu „Real-Cost-of-Ownership" (RCO). Der Ansatz besagt, dass Kosten „belegbar" sind. Sie entsprechen den direkten Kosten von *Gartner*. Der Ansatz der *Meta-Group* ergänzt diese Größen um Einflussfaktoren, die zu Produktivitätsverlust führen. Darunter fallen beispielsweise Kosten für die Aufrechterhaltung von Netzwerken oder die Migration von Anwendern in dieses Netzwerk.

Seit geraumer Zeit werden zusätzlich **Total-Benefit-of-Ownership** (TBO) erfasst. Diese Methode ermittelt den Gesamtprojektnutzen über seinen Lebensweg. Neben den Kosten werden die Leistungen (Erlöse) von Investitionen erfasst. Die Supply-Chain-Aktivitäten werden dazu in Nutz-, Stütz-, Blind- und Fehlprozesse unterschieden. Nutzprozesse sind wünschenswert und wertsteigernd, der Kunde ist bereit, für sie zu zahlen. Stützleistungen steigern den Wert nicht, begünstigen aber

9.3 Lifecycle Costing und Total Cost of Ownership

Nutzleistungen. Blindleistungen treten zufällig (ungeplant) auf und dienen ebenfalls nicht zur Wertsteigerung. Fehlleistungen hingegen fallen auf Grund nichtbeherrschter Prozesse an und vernichten Werte.

Im Folgenden wird eine Total-Cost-of-Ownership-Analyse für das Supply Chain Management **beispielhaft** beschrieben. Die Darstellung bezieht sich auf die Lieferantenauswahl eines Handelsunternehmens. Der Einkäufer eines Kaufhausbetreibers möchte eine Entscheidung über den Bezug modischer Herbstmäntel (Trenchcoats) treffen (vgl. Abb. 9.5). Sämtliche Kaufhäuser, in welche die Mäntel geliefert werden, befinden sich in Deutschland. Ein erster möglicher Lieferant fertigt seine Trenchcoats in China. Pro Mantel beträgt der Einkaufspreis 40,00 Euro. Alternativ liegt dem Einkäufer ein zweites Angebot eines deutschen Herstellers von 50,00 Euro pro Mantel vor. In einer Total-Cost-of-Ownership-Analyse wird dieser Einkaufspreis um **Folgekosten für den Bezug der Mäntel** verrechnet (der Einkaufspreis des Mantels wird zum Einstandspreis übergeleitet):

- Zunächst berechnet der Einkäufer die **Frachtkosten** pro Trenchcoat. Diese addieren sich auf 4,50 Euro für den Bezug aus China (Luftfracht 1,50 Euro, See-/Landfracht 3,00 Euro). Wird der Mantel von dem deutschen Hersteller bezogen, fallen Frachtkosten von insgesamt 1,30 Euro an (ausschließlich See-/Landfracht).
- Für jeden aus China bezogenen Mantel fallen Kosten für die **Verzollung** (3,50 Euro) und die **Versicherung** (0,30 Euro) in Höhe von 3,80 Euro an. Wird der Trenchcoat von dem deutschen Hersteller bezogen, ergeben sich keine Zollkosten. Die Versicherung kostet pro Mantel 0,25 Euro.
- Für die Berechnung der **Kapital- und Lagerkosten** sind die Lieferzeit und die Transportzeit pro Mantel ausschlaggebend. Es ist angedacht, diese modischen Trenchcoats kurzfristig in witterungsabhängige Special-Sales-Aktivitäten einzubinden. Auf Grund seiner langen Lieferzeit, muss der Mantel des chinesischen Herstellers voraussichtlich im Durchschnitt 25,0 Tage auf Lager genommen werden. Daraus berechnet der Einkäufer Kapital- und Lagerkosten von 3,30 Euro pro Mantel (Opportunitätskosten, Lagerkosten, Handlingskosten). Für einen aus Deutschland bezogenen Trenchcoat fallen hingegen nur 1,55 Euro Kapital- und Lagerkosten pro Mantel an.
- Weiterhin bezieht der Einkäufer **Sonstige Logistikkosten** in seine TCO-Berechnung ein: Auswahl der Dienstleister, Bestellüberwachung, Kommunikation (inklusive Lieferantenbesuchen vor Ort), Qualitätskontrolle und Büroprovision (Betreuung durch einen Agenten im Auslandsbüro). In Summe belaufen sich diese Kosten bei einem Bezug aus China pro Trenchcoat auf 4,16 Euro. Wird der Mantel in Deutschland gefertigt, entstehen lediglich 0,08 Euro an Sonstigen Kosten pro Mantel.

Entscheidungskriterium	Lieferant A	Lieferant B
Einkaufspreis	40,00	50,00
- Luftfracht	1,50	0,00
- Seefracht/Landfracht	3,00	1,30
(A) Frachtkosten Total	4,50	1,30
- Zollkosten	3,50	0,00
- Versicherungen	0,30	0,25
(B) Zollkosten/Versicherungen Total	3,80	0,25
- Lieferzeit in Tagen	90,00	40,00
- Transportzeit in Tagen	25,00	1,00
- Lagerzeit in Tagen	25,00	1,55
(C) Kapitalkosten/Lagerkosten Total	3,30	1,55
- Kosten Dienstleisterauswahl	0,30	0,05
- Kosten Bestellüberwachung	0,23	0,00
- Kommunikationskosten	1,13	0,03
- Qualitätskontrollkosten	0,98	0,00
- Kosten für Büroprovision	1,52	0,00
(D) Sonstige Logistikkosten Total	4,16	0,08
Summe Folgekosten (A + B + C + D)	15,76	3,18
Zwischensumme	55,76	53,18
Abzug Bonus (2 %/5 %)	-0,80	-2,50
Endsumme	**54,96**	**50,68**

Abb. 9.5 Beispiel Total Cost of Ownership (Lieferant A kommt aus Deutschland, Lieferant B kommt aus China; in €)

9.3 Lifecycle Costing und Total Cost of Ownership

- Der Einkaufspreis (40,00 Euro) und die Folgekosten (15,76 Euro) addieren sich für einen aus China bezogenem Trenchcoat auf 55,76 Euro. Für die Mäntel gewährt der Produzent einen Bonus von 2 % auf den Einkaufspreis (0,80 Euro). Folglich belaufen sich die **Gesamtkosten** der „China-Variante" auf 54,96 Euro. Der in Deutschland gefertigte Trenchcoat kostet 53,18 Euro (Einkaufspreis 50,00 Euro, Folgekosten 3,18 Euro). Da der deutsche Hersteller einen Bonus von 5 % auf den Einkaufspreis pro Mantel abschlägt, kostet der Trenchcoat insgesamt 50,68 Euro. In diesem Beispiel „schlägt" ein in Deutschland hergestellter Mantel – trotz des erheblich höheren Einkaufspreises – die „chinesische Alternative" um 4,28 Euro pro Mantel (vgl. Abb. 7.2). Rein aus Kostensicht, wird der Einkäufer diesen Trenchcoat aus Deutschland beziehen. Allerdings wurden hier ausschließlich direkte Kosten verrechnet. Die Kalkulation könnte um indirekte Kosten und Total-Benefit-of-Ownership erweitert werden.

Die Idee von Total-Cost-of-Ownership ist nachvollziehbar und **vorteilhaft**: Die Bedeutung weicher (kaum erkenn- und quantifizierbarer) Kostenkomponenten ist nicht zu unterschätzen. Dieses antizipative Kostenmanagement schützt vor bösen Überraschungen. Zum Beispiel der Unterschätzung von Nachlaufkosten für Garantie- oder Wartungsfälle. Dadurch wird die Gefahr des Auftretens von Soft Spots reduziert. Total-Cost-of-Ownership-Betrachtungen haben ihre Stärke in der Prozessanalyse. Das Unternehmen wappnet sich davor, die Bedeutung von Transaktionskosten zu unterschätzen. In Kombination mit Lifecycle Costing können Investitionsentscheidungen mit mehr „Tiefgang" getroffen werden (Standortwahl, Lieferantensektion, Auslagerungsprojekte).

Ausgestattet als Vollkostenrechnung, hat das Verfahren allerdings **Schwierigkeiten** mit der Verschlüsselung von Gemeinkosten, die anteilig zu den Einzelkosten verrechnet werden. Besonders problematisch ist die Leistungsbewertung bei Total-Benefit-of-Ownership-Analysen, da Soft Facts nur schwer zu messen sind. Daraus resultiert eine gewisse Manipulationsgefahr: Wenn eine Entscheidung im Vorfeld schon feststeht und durch eine Total-Cost-of-Ownership-Analyse nur noch „abgenickt" wird.

10 Economic Value Added (EVA)

Ein weiteres Hilfsmittel der Financial Supply Chain ist der **Economic Value Added** (EVA, vgl. Bach 2012; Hostettler 2002; Hostettler und Stern 2007; Weber und König 2012). EVA wurde Anfang der 90er-Jahre von der amerikanischen Consulting-Gesellschaft *Stern Stewart & Co.* (vgl. Stern 2004) entwickelt und ist die Basis für verwandte Konzepte wie Economic Profit, Added Value, Market Value Added oder Cash Value Added.

10.1 Messung von Wertsteigerungen über EVA

Der Economic Value Added ist eine Kennzahl, die den *betrieblichen Übergewinn* misst. EVA findet in der **wertsteigernden Unternehmensführung** Einsatz und setzt sich gleichermaßen aus Größen der Gewinn- und Verlustrechnung sowie der Bilanz zusammen. **Basisformel** zur Berechnung des Economic Value Added: vgl. Abb. 10.1:

Das Nettobetriebsergebnis nach Ertragsteuern (**NOPAT**) stammt aus der Gewinn- und Verlustrechnung. Es bezieht sich auf das operative Ergebnis eines Unternehmens. Die Bezugsgröße zur Berechnung der Kennzahl ist der EBIT (Operating Profit). Vom Steueraufwand in der G&V werden alle Steuerminderungen hinzugerechnet und sämtliche Steuererhöhungen abgezogen.

- Das **Capital** ist abhängig von Investitionsentscheidungen und stellt das betriebsnotwendige Vermögen dar. Ein Capital wird für die Erzielung eines NOPAT benötigt. Im Mittelpunkt steht die Frage: „Welche Positionen sind betriebsnotwendig und ermöglichen die Generierung eines operativen Ergebnisses?"

$$EVA = NOPAT - (Capital \times c^*)$$

Legende:
EVA = Economic Value Added
NOPAT = Net Operating Profit After Tax
Capital = Gebundenes Vermögen
c^* = Gesamtkapitalkostensatz

Abb. 10.1 Basisformel des Economic Value Added

- Der Gesamtkapitalkostensatz c^* bezieht sich auf Finanzierungsentscheidungen. Er ist die Summe von gewichteten Fremdkapital- und Eigenkapitalkosten zu realen Marktwerten und wird häufig mit den „Weighted Average Cost of Capital" (WACC) gleichgesetzt.

▶ Die Basisformel für den **Economic Value Added** bedeutet, dass die Multiplikation von Capital mit dem Gesamtkapitalkostensatz (c^*) die Finanzierungskosten des betrieblich gebundenen Kapitals ergibt. Die Finanzierungskosten werden vom betrieblichen Gewinn subtrahiert. Das Resultat ist der Economic Value Added.

Wenn die Kennzahl EVA **positiv** ist, übersteigt das operative Ergebnis die gesamten Finanzierungskosten des betrieblichen Vermögens. Ein **negativer** Economic Value Added bedeutet, dass die Finanzierungskosten nicht durch das Nettobetriebsergebnis nach Steuern gedeckt wurden. Aus der Sicht von Kapitalgebern fand eine Wertvernichtung statt. Die Anteilseigner hätten ihr Kapital in einem anderen Unternehmen, mit ähnlichem Risikoprofil ausgestattet, zu einer höheren Verzinsung anlegen können.

Die Einsatzgebiete von EVA sind die Unternehmensbewertung, die Erhöhung der Gesamtrendite von Aktionären (Shareholder Value) und die Verwendung der Kennzahl als Anreizsystem. Eine Möglichkeit von EVA als Instrument der wertsteigernden Unternehmensführung wurde oben beschrieben. Der **Shareholder Value** kann als reine Finanzgröße oder Handlungsmaxime interpretiert werden:

- Verstanden als reine **Finanzgröße** bedeutet der Shareholder Value eine monetäre Ausrichtung auf den ökonomischen Produktivitätszweck. Die Mehrung des Vermögens der Aktionäre steht im Fokus. Der Shareholder Value bezieht sich auf den Marktwert des Eigenkapitals (*Shareholder-Approach*). Nicht nur in Deutschland wird diese Betrachtungsweise allerdings kritisch gesehen.

- Wird der Shareholder Value als **Handlungsmaxime** verstanden, liegt eine pluralistisch gesellschaftsorientierte Zielausrichtung zu Grunde. Diese Sichtweise beschreibt den *Stakeholder-Approach*. Ein Stakeholder ist das Mitglied einer Gruppe. Er hat gesellschaftliches Interesse am Fortbestand des Unternehmens. Stakeholder sind Mitarbeiter, Kunden, Lieferanten, Staat, Aktionäre oder Gläubiger.

Wird der Economic Value Added als **Anreizsystem** genutzt, besteht ein direkter Bezug zu dem vom Aktieninvestor angestrebten Handlungsergebnis. Insbesondere bei Führungskräften richtet sich deren Entlohnungssystem auf die Kennzahl EVA aus: Zum Beispiel aus dem Aktienkurs und dem Return on Equity. In diesen Fällen ist der Economic Value Added von der Unternehmensleitung unmittelbar beeinflussbar. Der Anreiz für das Management besteht darin, dass die Erwirtschaftung eines hohen Finanzergebnisses zur Steigerung der eigenen Entlohnung führt.

10.2 Beispiel für das Supply Chain Management

Zur Verbesserung des Economic Value Added kann das Supply Chain Management in mehrfacher Weise beitragen. Die wertsteigernden Supply-Chain-Aktivitäten führen zur unmittelbaren Verbesserung des operativen Ergebnisses in der Gewinn- und Verlustrechnung (Materialpreise, Frachtkosten, Löhne und Gehälter). Ebenso bewirken bilanzpolitische Supply-Chain-Maßnahmen im Asset-Management eine Verbessrung von EVA (Maschinen, Anlagen, Gebäude, Vorräte). Folgendes **Beispiel** unterstreicht diesen Zusammenhang:

Ein Zulieferunternehmen fertigt Bremssysteme für die Automobilindustrie. Das Unternehmen erzielt im Geschäftsjahr 2021 einen EBIT (Operating Profit) von 113,2 T€. Zur Ermittlung von EVA muss die Organisation zunächst die Größe **NOPAT** herleiten. Dazu verrechnet das Unternehmen das Betriebsergebnis mit ausgewählten Komponenten der Gewinn- und Verlustrechnung (vgl. Abb. 10.2).

Der Automobilzulieferer hat im Geschäftsjahr 2021 ein Nettobetriebsergebnis nach Ertragsteuern von 72,1 T€ erwirtschaftet. Als nächstes berechnet das Unternehmen die Kennzahl **Capital**, welche zur Erzielung des EBIT benötigt wurde (vgl. Abb. 10.3).

In diesem Beispiel konnte das betriebsnotwendige Vermögen durch die operative Tätigkeit gedeckt werden. Der Economic Value Added ist positiv, er beläuft sich auf 11,05 T€. Abb. 10.4 zeigt diesen Sachverhalt in übersichtlicher Form auf.

	(1) Betriebsergebnis	113,2
+	(2) Ausgleich Firmenwert	1,5
+	(3) Erträge aus Joint Ventures	2,0
-	(4) Gebühren für Dienste der Muttergesellschaft	(9,2)
+	(5) Zinsen aus Leasing	7,7
+	(6) Zinsen aus Pensionen	3,7
-	(7) Ertragsteuern	(46,8)
=	(8) Nettoergebnis nach Steuern	72,1

Abb. 10.2 Berechnung des Net Operating Profit After Tax (alle Zahlen betreffen den Abschluss im Geschäftsjahr 2021 in T€)

	(1) Aktiva	779,9
+	(2) Liquide Mittel	(21,6)
+	(3) Kurzfristige Verbindlichkeiten	(233,4)
-	(4) Leasing aus Anlagen	84,6
=	(5) Capital	609,5

Abb. 10.3 Berechnung des Capital (alle Zahlen betreffen den Abschluss im Geschäftsjahr 2021 in T€)

Economic Value Added = NOPAT - (Capital x Kapitalkostensatz)

11,05 = 72,1 - (609,5 x 0,1)

Abb. 10.4 Beispiel Berechnung des Economic Value Added (alle Zahlen betreffen den Abschluss im Geschäftsjahr 2021 in T€)

10.3 Kritische Würdigung

In die Berechnung des betrieblichen Übergewinns gehen Größen aus der Gewinn- und Verlustrechnung und der Bilanz gleichermaßen ein. Das Betriebsergebnis wird nicht isoliert betrachtet. Auch das zu seiner Erwirtschaftung betriebsnotwendige

10.3 Kritische Würdigung

Kapital ist eine Komponente zur Berechnung von EVA. Ein **Vorteil** des Economic Value Added ist sein breites Anwendungsgebiet. Die Kennzahl wird in der Unternehmensbewertung, im Shareholder Value und als Anreizsystem genutzt: Viele Unternehmen berechnen EVA mittlerweile zur Entlohnung ihrer Führungskräfte. Im Economic Value Added wird eine Unterscheidung in beeinflussbare Bestandteile (NOPAT, Capital) und nicht beeinflussbare Größen (Gesamtkapitalkostensatz) vorgenommen. Wenn Führungskräfte über eine gemeinsame Spitzenkennzahl anteilig entlohnt werden, bedeutet dies, dass sie einer gemeinsamen strategischen Stoßrichtung folgen. Dies führt dazu, dass es weniger „Grabenkämpfe" in den Unternehmen gibt (Motto: „Alle Führungskräfte ziehen an einem Strang!"). Außerdem können die Anleger erkennen, ob sie ihr Kapital sinnvoll investiert haben.

Probleme der Kennzahl EVA ergeben sich daraus, dass Investitionen direkt an EVA zehren (*Cash-out-Syndrom*): Wenn Führungskräfte in absehbarer Zeit und Ruhestand gehen und sich ihre Entlohnung aus EVA ableitet, werden sie betriebsnotwendige Investitionen möglicherweise verschieben. Ansonsten würden sie ihren eigenen Bonus schmälern. Auch kann die gemeinsame Entlohnung von Führungskräften zum „Trittbrettfahren" führen: Auch jene Manager, die in einer Periode nur bedingt zur Steigerung von EVA beigetragen haben, profitieren ebenso von der Wertsteigerung, wie echte „Spitzenkräfte". Schließlich ist die Kennzahl Economic Value Added ein Absolutwert. Moderne Controlling-Ansätze, wie Better Budgeting und Beyond Budgeting, fordern die Berechnung relativer Zielvorgaben ein.

Handlungsempfehlungen 11

Natürlich lassen sich nur schwerlich allgemeingültige Empfehlungen an die Ausgestaltung eines Supply Chain Controllings ableiten. Letztendlich entscheiden darüber unternehmensspezifische Kriterien wie Branchenzugehörigkeit oder Größe. Dennoch sollte ein Supply Chain Controlling **ausgewogen** sein, um Trade-off-Effekte zu vermeiden. Ein modernes Supply Chain Controlling bildet alle relevanten Wettbewerbsfaktoren ab: Neben dem klassische Kostenbezug richtet es sich auf die Schlüsselgrößen Zeit, Qualität, Agilität, Service, Information, Innovation und Nachhaltigkeit aus. Natürlich kann eine dieser Zielgrößen temporär dominieren. Aber mittel- bis langfristig sind zur Vermeidung negativer Trade-offs (Dyssynergien) möglichst sämtliche Schlüsselgrößen im Supply-Chain-Controlling zu berücksichtigen (vgl. Werner 2011, S. 606).

Im Gegensatz zum primär intern gerichteten Logistikcontrolling berücksichtigt ein Supply Chain Controlling auch die Verflechtungen des Unternehmens mit seiner Umwelt (Netzwerkbetrachtung). Zur Bemessung von Wertschöpfungsaktivitäten werden geeignete Kennzahlensysteme eingesetzt. Diese sind zu **Performance-Measurement-Konzepten** auszuweite, weil diese Ansätze Kausalzusammenhänge abbilden und zusätzlich „weiche" Faktoren berücksichtigen. Von besonderer Relevanz ist die Supply Chain Scorecard. Mit ihrer Hilfe gelingt der Brückenschlag zwischen Strategieableitung (insbesondere in Kombination mit der Strategy Map) und Operationalisierung (Messung).

Ein Supply Chain Controlling darf nicht **überfrachtet** sein. Nicht nur mittelständische Unternehmen sollten darauf achten, die Anzahl der eingesetzten Instrumente zu begrenzen. Ansonsten wird das System intransparent und zu teuer. Schließlich muss jedes Glied einer Wertschöpfungskette die Kosten zur Einrichtung und Aufrechterhaltung seines Supply Chain Controllings selbst schultern.

© Springer Fachmedien Wiesbaden GmbH, ein Teil von Springer Nature 2022
H. Werner, *Supply Chain Controlling*,
https://doi.org/10.1007/978-3-658-36405-2_11

Ein Supply Chain Controlling muss frühzeitig auf drohende Engpässe hinweisen und Stock-outs ausschließen. Außerdem stellt es seine Register so ein, dass als oberstes Ziel die Kundenzufriedenheit siegt.

Die Messung **inhaltlich ähnlicher Ziele** muss vermieden werden. Beispielsweise ist es beim Aufbau eines Supply Chain Controllings nicht ratsam, ähnliche Indikatoren (wie Cash-to-Cash-Cycle, Working Capital, Cash Flow und Liquidität) simultan zu messen. Denn ein doppeltes oder dreifaches Messen ähnlicher Werte führt zu Zahlenfriedhöfen.

Gerade für **kleine und mittelständische Unternehmen** gilt, dass es nicht immer die ganz große IT-Lösung sein muss (Maxime: nicht mit Kanonen auf Spatzen schießen). Die Implementierung von Alert-Systemen mit Echtzeitcharakter (Advanced-Planning-Applikationen) ist teuer und verschlingt Ressourcen. Manchmal reicht auch der Einsatz zeitversetzt operierender Systeme aus, um zu einem gewünschten Ergebnis zu gelangen (Enterprise Resource Planning).

Die **organisatorische Einrichtung** eines separaten Supply Chain Controllings ist für größere Organisationen alternativlos. Das Geld liegt in der Schnittstelle. Ein Supply Chain Controlling hilft dabei, diese Potenziale zu heben. Von der Implementierung eines Supply Chain Controllings erhoffen sich viele Unternehmen zu Recht Prozessoptimierungen und die Identifikation von Ineffizienzen. Kleinere Unternehmen verfügen aber nur selten über die Möglichkeiten, ein eigenständiges Supply Chain Controlling aufzubauen. Seine Aufgaben sollte dann das Zentralcontrolling übernehmen.

Traditionell richtet sich das Supply Chain Controlling auf Effizienzsteigerungen aus. Wie in diesem Buch deutlich wurde, beziehen sich seit geraumer Zeit Supply-Chain-Aktivitäten zusätzlich auf die Verbesserung der **Resilienz in der Wertschöpfungskette**. Aber eine Förderung von Supply-Chain-Robustheit „um jeden Preis" ist nicht ratsam. Die Medaille hat zwei Seiten: Ein zeitgemäßes Supply Chain Controlling wird seine Lehren aus der Corona-Pandemie ziehen und sich zukünftig besser gegen Störungen wappnen. Gleichzeitig initiiert es Maßnahmen zur Verbesserung der Wirtschaftlichkeit. Wichtig ist es, die nicht immer einfache Balance zwischen Effizienz und Resilienz zu finden. Es wäre unklug, eines dieser beiden Supply-Chain-Ziele isoliert zu verfolgen.

Unternehmen erlangen Resilienz nicht zum Nulltarif. Das Geld zur Verbesserung von Supply-Chain-Robustheit dürfte aber gut angelegt sein: Investitionen zu ihrer Steigerung sind häufig günstiger, als Maßnahmen zur Bereinigung eingetretener Störungen einzuleiten. Auch zwei Jahre nach Ausbruch der Pandemie spüren Unternehmen rund um den Globus massiv die Auswirkungen von Covid-19: Die Folge sind Preissteigerungen, Produktionsausfälle, fehlende Transportmittel und Lieferengpässe. Ein Supply Chain Controller sollte **Total-Cost-of-Ownership-**

Analysen (TCO) durchführen. Mit ihnen kann er feststellen, inwieweit stabilisierende Maßnahmen dazu beitragen, Folgekosten in der Lieferkette zu vermeiden. Ein modernes Supply Chain Controlling richtet sich auf die antizipative Berechnung von Trade-off-Effekten aus.

Der Supply Chain Controller wickelt eine Vielzahl von Tätigkeiten ab. Er ist der Berater des Managements und zeichnet für die Informationsweitergabe an die Führung verantwortlich. Jedoch sind die **Funktionsbereichsverantwortlichen** in den Planungs-, Steuerungs- und Kontrollprozess eng einzubinden. Beispielsweise ist der Inventory-Manager für das Bestandsmanagement verantwortlich. Er (und nicht der Controller) hat Abweichungen zu erklären und Aktionen zur Verbesserung zu definieren. Die Aufgabe des Supply Chain Controllers ist es, die Informationen aus den Fachdisziplinen zu sammeln und filtriert an das (Supply Chain) Management weiterzugeben.

Alles ist im Fluss: Der **betriebswirtschaftliche Wandel** ist gut über das Supply Chain Controlling nachzuvollziehen. Zwar werden auch weiterhin quantitative Indikatoren darin eine prägende Rolle spielen. Doch zukünftig dürften verstärkt qualitative Erfolgsgrößen an Bedeutung gewinnen. Das Beziehungsmanagement und das Supply Chain Relationship Management widmen sich diesen Attributen. Dort werden auch Sozialfaktoren berücksichtigt (Vertrauen, Verbundenheit, Kommunikation). Auch wenn ihre Messung zum Teil schwierig ist, besitzen diese Indikatoren einen großen Einfluss für den Aufbau, die Erhaltung und die Auflösung kompletter Wertschöpfungsnetze.

Schließlich werden besondere Anforderungen an das **Profil des Supply Chain Controllers** gestellt. Es ist nicht ratsam, einen „Cost Cutter alter Schule" auszuwählen. Natürlich wird der Controller darauf achten, dass die Kosten nicht „aus dem Ruder" laufen. Aber ein modernes Supply Chain Controlling reicht weiter. Es stellt besondere Ansprüche an die Person des Controllers: Der Supply Chain Controller sollte offen sein für Neues (z. B. gegenüber digitalen Supply-Chain-Tools) und eine gesunde Mischung aus Pragmatismus und Empathie mitbringen.

Verständnisfragen 12

- Was ist das Neue am Supply Chain Management (im Gegensatz zur traditionellen Logistik)? Beziehen Sie sich in Ihrer Antwort auf das Order-to-Payment-S.
- Supply Chain Controlling: Klären Sie zunächst den Begriff. Benennen Sie anschließend prägende Ziele und Kernaufgaben.
- Beschreiben Sie das „Supply Chain Controlling 2.0": Wie sieht Ihrer Meinung nach das Supply Chain Controlling im Jahre 2030 aus? Welche neuen Entwicklungen wird es geben? Welche bisherigen Ziele sind vielleicht nicht mehr gefragt?
- Beschreiben Sie den Supply Chain Controller der Zukunft: Welche Rolle spielt er, und über welche Fähigkeiten muss er verfügen?
- Wie entwickelt sich die Schnittstelle zwischen Digitalisierung und Supply Chain Controlling? Welche digitalen Tools der Zukunft sind interessant für das Supply Chain Controlling?
- Auf welchen Erfolgsgrößen basiert ein modernes Supply Chain Controlling?
- Was verstehen Sie unter einem Leistungs-Strategie-Mix in der Supply Chain?
- Benennen Sie die Ihrer Meinung nach wichtigsten Bausteine eines digitalen Supply Chain Controllings.
- Wählen Sie drei Technologien digitaler Lieferketten aus. Beschreiben Sie diese Konzepte und entwerfen Sie eine Tabelle, in der Sie die Vorteile und die Nachteile der Konzepte stichpunktartig gegenüberstellen.
- Charakterisieren Sie die prägenden Anforderungen an ein digitales Supply Chain Controlling.
- Klären Sie den Begriff „Kognitive Wertschöpfungskette" und diskutieren Sie Möglichkeiten zur Generierung einer „Kognitiven Supply Chain".
- Was verstehen Sie unter einer „resilienten Supply Chain"?

- Welche Methodik bietet sich für die Ausgestaltung eines resilienten Supply Chain Controllings an?
- Kennzeichen Sie unterschiedliche Arten von Supply-Chain-Störungen. Geben Sie zu jeder Art drei Beispiele an.
- Begründen Sie die Notwendigkeit zur Bestandsreduzierung aus betriebswirtschaftlicher Sicht. Gehen Sie dabei auf den Weighted Average Cost of Capital ein (WACC).
- Nennen und definieren Sie fünf „Königskennzahlen" der Supply Chain. Begründen Sie, warum Sie gerade diese Indikatoren ausgewählt haben.
- Was verstehen Sie unter einem „Key Performance Indikator"? Listen Sie Gemeinsamkeiten und Unterschiede zwischen einem KPI und klassischen Kennzahlen auf.
- Worin besteht der Unterschied zwischen KPI, BPI und PPI?
- Entwerfen Sie eine Tabelle, in der Sie anhand von Differenzierungsmerkmalen auf die Unterschiede zwischen einem tradierten Kennzahlenmanagement und einem Performance Measurement eingehen.
- Beschreiben Sie die Arbeitsschritte zum Aufbau eines Kennzahlensystems für die Supply Chain.
- Was verstehen Sie unter einer Kennzahlen-Checkliste?
- Konzipieren Sie eine Checkliste für ein Supply-Chain-Kennzahlensystem. Benennen Sie für jeden Untersuchungsbereich drei typische Fragen.
- Entwerfen Sie eine Supply Chain Scorecard. Begründen Sie kurz die Auswahl der Perspektiven. Pro Dimension leiten Sie anschließend drei strategische Ziele ab, die Sie mit spezifischen Supply-Chain-Kennzahlen bewerten.
- Forecast Accuracy: Definieren Sie diese Kennzahl. Welche Aktivitäten können zur Verbesserung der Forecast Accuracy führen? Inwieweit ergeben sich durch die Einleitung dieser Maßnahmen Dyssynergien?
- Entwerfen Sie einen Werttreiberbaum mit dem Wurzelknoten Return on Capital Employed. Nennen Sie mögliche Stellhebel zur Verbesserung der Spitzenkennzahl ROCE. Beschreiben Sie diesbezüglich das Phänomen von Trade-off-Situationen anhand eines konkreten Beispiels.
- Was verstehen Sie unter einem Cost Tracking? Entwerfen Sie ein Formblatt für ein Cost Tracking der Frachtkosten. Gehen Sie in diesem Kontext auf die Relativierung von Zielvorgaben ein.
- Kennzeichen Sie die Grundlagen der Hard-(Soft)-Analyse. Warum wird dieses Instrument des Supply Chain Controllings auch als „P-3-Analyse" bezeichnet?
- Was verstehen Sie unter dem Begriff Working Capital? Interpretieren Sie den Anstieg dieser Kennzahl um 10 % innerhalb des Betrachtungszeitraums eines

12 Verständnisfragen

Jahres. Definieren Sie anschließend den Cash-to-Cash-Cycle. Welche Maßnahmen schlagen Sie vor, um die Cash-to-Cash-Cycle-Time zu verkürzen?

- Target Costing in der Supply Chain: Kennzeichen Sie zunächst den Target-Costing-Prozess anhand eines Beispiels. Gehen Sie dabei auf die Funktionen-Komponenten-Matrix und das Zielkostenkontrolldiagramm ein. Welchen Nutzen und welche Gefahren messen Sie dem Supply Chain Costing bei?
- Beschreiben Sie anhand eines Beispiels der Produktionslogistik die Grundidee der Prozesskostenrechnung. Wie berechnen sich Prozesskostensätze? Entwerfen Sie eine Tabelle, in der Sie Vorteile und Nachteile der Prozesskostenrechnung gegenüberstellen.
- Worin bestehen die Gemeinsamkeiten und die Unterschiede zwischen Lifecycle Costing und Total-Cost-of-Ownership? Welches Verfahren setzen Sie zur Berechnung von Supply Chain Investitionen ein?
- Transaktionskosten in der Supply Chain: Klären Sie den Begriff und gehen Sie auf die Bedeutung von Transaktionskosten in modernen Wertschöpfungsnetzen ein. Welche Stellhebel zur Reduzierung von Supply-Chain-Transaktionskosten kennen Sie?
- Diskutieren Sie das Für und das Wider der Kennzahl Economic Value Added (EVA) als betriebliches Anreizsystem. Benennen Sie Möglichkeiten innerhalb des Supply Chain Managements zur Verbesserung der Kennzahl EVA.

Glossar

Adaptive Supply Chain Anpassungsfähige Wertschöpfungskette. Ermöglicht durch digitale, selbst lernende Supply-Chain-Lösungen.

Balanced Scorecard (BSC) Ansatz des Performance Measurements. Weiterentwicklung der Performance Pyramid. Ausgewogenes Kausalkonzept zur Strategieableitung. Basis: Vision und Mission der Organisation. Bewertung der Zielerreichung über Kennzahlen pro Perspektive.

Benchmarking Weiterentwicklung des Betriebsvergleichs. Systematischer Bewertungsprozess mit Orientierung an Best Practices. Interner, wettbewerbsbezogener oder branchenübergreifender (funktionaler) Leistungsvergleich von Prozessen und Teilprozessen.

Big Data Große Mengen meist wenig strukturierter Daten.

Blockchain-Technologie Beständig erweiterbare Liste dezentraler Datensätze (Blocks), welche durch kryptografische Verfahren miteinander verbunden sind.

Bullwhip-Effekt Weiterentwicklung der Forrester-Aufschaukelung. Peitschenschlageffekt, durch stufenweise Aggregation der Bestände auf Grund von Dissonanzen zwischen Angebot und Nachfrage.

Business Performance Indicator (BPI) Sachlogische und geschäftsbereichsbezogene Verdichtung einzelner Process Performance Indicators zu Spitzenkennzahlen.

Cash-to-Cash-Cycle Liquiditätskreislauf. Days Payables Outstanding plus Days on Hand minus Days Receivables Outstanding. Indikator des Working Capital Managements.

Cost-Charge-Back Automatische Rückbelastung von Kosten auf Grund qualitativer, quantitativer oder zeitlicher Lieferdefizite. Ziel: Vermeidung von Opportunitätskosten.

Cost Tracking Spezielles Überwachungssystem zum Aufzeigen der jeweiligen Erfolgswirksamkeit von Supply-Chain-Aktivitäten. Besondere Ausprägungsform einer Abweichungsanalyse.

Cross Docking Teilgebiet von Efficient Consumer Response. Filialgerechte Kommissionierung in Zentrallagerstätten (Transshipment-Point).

Customer Experience Sammlung von Eindrücken, die ein Kunde während der Dauer einer kompletten Geschäftsbeziehung (Kundenreise) hat.

Customer Journey Kundenreise. Verfolgung vom ersten Kontakt bis zur Handlung (Anfrage, Bestellung, Kauf) über Kundenkontaktpunkte (Touch-Points).

Descriptive Analytics Beschreibende Datenanalyse. Statistische Methode, Suche und Aggregation historischer Daten zur Ableitung von Mustern und Bedeutungen („what happened?").

Design-to-Cost (DTC) Historischer Vorläufer von Target Costing. Einsatz zumeist im B2A-Segment. Zielkosten leiten sich aus enger Kooperation zwischen Auftraggeber und Auftragnehmer ab.

Diagnostic Analytics Diagnostische Analyse, Statistisches Verfahren, Identifikation von Ursachen, Erkennungsmustern oder Wechselwirkungen von Ereignissen zur Ableitung von Mustern, Trends oder Verhaltensweisen („why did it happen?").

Digital Link Moderne Wertschöpfungskennzahl. Anzahl gemeinsam genutzter (Informations- und Kommunikations-) Systeme unterschiedlicher Akteure innerhalb einer Supply Chain.

Digital Twin Digitaler Zwilling. Software-Repräsentation als eindeutig, virtuelle Abbildung eines physischen Objekts oder eines gemeinsamen Systems. Dauerhafte Verbindung der virtuellen Doublette mit dem physischen Objekt.

Disputes Klärung strittiger Forderungen und Einbringen von Verzugsforderungen. Entstehen in der Supply Chain beispielsweise durch beschädigte Ladungsträger.

Durchlaufzeit Synonym Fristzeit. Zeitraum vom Auftragseingang bis zur Kundenauslieferung (Total Cycle Time).

Economic Value Added (EVA) Absolute Kennzahl im Wertsteigerungsmanagement. Berechnung über Residualgewinn. Einsatz auch für Shareholder Value und Führungskräfteentlohnung (Anreizsystem).

Erfolgskorridor Dreidimensionaler Raum der Leistungsbewertung im Performance Measurement. Erfolgskomponenten Effektivität, Effizienz und Agilität.

Glossar

Excess-Waren Zum Teil ungängige Waren. Wertberichtigung bis maximal 50 %.
Fertigungstiefe Kennzahl. Anteil der Eigenfertigung am erzielten Umsatz im Produktionsbereich. Indikator für den Grad des Outsourcings.
Forecast Accuracy Synonym „Absatzprognosegenauigkeit". Spitzenkennzahl in der Supply Chain. Indikator interner und externer Abstimmungsprozesse.
Hard-(Soft)-Analyse Abweichungsanalyse. Überleitung von Umsatz, EBIT und Jahresüberschuss. Synonym P-3-Analyse.
Internet of Things (IoT) Netzwerk physischer Objekte (Dinge), die mit Sensoren und Software ausgestattet sind. Vernetzung mit anderen Geräten und Systemen über das Internet. Datenaustausch zwischen den Dingen.
Inventory Reserve Wertberichtigung von Beständen auf Grund von Ungängigkeit.
Kanban Pull-Konzept (Holkonzept). Bestandssenkungsinstrument durch Bildung vermaschter, selbst steuernder, dezentralisierter Regelkreise.
Kennzahl Indikator zur Messung betriebswirtschaftlicher Abläufe in primär quantitativem Gesamtkontext.
Kennzahlenradar Spinnenbild. Instrument zur Aufdeckung von Soll-Ist-Abweichungen.
Kennzahlensystem Systematische Abbildung mathematischer oder sachlogischer Abhängigkeiten. Verdichtung auf Spitzenwert (Wurzelknoten). In Performance-Measurement-Systemen erweitert zu Werttreiberbäumen.
Key Performance Indicator (KPI) Spitzenkennzahl der Supply Chain. Messung von Financials und Non-Financials. Abgeleitet aus Performance Measurement. Effektivitäts-, Effizienz- und Agilitätssteigerung.
Kognitive Supply Chain Lernende, wahrnehmende, erkennende, denkende Lieferkette nach dem Prinzip der Selbstoptimierung.
Künstliche Intelligenz (KI) Menschliches Denken maschinell abbilden, um dem Computer Intelligenz zu verleihen. Computer werden nicht für einen speziellen Zweck programmiert, sondern finden eigenständig Lösungen.
Lagerumschlagshäufigkeit Kennzahl. Synonym „Turn Rate". Misst die Anzahl an Lagerumschlägen pro Jahr. Reziprok der vergangenheitsbezogenen Lagerreichweite.
Lifecycle Costing Lebenszykluskostenrechnung. Vollkostenrechnung, Teilgebiet des strategischen Kostenmanagements. Berücksichtigung der Vorlaufphase und Nachlaufphase.
Lieferservicegrad (LSG) Spitzenkennzahl der Supply Chain. Prozentsatz termin-, mengen- oder qualitätsgerechter Bestellpositionen.

Logistik Physischer Material- und Warenfluss zur Raum- sowie Zeitüberbrückung. Grundausprägungen sind Beschaffungs-, Produktions- und Distributionslogistik.
Logistikkette Verknüpfung von physischer Logistikaktivitäten zur Raum- und Zeitüberbrückung zwischen Wertschöpfungspartnern.
Magisches Supply-Chain-Dreieck Synonym Strategisches Dreieck. Simultane Abwägung zwischen Prozesseffizienz, Kapitalbindung und Kundennutzens.
Machine Learning Maschinelles Lernen. Teilbereich der Künstlichen Intelligenz (KI). IT-Systeme werden in die Lage versetzt, auf Basis vorhandener Datensätze und dynamischer Algorithmen Verhaltensmuster und Gesetzmäßigkeiten zu erlernen.
Market-into-Company Hauptvariante von Target Costing auf Basis des Market-Based-View. Ableitung von Zielkosten aus dem Markt. Intensive Einbindung von Kunden und Lieferanten.
Mass Customization Hybride (gemischte) Wettbewerbsstrategie. Kundenindividuelle Massenfertigung durch gemischtes Push-Pull-Prinzip. Kombinierbar mit Postponement Strategien. Kombination mit Kostenaufwuchskurve.
Maverick-Buying Wilder, unkontrollierter Einkauf von B- und C-Teilen, vorbei an Rahmenverträgen. Durchschnittliche Steigerung der Einkaufskosten um circa 30 %.
Multiple User Warehouse Gemeinsame Nutzung eines Transshipment-Points von mehreren rechtlich selbständigen Partnern. Cost Sharing der Logistikkosten über Prozesskostensätze oder genutzte Flächenmeter.
Obsolete-Waren Völlig ungängige Waren. Wertberichtigung bis maximal 95 %.
Offshoring Geografische Verlagerung von Aktivitäten ins Ausland an Tochtergesellschaften (Interner Offshore) oder rechtlich selbständige Partner (Offshore Outsourcing).
Order Fulfillment Leadtime Kennzahl (Liefervorlaufzeit). Misst die Zeitspanne aller Tätigkeiten bis zur kompletten Auftragsbearbeitung.
Order-to-Payment-S Stufenförmiger Ablauf des Supply Chain Managements. Reicht vom Kundenauftrag (Order) bis zur Bezahlung (Payment). Pull-Orientierung, Vermeidung von Opportunitätskosten.
Performance Management Weiterentwicklung des Performance Measurements. Systematische, mehrdimensionale, gesamtsystembezogene Erfolgssteuerung und Leistungsbewertung von Leistungsebenen, mit dem Ziel der Erfolgssteigerung.
Performance Measurement Ableitung von Kausalzusammenhängen. Bewertung von Effektivität und Effizienz. Messung über monetäre und nicht- monetäre Spitzenkennzahlen.

Performance Measurement Matrix Performance-Measurement-Konzept. Zweidimensionaler Erfolgsrahmen. Messung, wie die Ziele des Unternehmens mit den Erfolgsbündeln erbracht wurden.

Performance Pyramid Performance-Measurement-Konzept. Ableitung sachlogischer Kausalzusammenhänge über Kunden, Anteilseigner und Mitarbeiter. Vorläufer der Balanced Scorecard.

Postponement Bewusste Verzögerung von Supply-Chain-Aktivitäten. Fertigung unter der Berücksichtigung der Kostenaufwuchskurve.

Predictive Analytics Prädiktive Analyse. Statistisches Verfahren, Verwendung historischer Daten und Echtzeitdaten zur Vorhersage zukünftiger Ereignisse („what will happen").

Predictive Maintenance Prädiktive Instandhaltung. Vorausschauender, eigenständiger Wartungsvorgang, auf Basis der Auswertung von Prozess- und Maschinendaten im Kontext von Industrie 4.0.

Prescriptive Analytics Präskriptive Analyse. Statistisches Verhalten, Ableitung von Vorhersagen aus historischen Daten und Echtzeitdaten zur Ausformulierung von Handlungsempfehlungen („how can we make it happen"?).

Process Performance Indicator (PPI) Sachlogische Aggregation einzelner Key Performance Indicators.

Prozesskostenrechnung Teilgebiet des Strategischen Kostenmanagements. Steigerung der Kostentransparenz in indirekten Bereichen durch Identifizierung von Kostentreibern. Senkung von Gemeinkosten.

Quantum Performance Measurement Leistungsbewertung im Performance Measurement. Ausrichtung auf die erfolgsrelevanten Zielgrößen Kosten, Zeit und Qualität in Wert- und Servicerelationen.

Radio Frequency Identification (RFID) Kontaktlose, elektronische Objektidentifizierung. Bestehend aus Rechner, Leseeinheit und Transponder (Tag). Identifikationstechnik. Einsatz in Tracking-and-Tracing-Systemen.

Reichweite der Bestände Kennzahl. Synonym Days on Hand (Eindeckzeit). Messung der Kapitalbindung. Reziprok zur Lagerumschlagshäufigkeit.

Resiliente Supply Chains Widerstandsfähigkeit durch Verzögerung oder Vermeidung. Wiederherstellungsfähigkeit durch Stabilisierung oder Erweiterung.

Return on Capital Employed (ROCE) Spitzenkennzahl der Supply Chain. Misst die Kapitalrendite. Relation zwischen EBIT und eingesetztem Kapital.

Robotic Process Automation (RPA) Robotergestützte Prozessautomatisierung. Teil- oder vollautomatisierte Bearbeitung strukturierter Daten durch digitale Software-Roboter (Bots).

Rolling Forecast Periodenübergreifende Planung mit starrer Fristigkeit (fünf bis acht Quartale) auf Basis stets aktueller Informationen.

Smart Contract Intelligenter, digitaler Vertrag. Computerprotokolle auf Basis der Blockchain-Technologie. Bedingungen und Vereinbarungen werden direkt in Codezeilen geschrieben.

Smart Factory Schlaue Fabrik. Begriff aus Industrie 4.0. Fertigungs- und Logistiksysteme, die sich selbst organisieren und steuern.

Squeeze-in-Time Wertschöpfungskennzahl. Zeitspanne von der Einsteuerung bis zur vollständigen Integration neuer Supply-Chain-Akteure.

Strategy Map Strategiekarte auf Basis der Balanced Scorecard („Strategischer Schlachtplan"). Mit Balanced Scorecard kombinierbar. Visualisierungsmöglichkeit der strategischen Stoßrichtung.

Supply Chain Controlling Systematische und zweckgerichtete Planung, Steuerung sowie Kontrolle der Supply-Chain-Aktivitäten. Führungsunterstützung des Managements durch Informationsversorgung. Fokus auf fortwährende Prozessverbesserung.

Supply Chain Management (SCM) Von der Source-of-Supply bis zum Point-of- Consumption. Umfasst Material-, Informations- und Geldflüsse (Versorgung, Entsorgung, Recycling). Zusätzliche Berücksichtigung der Supply-Chain-Akteure untereinander (Sozialebene).

Supply Chain Operations Reference Model (SCOR) Prozessreferenzmodell zur Standardisierung und Strukturierung von Supply-Chain-Prozessen. Messung über Supply-Chain-Kennzahlen.

Supply Chain Scorecard Performance-Measurement-Ansatz. Dimensionen: Finanzen, Kunden, Prozesse, Lieferanten, Integration.

Target Costing Zielkostenmanagement. Instrument der frühen Phasen, Vollkostenrechnung. Hilfsmittel des strategischen Kostenmanagements. Hauptvariante: Market-into-Company.

Total Benefit of Ownership (TBO) Pendant zu TCO. Ermittlung des Gesamtnutzens über kompletten Lebenszyklus von Supply-Chain-Aktivitäten. Zusatzerträge auf Grund von Folgeaufträgen oder Reifeprozessen.

Total Cost of Ownership (TCO) Vollkostenrechnung. Berücksichtigung von Anschaffungs- und Folgekosten über kompletten Produktlebensweg mit Schwerpunkt Transaktionskosten.

Transaktionskosten Kosten, die bei Objektwechsel in neuen Wirkungskreis anfallen. Unterscheidbar in ex-ante- und ex-post-Betrachtung, häufig in Form von Informations- und Kommunikationskosten.

Upside Production Flexibility Kennzahl zur Messung der Produktionssteigerungsflexibilität. Zeit in Tagen, um auf einen ungeplanten Nachfrageschub von 20 % zu reagieren.

Glossar

Vendor Managed Inventory (VMI) Herstellergesteuerte Bestandsführung. Logistisches Kernelement von ECR. Abgeleitet aus Continuous Replenishment.

Wertschöpfungskette Berücksichtigung sämtlicher Faktoren zur Wertsteigung und Wertvernichtung. Historischer Vorläufer des Supply Chain Managements.

Werttreiberbaum Analytische oder sachlogische Verknüpfung von Kennzahlen in betriebswirtschaftlichen Gesamtsystemen. Spitzenkennzahl wird als Wurzelknoten bezeichnet.

Working Capital Kennzahl. Liquiditätsbestimmung durch Umlaufvermögen (Liquidierbar kleiner ein Jahr), abzüglich kurzfristiger Verbindlichkeiten.

Literatur

Adam, K.: Blockchain-Technologie für Unternehmensprozesse: Sinnvolle Anwendung der neuen Technologien in Unternehmen. Springer Gabler, Wiesbaden (2020)

Aghte, K.: Stufenweise Fixkostendeckungsrechnung im System des Direct Costing. Z. Betriebswirtsch. **3**, 404–418 (1959)

Bach, D.: Das Instrument des Economic Value Added. Implementierungen und Bewertungen. Akademiker, Saarbrücken (2012)

Bartelotti, S.: Cash Flow Landings: Principles Based on Sustainable Cycles. Independently Published (2021)

Biedermann, L.: Supply Chain Resilienz: Konzeptioneller Bezugsrahmen und Identifikation zukünftiger Erfolgsfaktoren. Springer Gabler, Wiesbaden (2018)

Blokdyk, G.: Business Continuity Plan: A Complete Guide. 5-Star-Cooks, North-Charleston (2021)

Borgmeier, A., Grohmann, A.: Smart Services und Internet der Dinge: Geschäftsmodelle, Umsetzung und Best-Practices: Industrie 4.0, Big Data, Machine Learning, Blockchain, kollaborative Ökosysteme, Human Centricity, 2. Aufl. Hanser, München (2021)

Brenk, B.: Target Costing in der produzierenden Industrie. Disserta, Hamburg (2015)

Brewer, P.C., Speh, T.W.: Using the balanced scorecard to measure supply chain performance. J. Bus. Logist. **1**, 75–93 (2000)

Brewer, P.C., Speh, T.W.: Adapting the balanced scorecard to supply chain management. Supply Chain Manag. Rev. **3–4**, 48–56 (2001)

Burkov, A.: Machine Learning Engineering. Springer, Berlin (2020)

Cohen, S., Roussel, J.: Strategisches Supply Chain Management. Springer, Berlin (2006)

Cooper, M.C., Lambert, D.M., Pagh, J.D.: Supply chain management: more than a new name for logistics. Int. J. Logist. Manag. **1**, 1–14 (1997)

Cross, K.F., Lynch, R.L.: Measure Up! How to Measure Corporate Performance. Blackwell-Publishers, Cambridge (1998)

Delen, D.: Prescriptive Analytics: The Final Frontier for Evidence Based Management and Optimal Decision Making. Pearson, München (2019)

Erdmann, M.-K.: Supply Chain Performance Measurement: Operative und strategische Management- und Controlling-Ansätze. Eul, Siegburg (2013)

Eßig, M., Hofmann, E., Stölzle, W.: Supply Chain Management, 2. Aufl. Vahlen, München (2022)

Feliciano, C., Werner, H.: Der Controller als Beziehungspromotor in Supply Chains. Control. Manag. Rev. **7**, 68–72 (2019)

Fill, H.-G., Meier, A.: Blockchain Kompakt: Grundlagen, Anwendungsoptionen und kritische Bewertung. Springer Gabler, Wiesbaden (2020)

Fink, A., Siebe, A.: Szenario-Management: Vom strategischen Vorausdenken zu zukunftsrobusten Entscheidungen. Campus, Frankfurt (2016)

Freiknecht, J., Papp, S.: Big Data in der Praxis, 2. Aufl. Hanser, München (2018)

Gleich, R.: Performance Measurement. Konzepte, Fallstudien und Grundschema für die Praxis, 3. Aufl. Vahlen, München (2021)

Gleich, R., Munck, J.C.: Mit Kennzahlen Unternehmen steuern. Auswahl, Gestaltung, Implementierung, Praxisbeispiele. Haufe, Freiburg (2018)

Goudz, A., Erdogan, S.: Digitalisierung in der Corona-Krise: Auswahl und Einsatz von innovativen Technologien in der Logistik. Springer Gabler, Wiesbaden (2021)

Greasley, A.: Simulating Business Process for Descriptive, Predictive and Prescriptive Analytics. de Gruyter, Oldenburg (2019)

Heesen, B.: Cash- und Liquiditätsmanagement, 3. Aufl. Springer Gabler, Wiesbaden (2016)

Heesen, B., Moser, O.: Working Capital Management: Bilanzierung, Analytik, Einkaufsmanagement. Springer Gabler, Wiesbaden (2017)

Horváth, P., Gleich, R., Seiter, M.: Controlling, 14. Aufl. Vahlen, München (2019)

Hostettler, S.: Economic Value Added (EVA). Darstellung und Anwendung auf Schweizer Aktiengesellschaften, 5. Aufl. Haupt, Bern (2002)

Hostettler, S., Stern, H.J.: Das Value Cockpit. Sieben Schritte zur wertorientierten Führung für Entscheidungsträger, 2. Aufl. Wiley-VHC, Weinheim (2007)

Kaplan, R.S., Anderson, S.R.: Time-Driven Activity-Based Costing. Harvard-Business-Review-Press, Harvard (2007)

Kaplan, R.S., Norton, D.P.: Having trouble with your strategy? Then map it. Harv. Bus. Rev. **9–10**, 167–176 (2000)

Kaplan, R.S., Norton, D.P.: Die Strategiefokussierte Organisation, Führen mit der Balanced Scorecard. Schäffer-Poeschel, Stuttgart (2001a)

Kaplan, R.S., Norton, D.P.: Wie Sie die Geschäftsstrategie den Mitarbeitern verständlich machen. Harv. Bus. Manag. **2**, 60–70 (2001b)

Kaplan, R.S., Norton, D.P.: Strategy Maps. Der Weg von immateriellen Werten zum materiellen Erfolg. Schäffer-Poeschel, Stuttgart (2004)

Kaplan, R.S., Norton, D.P.: Balanced Scorecard. Strategien erfolgreich umsetzen. Schäffer-Poeschel, Stuttgart (2018)

Keimer, I., Egle, U.: Die Digitalisierung der Controlling-Funktion: Anwendungsbeispiele aus Theorie und Praxis. Gabler-Springer, Wiesbaden (2020)

Kleemann, F.C., Frühbeis, R.: Resiliente Lieferketten in der VUCA-Welt: Supply Chain Management für Corona, Brexit & Co. Springer Gabler, Wiesbaden (2021)

Literatur

Klepzig, H.-J.: Working Capital und Cash Flow. Finanzströme durch Prozessmanagement optimieren, 2. Aufl. Gabler, Wiesbaden (2010)

Krämer, S.: Total Cost of Ownership: Konzept, Anwendung und Bedeutung im Beschaffungsmagement deutscher Industrieunternehmen. Akademiker, Riga (2012)

Krcmar, H.: Informationsmanagement, 6. Aufl. Springer Gabler, Wiesbaden (2015)

Kremin-Buch, B.: Strategisches Kostenmanagement. Grundlagen und moderne Instrumente, 5. Aufl. Springer Gabler, Wiesbaden (2012)

Krüger, G.H.: Mit Kennzahlen Unternehmen steuern. Spezifische Bereichskennzahlen, Kennzahlensysteme, Branchen-Benchmarks. NWB, Herne (2014)

Langmann, C., Turi, D.: Robotic Process Automation (RPA) – Digitalisierung und Automatisierung von Prozessen: Voraussetzungen, Funktionsweise und Implementierung am Beispiel des Rechnungswesens und Controllings. Springer Gabler, Wiesbaden (2020)

Lewe, N.O., Schneider, K.-J.: Kennzahlen für die Unternehmenspraxis. Lexika, Würzburg (2004)

Mayer-Schönberger, V., Cukier, K.: Big Data: Die Revolution, die unser Leben verändern wird. Redline, München (2013)

Mellerowicz, K.: Neuzeitliche Kalkulationsverfahren, 6. Aufl. Haufe, Freiburg (1977)

Meyer, C.A.: Betriebswirtschaftliche Kennzahlen und Kennzahlen-Systeme, 6. Aufl. Duncker-Humblot, Frankfurt (2011)

Meyer, C.A.: Working Capital und Unternehmenswert. Eine Analyse zum Management der Forderungen und Verbindlichkeiten aus Lieferungen und Leistungen, 2. Aufl. Gabler, Wiesbaden (2012)

Miller, J.G., Vollmann, T.E.: The hidden factory. Harv. Bus. Rev. **9–10**, 142–150 (1985)

Naht, S.V., Dunkin, A., Chowhary, M., Patel, N.: Industrial Digital Transformation: Accelerate digital transformation with business optimization, AI and Industry 4.0. Packt-Publishing, Birmingham (2020)

Porter, M.E.: Wettbewerbsstrategie – Methoden zur Analyse von Branchen und Konkurrenten, 12. Aufl. Campus, Frankfurt (2013)

Porter, M.E.: Wettbewerbsvorteile – Spitzenleistungen erreichen und behaupten, 8. Aufl. Campus, Frankfurt (2014)

Preißner, A.: Balanced Scorecard anwenden. Kennzahlengestützte Unternehmenssteuerung, 5. Aufl. Carl-Hanser, Köln (2019)

Probst, H.J.: Kennzahlen: Richtig anwenden und interpretieren. Redline, München (2019)

Rappaport, A.: Shareholder Value. Ein Handbuch für Manager und Investoren. Schäffer-Poeschel, Stuttgart (1999)

Reichmann, T.: Controlling mit Kennzahlen und Managementtools, 9. Aufl. Vahlen, München (2017)

Reinecke, S., Siegwart, H., Sander, S.: Kennzahlen für die Unternehmensführung, 7. Aufl. Haupt, Bern (2009)

Richert, J.: Performance Measurement in Supply Chains. Balanced Scorecard in Wertschöpfungsnetzwerken. Springer Gabler, Wiesbaden (2006)

Riebel, P.: Einzelkosten- und Deckungsbeitragsrechnung, 7. Aufl. Gabler, Wiesbaden (1994)

Schäffer, U., Weber, J.: Role making ist gefragt! Control. Manag. Rev. **7**, 3-11 (2019)

Schulte, C.: Logistik. Wege zur Optimierung der Supply Chain, 7. Aufl. Vahlen, München (2017)

Seidenschwarz, W.: Target Costing. Marktorientiertes Zielkostenmanagement, 2. Aufl. Vahlen, München (2011)

Sheffi, Y.: Building a resilient supply chain. Harv. Bus. Rev. **83**(1), 1–11 (2005)

Stern, J.M.: The EVA Challenge. Implementing Value Added Change in an Organization. Wiley, Weinheim (2004)

Stollenwerk, A.: Wertschöpfungsmanagement im Einkauf. Analysen, Strategien, Methoden, Kennzahlen, 2. Aufl. Gabler-Springer, Wiesbaden (2016)

Stölzle, W., Heusler, K.F., Karrer, M.: Die Integration der Balanced Scorecard in das Supply-Chain-Management-Konzept (BSCM). Logist. Manag. **2–3**, 75–85 (2001)

Strigl, R., Colsmann, J., Sesterhenn, A., Röder, B., Wertz, B., Blum, H.: Kennzahlenkataloge. In: Lukczak, H., Weber, J., Wiendahl, H.-P. (Hrsg.) Wertorientierte Supply Chain Management, S. 143–185. Springer Gabler, Wiesbaden (2004)

Usadel, J.: Target Costing für TV-Produktionsunternehmen, Arbeitspapier des Instituts für Rundfunkökonomie der Universität zu Köln, Köln (2002)

Vollmuth, J.H., Zwettler, R.: Kennzahlen. Haufe, Freiburg (2019)

Weber, F.: Künstliche Intelligenz für Business-Analytics: Algorithmen, Plattformen und Anwendungsszenarien. Springer-Vieweg, Wiesbaden (2020)

Weber, J., König, A.: Wertorientierte Unternehmenssteuerung. Konzepte, Implementierung, Praxisstatements. Gabler, Wiesbaden (2012)

Weber, J., Wallenburg, C.M.: Logistik- und Supply Chain Controlling, 6. Aufl. Schäffer-Poeschel, Stuttgart (2010)

Werner, H.: Marktorientierte versus ressourcenorientierte Produktentwicklung. IO Manag. Z. **11**, 23–27 (1996)

Werner, H.: Strategisches Forschungs- und Entwicklungs-Controlling. Gabler, Wiesbaden (1997a)

Werner, H.: Verfahren und Ziele des Beständecontrollings. Beschaff. Aktuell. **10**, 34–39 (1997b)

Werner, H.: Innovationsinstrumente im strategischen F & E-Controlling. Control. Mag. **3**, 150–155 (1997c)

Werner, H.: Monitoringsystem zur Bestimmung der Lagerreichweiten. Distribution. **03**, 8–12 (1999a)

Werner, H.: Benchmarking der Bestände zur Optimierung des Supply Chain Managements. Z. Logistikmanag. **3**, 36–39 (1999b)

Werner, H.: Reichweitenmonitoring. Optimierung des Supply Chain Managements. Z. Unternehmensentwickl. **6**, 268–275 (1999c)

Werner, H.: Die Hard-(Soft-) Analyse als Instrument des Logistikcontrollings. Beschaff. Aktuell. **7**, 32–36 (1999d)

Werner, H.: Die Hard-(Soft-) Analyse im F & E-Controlling. Z. Plan. **10**, 307–317 (1999e)

Werner, H.: Die Materialpreisabweichung als Instrument des Einkaufscontrollings. Controlling. **2**, 150–155 (1999f)

Werner, H.: Supply Chain Management. Partnerschaft zwischen Lieferant und Kunde. Teil 1. WISU, Das Wirtschaftsstud. **6**, 813–816 (2000a)

Werner, H.: Supply Chain Management. Partnerschaft zwischen Lieferant und Kunde. Teil 2. WISU, Das Wirtschaftsstud. **7**, 941–945 (2000b)

Werner, H.: Gängigkeitsanalyse. Einkauf. Materialwirtsch. Logist. **1–2**, 11–12 (2000c)

Werner, H.: Die Balanced Scorecard. Ziele, Hintergründe und kritische Würdigung. WiSt, Wirtschaftswiss. Stud. **8**, 455–457 (2000d)

Werner, H.: Frachtkosten im Griff. Steigerung der Transparenz durch ein Tracking System. Z. Lager- u. Transporttech., Logist. Automation. **4**, 12–17 (2000e)

Werner, H.: Die Konsignation von Beständen – dargestellt am Beispiel der Automobilzulieferindustrie. Z. Logistikmanag. **3**, 74–76 (2000f)

Werner, H.: Die Balanced Scorecard im Supply Chain Management. Teil 1. Distribution. **4**, 8–11 (2000g)

Werner, H.: Die Balanced Scorecard im Supply Chain Management. Teil 2. Distribution. **5**, 14–15 (2000h)

Werner, H.: Die Balanced Scorecard. Ziele, Hintergründe und kritische Würdigung (2000i)

Werner, H.: e-Supply Chains. Konzepte und Trends. In: Werner, H., Buchholz, W. (Hrsg.) Supply Chain Solutions. Best Practices in e-Business, S. 11–27. Schäffer-Poeschel, Stuttgart (2001)

Werner, H.: Radio Frequency – Viel Licht, ein bisschen Schatten. In: DVZ, Deutsche Verkehrszeitung, Sonderbeilage zum 19. Deutschen Logistik-Kongress, Nr. 123/2002, S. 16 (2002)

Werner, H.: Elektronische Supply Chains. In: Festschrift des Bundesverbandes für Materialwirtschaft, Einkauf und Logistik zum 50-jährigen Bestehen, S. 58–60, BME, Frankfurt (2003)

Werner, H.: Elektronische Supply Chains (E-Supply Chains). In: Busch, A., Dangelmaier, W. (Hrsg.) Integriertes Supply Chain Management. Theorie und Praxis effektiver unternehmensübergreifender Geschäftsprozesse, 2 Aufl, S. 413–425. Gabler, Wiesbaden (2004)

Werner, H.: Balanceakt zwischen Technik und Finanzen: Systematisches Entwicklungscontrolling und zugehörige Tools. Elektronik. **26**, 42–45 (2008)

Werner, H.: Kennzahlenmanagement in der Supply Chain. Control. – Z. erfolgsorient. Unternehmensführ. **11**, 597–603 (2011)

Werner, H.: Quality Function Deployment (QFD) in der Logistik. Supply Chain Manag. **1**, 21–26 (2011b)

Werner, H.: Bestandsfinanzierung – Die Logistik macht jetzt alles! Beschaff. akt. **5**, 24–26 (2011c)

Werner, H.: Modernes Management von Qualitätskennzahlen. Z. Control. Manag. **6**, 40–49 (2013a)

Werner, H.: Financial Supply Chain: Von der Konsignation zur Bestandsfinanzierung. Supply Chain Manag. **1**, 13–17 (2013b)

Werner, H.: Moderne Performance-Messung in der Supply Chain über Kennzahlen. In: Gleich, R., Daxböck, C. (Hrsg.) Supply Chain- und Logistikcontrolling. Instrumente, Kennzahlen, Best-Practices, S. 39–56. Haufe, Freiburg (2014a)

Werner, H.: Kennzahlen zur Performance-Messung in der Supply Chain. In: Der Controlling-Berater, Band 31: Supply-Chain- und Logistikcontrolling, S. 39–56. Haufe, Freiburg (2014b)

Werner, H.: Supply Chain Performance messen. Control. Manag. Rev. **1**, 18–25 (2015)

Werner, H.: Supply Chain Management. In: Zollondz, H.-O., Pfundtner, K. (Hrsg.) Grundlagen Qualitätsmanagement: Einführung in Geschichte, Begriffe, Systeme und Konzepte, 5 Aufl, S. 1119–1125. de Gruyter, Oldenburg (2016)

Werner, H.: Performance Messung in Forschung und Entwicklung. Control. Manag. Rev. **5**(2019), 16–26 (2017)

Werner, H.: Supply Chain Management: Grundlagen, Strategien, Instrumente und Controlling, 7. Aufl. Springer Gabler, Wiesbaden (2020)

Werner, H., Brill, F.: Vendor Managed Inventory. Verlagerung der Bestandshoheit auf den Hersteller. WiST, Wirtschaftswiss. Stud. **1**, 17–23 (2011)

Werner, H., Buchholz, W.: Strategien und Instrumente zur Verkürzung der Produktentwicklungsdauer. DBW, Die Betriebswirtsch. **5**, 694–709 (1997)

Werner, H., Buchholz, W.: Beschleunigte Produktentwicklung durch Vernetzung von Unternehmensprozessen. Marktforsch. Manag. **6**, 211–217 (1998)

Werner, H., Buchholz, W. (Hrsg.): Supply Chain Solutions. Best Practices in e-Business. Schäffer-Poeschel, Stuttgart (2001)

Werner, H., Pfendt, U.: Kostensenkungspotentiale in der Distributionslogistik. Distribution. **7–8**, 10–14 (1997)

Werner, H., Scherer, R.: Virtuelle Marktplätze in der Automobilzulieferindustrie. In: Werner, H., Buchholz, W. (Hrsg.) Supply Chain Solutions. Best Practices in e-Business, S. 155–169. Schäffer-Poeschel, Stuttgart (2001)

Werner, H., Renner, M., Zirbs, J.: Konsignation in der Automobilzulieferindustrie. Beschaff. Aktuell. **5**, 54–59 (2001)

Werner, H., Justin, H., Pleyer, F., Überall, V.: Einkaufcontrolling. In: Häberle, S.G. (Hrsg.) Lexikon der Betriebswirtschaftslehre, S. 333–336. Vahlen, München (2008)

Wieland, A., Durach, C.F.: The two perspectives on supply chain resilience. J. Bus. Logist. **42**(3), 315–322 (2021)

Wildemann, H.: Unternehmensübergreifende Logistik: Supply Chain Management. In: Koether, R. (Hrsg.) Taschenbuch Logistik, S. 201–209. Hanser, München (2008)

Wilkens, R., Falk, R.: Smart Contracts: Grundlagen, Anwendungsfelder und rechtliche Aspekte. Springer Gabler, Wiesbaden (2019)

Wilmott, P.: Grundkurs Machine Learning. Rheinwerk-Computing, Bonn (2020)

Stichwortverzeichnis

B

Balanced Scorecard 12, 107, 113, 115, 118, 123, 131, 137, 139, 146, 148, 149
Benchmarking 46, 56, 72
Bestände 2, 8, 11, 19, 22, 37, 54, 66, 71, 76, 86, 87, 90, 97, 101, 102, 110, 151, 156, 159
Big Data 11, 15, 19, 22, 23, 32, 33, 42
Blockchain-Technologie 15, 19, 24, 25, 33, 42
Bullwhip-Effekt 71
Business Performance Indicator (BPI) 12, 46

C

Cash-to-Cash-Cycle 84, 87, 88, 102, 104, 105, 117, 120, 124, 144, 164, 165, 167, 202, 207
Cost Tracking 2, 151
    Bestände 156
    Frachtkosten 154
    Materialpreise 152

D

Design-to-Cost 170
Digital Twin 19, 21, 33, 42

E

Economic Value Added (EVA) 45, 57, 84, 87, 93, 98, 125, 145, 146, 195, 207
Excess and Obsolete 87

H

Handlungsempfehlung 30, 33, 34, 107, 201
Hard-(Soft)-Analyse 151, 158, 159, 161, 162

I

Internet of Things (IoT) 19

K

Kennzahl 45, 47, 51, 54, 57, 59, 61, 63, 65, 67, 70, 72
Kognitive Supply Chain 33, 34, 42

L
Leistungs-Strategie-Mix 12, 205
Lifecycle Costing 169, 187, 189, 193, 207

M
Machine Learning 12, 15, 19, 26, 27, 33
Magisches Dreieck 129
Materialpreisabweichung 152, 161

O
Order-to-Payment-S 3, 83

P
Performance Management 93, 113
Performance Measurement 10, 93, 113, 115
Performance Pyramid 12, 113, 114
Prozesskostenrechnung 169, 180–183, 186, 187, 207

R
Resilienz 2, 13, 39, 202
Return on Capital Employed (ROCE) 45
Return on Investment (ROI) 45

S
Supply Chain Management 3, 4, 88, 90, 101, 159, 166, 173, 182, 197
Supply Chain Performance 109
Supply Chain Scorecard 109, 116, 118, 120, 122–124, 126
Supply Chain Strategy Map 142, 146

T
Target Costing 169, 170, 178, 186, 207
Total-Benefit-of-Ownership (TBO) 190
Total-Cost-of-Ownership 2, 9, 169, 189, 191, 193

W
Werttreiberbaum 92, 93, 97, 98, 103, 206
Working Capital 53, 56, 86, 96, 97, 102, 163–165, 167, 206

MIX
Papier aus verantwortungsvollen Quellen
Paper from responsible sources
FSC® C105338

If you have any concerns about our products,
you can contact us on
ProductSafety@springernature.com

In case Publisher is established outside the EU,
the EU authorized representative is:
**Springer Nature Customer Service Center GmbH
Europaplatz 3, 69115 Heidelberg, Germany**

Printed by Libri Plureos GmbH
in Hamburg, Germany